KNAUR

Im Knaur Taschenbuch Verlag ist bereits folgendes Buch der Autorin erschienen:
Die Liebe findet jeden

Über die Autorin:
Maria Klein ist seit dreißig Jahren passionierte Partnervermittlerin und Inhaberin einer eigenen Agentur mit Niederlassungen in Deutschland und in der Schweiz. Sie tritt regelmäßig als Expertin für Beziehungsfragen in den Medien auf.

MARIA KLEIN

Weiblich, 40, plötzlich Single

Meine Suche nach dem neuen Mann fürs Leben

KNAUR

Besuchen Sie uns im Internet:
www.knaur.de

FSC
www.fsc.org
MIX
Papier aus verantwortungsvollen Quellen
FSC® C083411

Originalausgabe Juni 2013
Knaur Taschenbuch

Redaktion: Judith Mark
Umschlaggestaltung: ZERO Werbeagentur, München
Umschlagabbildung: FinePic®, München
Satz: Adobe InDesign im Verlag
Druck und Bindung: CPI – Clausen & Bosse, Leck
Printed in Germany
ISBN 978-3-426-78585-0

2 4 5 3 1

Danke an die Menschen, die ich lieben durfte –
seelisch, geistig, körperlich.

INHALT

VORWORT

Herzlich willkommen in der schönsten Zeit unseres Lebens!

Ich bin in der Phase meines Lebens angelangt, die man gemeinhin das »mittlere Alter« nennt. Na gut, genau genommen bin ich schon seit einer ganzen Weile eine Frau mittleren Alters. Ein Ausdruck, den ich früher gar nicht gut hören konnte …

Das hat sich geändert, und nicht nur einfach deshalb, weil ich inzwischen selbst »betroffen« bin. Ich fühle mich gut. Mein Leben gefällt mir, ja, eigentlich komme ich mir vor wie eine der Frauen, die ich in jüngeren Jahren immer beneidet habe. Noch nie zuvor fühlte ich mich derart attraktiv, selbstbewusst, erfolgreich. Und unabhängig.

Ich glaube, ich habe in den letzten Jahren vieles gelernt. Es war eine Zeit des Übergangs, die damit begann, dass ich mich nach einer langjährigen Beziehung plötzlich als Single wiederfand. Single – ich, eine Partnervermittlerin. Eine Frau, deren Beruf es ist, für andere Menschen einen Lebenspartner zu finden, die Menschen berät, die seit Jahren allein und auf der Suche nach dem Glück sind. Die immer gesagt hat, dass man seinen Lebenspartner selbst finden kann.

Single in der Mitte des Lebens – als das Thema mich selbst betraf, hielt ich das zunächst für einen schlechten Witz, mehr noch: eine Katastrophe. Allein zu sein in meinem Alter – das konnte doch eigentlich nur heißen, dass ich raus aus dem gesellschaftlichen Leben war. Immerhin hatte ich die 40 schon

ein ganzes Stück hinter mir gelassen. Und da wollte ich nun einen neuen Partner finden? Findet eine Frau ab 40 denn überhaupt noch mal einen Mann?
Plötzlich verspürte ich die Bedenken, die viele meiner »älteren« Kundinnen äußern, am eigenen Leib. Immerhin werden sie ja auch von den Medien und dem, was man »öffentliche Meinung« nennt, nach Kräften verstärkt. Nie und nimmer findet eine Frau im mittleren Alter noch einen Partner, mit dem sie langfristig glücklich werden kann!
Ich hatte mich bis dahin immer bemüht, meinen Kundinnen ihre Ängste zu nehmen, etwa dadurch, dass ich darauf hinwies, wie pauschal solch eine Aussage doch sei. Darauf, dass es auf die einzelne Frau ankomme. Dass deren Alter bei der Partnersuche gar nicht die entscheidende Rolle spiele. Im Gegenteil: dass der neue, aufregende Lebensabschnitt das Potenzial für enorme positive Veränderungen in sich berge. Tja, bis hierhin hatte ich gut reden gehabt – mit einem Mann an meiner Seite! Jetzt kam es plötzlich auf mich selbst an. Ich musste mir beweisen, dass ich recht gehabt hatte.
Seither habe ich zahlreiche Höhen und Tiefen des Single-Lebens erfahren. Manches von dem, was ich als Partnervermittlerin meinen Kunden sagte, hat sich auch für mich bewährt. Anderes musste ich meinen Erfahrungen anpassen. Vieles habe ich neu gelernt.
In den letzten beiden Jahren habe ich ebenso wunderbare wie grauenhafte Erfahrungen in Sachen Alleinsein, Neuorientierung und Partnersuche machen dürfen.

Die Wichtigste am Anfang: Es gibt kein Alter, in dem eine Frau nicht von Männern begehrt wird.
Frauen sind, auch im »hohen Alter« ab 40, umwerfend schön, unglaublich sexy, unwiderstehlich, atemberaubend, selbst-

bewusst, liebenswert und noch so viel mehr. *Aber die meisten Frauen wissen es nicht!* Sie nehmen es nicht genügend zur Kenntnis. Sie glauben dem, was sie ständig lesen, hören, sehen. Und dann handeln sie danach.

Es ist noch gar nicht so lange her, da stand ich selbst an jenem dunklen Punkt, von dem an es anscheinend nur noch bergabgehen konnte. Davon gleich mehr. Vorher aber möchte ich Frauen, die ebenfalls mitten im Leben Single (geworden) sind, ein Angebot machen: Ich würde gern Begleiterin sein auf dem Weg in ein neues, aufregendes, erfülltes Leben. Gern stelle ich dabei meine Erfahrungen als Partnervermittlerin und Frau zur Verfügung, die mit 49 Jahren plötzlich wieder allein dastand.

Wollen wir ein Stück Weges gemeinsam gehen? Dann erzähle ich, wie es war, als ich auszog, mein Wissen über Frauen und Männer von der Theorie in die Praxis umzusetzen. Und ich freue mich, wenn das, was ich dabei erlebt habe, Anregung sein kann, die Liebe und das Leben neu zu erobern.

KAPITEL 1

Wie, du gehst?

Es passiert nicht nur Männern. Frauen auch. Zugegebenermaßen sind es allerdings meistens die Frauen, die die Männer verlassen.

Mein Lebensgefährte und ich kommen nach einem wunderschönen Sonntag zufrieden nach Hause. Wir waren mit Freunden unterwegs. Wandern, Essen, Trinken – ein traumhafter Tag neigte sich dem Ende zu.

Frisch geduscht und angenehm erschöpft liege ich am Abend auf der Couch im Wohnzimmer. Im Kamin knistert ein Feuer, im Hintergrund läuft klassische Musik. Ach, wie kann das Leben schön sein!

Ich träume vor mich hin. Bis irgendetwas mich aufhorchen lässt. Schranktür auf, Schranktür zu … sind das Packgeräusche, die ich da höre? Habe ich einen Termin verpasst? Schon ein wenig schlaftrunken steige ich die Treppe hinunter ins Schlafzimmer.

»Was machst du?«, frage ich meinen Freund.

»Ich gehe!«

»Wohin?«

»Ich muss mal weg.«

»Ganz?«

»Ja!«

»So nach dem Motto: Ich bin mal eben Zigaretten holen?!«

Ich bin mittlerweile hellwach und ziemlich panisch.

»Wenn du so willst, ja!«, antwortet er knapp und starrt, mittlerweile auch ziemlich panisch, auf seine Koffer.

Ich kann nicht anders – meine eigentlich sonst ganz angenehme Stimme wird laut. »Du gehst nach dreizehn Jahren, ohne Vorwarnung, ohne Gespräche mit tollen Paartherapeuten, die alles wieder hinkriegen? Du ziehst einfach den Schwanz ein – (nicht, dass ich von dem in letzter Zeit noch viel zu spüren bekommen hätte) – und verdrückst dich?«
»Mach's gut, ich melde mich wegen der anderen Sachen«, nuschelt er und geht schnell zur Tür. Tür auf – Knall – Tür zu. Er ist weg. Ich kenne ihn. Er wird nicht zurückkommen.
Relativ gelassen steige ich die Treppe wieder hoch und klopfe an die Zimmertür meiner Tochter Madeleine. Einigermaßen ruhig – ich will ja hier schließlich kein Drama veranstalten – erzähle ich ihr, was geschehen ist.
Madeleine schaut mich mit schreckgeweiteten Augen an: »Oje, Mama. Da bin ich aber froh, dass er nicht mein Vater ist. Sonst müsste ich ja auch so leiden.« (Ihre Logik ist bestechend.) »Ist ja schon irgendwie schade, dass er geht. Aber das Schlimmste an der Sache: Jetzt bist du auch eine dieser Single-Frauen im fortgeschrittenen Alter. Wie schrecklich für dich. Och, du tust mir so leid! Wie willst du denn jetzt wieder einen neuen Mann finden?! An deine Partnervermittlungskunden kannst du nicht rangehen – das wäre ja peinlich. Ausgehen bringt dir auch nichts, da sind uns ja schon manchmal die Jungs zu jung.« (Madeleine ist gerade mal 21!) »Na ja, und auf Reisen, hast du selber immer gesagt, sind nur Frauen. Und ins Internet kannst du auch nicht gehen, dich kennt ja bald jeder Single!«, zählt sie mir alle Grausamkeiten auf, die ich gar nicht hören will. (Ich kann nichts dafür, aber angesichts dieser Liste treten mir dann doch Tränen in die Augen.)
Entsetzt springt Madeleine auf und nimmt mich tröstend in den Arm. Das hab ich nun davon, dass ich sie zu einem ehrlichen, aufrichtigen und schlauen Mädchen erzogen habe.

Von dieser Sekunde an heule ich für den Rest des Abends, die Nacht und dann noch mal drei Tage. Das müsste reichen, um 13 Jahre abzuhaken! Schließlich ist mein Ex-Lebensgefährte nur weg und nicht tot.

Was ich dir sagen möchte

Wie schlimm du dich unmittelbar nach der Trennung von deinem Partner auch fühlen magst – denke immer daran: Es wird einen Tag geben, an dem du für diesen Tag dankbar bist.

KAPITEL 2

O nein, ist denn schon wieder Wochenende?

Ein paar Wochen später – vier, um genau zu sein. Die Sonne blinzelt durch den Vorhang. Langsam werde ich wach. Blauer Himmel, die Vögel zwitschern, es wird ein schöner Tag! Ich kuschle mich gemütlich in meine Decke ein und freue mich aufs Wochenende ... Wochenende?!
O nein. Panik steigt in mir auf. Bitte nicht schon wieder Wochenende! Wer begleitet mich bei meinen Einkäufen, geht mit mir ins Café, ins Strandbad, am Abend zum coolen Italiener, wer sitzt mit mir die halbe Nacht lang draußen, mit wem rede ich bis fast zum Morgengrauen, an wen kuschle ich mich zärtlich, wenn es dann doch mal Zeit ist, schlafen zu gehen?
Schon wieder so ein sinnloses Wochenende! Zu allem Überfluss ist auch Madeleine nicht da. Sie besucht eine Freundin in München.
Ich ziehe die Decke komplett über den Kopf. Einsam? Ich? Nein! Schließlich habe ich viele liebe Freunde. Zugegeben, sie sind verheiratet, leben in festen Beziehungen. Nutzen mir als Single nicht wirklich viel. Was ist mit Bekannten, auf die ich zurückgreifen kann – hab ich noch welche?
In Gedanken gehe ich mein Telefonbuch durch. Sch...!
Es muss doch irgendjemanden da draußen geben, dem es genauso geht! Kollektive Einsamkeit gewissermaßen, so nach dem Motto: Geteiltes Leid ist halbes Leid. Auch intensives Nachdenken bringt mich nicht weiter. Mir fällt partout kein Single in meinem Bekanntenkreis ein. Schon bei dem Wort

»Single« sträuben sich mir die Nackenhaare. Ich kann's nicht mehr hören!
Ich beschließe, im Bett zu bleiben, bis der blaue Himmel sich allmählich verdunkelt, die Sonne untergeht und ein Prinz auf seinem Gaul vorbeigeritten kommt, meine geblümte Decke mit seinem Schwert zerteilt und mich ins Märchenreich trägt ... ich warte also ...
Fünf Minuten später sehe ich ein: Okay, er kommt nicht. Also doch besser aufstehen. Ich habe Hunger, Durst, und die Sonne lockt. Trotz allem.
Mühselig schlappe ich vom Bett in die Küche, koche mir einen großen Kaffee. Jetzt ist klares, logisches Denken gefragt. Wie konnte so ein unvorbereiteter Einbruch in meinem bis dahin genüsslich entspannten Leben geschehen?
Dass nach einer langjährigen Beziehung der Lebensgefährte einfach so geht, kenne ich bisher nur aus Erzählungen meiner Kundinnen.

Mir fällt Frau Buschmann ein, eine spannende Frau mit einer ganz besonderen Mischung aus strotzendem Selbstbewusstsein und mädchenhaftem Charme. 48 Jahre alt, 25 Jahre verheiratet, zwei erwachsene Kinder und als Chefsekretärin wieder erfolgreich im Berufsleben angekommen. Nachdem sie auf der schwarzen Ledercouch in meinem Büro Platz genommen hat, legt sie gleich los.
»Es ist mir so unendlich peinlich, zu Ihnen zu kommen«, beginnt sie mit theatralischer Geste. »Wer wird denn schon nach so vielen Jahren einfach verlassen?! Ohne erkennbaren Grund. Einfach so! Ich komme nach Hause, und er ist weg. Mit der Hälfte der Möbel. Dass er nicht auch noch unser Doppelbett zersägt hat, ist alles. Und dann habe ich ihn zwei Wochen lang nicht erreicht. Ich wusste nicht ein-

mal, wo er war. Er ist einfach in den Urlaub geflogen. Hat wohl gedacht, in dieser Zeit beruhige ich mich. Aber wie sollte ich mich beruhigen? Womit denn auch? Damit, dass er mir noch ein paar Möbel dagelassen hatte und das Auto? Und die alten Kinderzimmer? Und mit dem Gefühl, dass wir es ja auch einmal schön hatten und das jetzt eben vorbei war? Das hat er mir tatsächlich nach ein paar Wochen so gesagt. Dass ja alles nicht so schlimm sei, weil wir es ja auch so schön hatten! Welch eine Logik!«

Sie holt kurz Luft, und bevor ihr nächster Redeschwall losbricht, stelle ich ihr schnell die Frage, die mich schon die ganze Zeit beschäftigt: »Ihr Mann ist einfach so gegangen, ohne Vorwarnung, ohne Gespräche?«

»Ja! Einfach so. Nach ein paar Wochen hat er versucht, es mir zu erklären. Er wollte unsere Beziehung einfach nicht mehr. Wollte ein aufregendes Leben führen, bevor er alt wird. Ich hätte es auch gerne aufregender gehabt! Aber ständig kam von ihm nur: Ach, Schatz, in unserem Alter macht man dies und das nicht mehr. Nein, wir machen kein Trekking im Himalaya. Lass uns ein schönes Hotel in Österreich buchen. Ach nein, was soll ich noch Tangotanzen lernen, du, ich bin müde von der Arbeit, lass uns einfach nur noch ein wenig fernsehen, und so weiter. Und ich habe klein beigegeben, meine Träume und Wünsche unterdrückt. Mich in Wellness-Hotels zu Tode gelangweilt. Alles wegen ihm. Und dann geht der Mistkerl einfach.«

Sie ist kaum zu stoppen. Ihr Weinen klingt mittlerweile mehr wütend als traurig. »Und wissen Sie was, Frau Klein? Jetzt hat er den Motorradführerschein gemacht und fährt mit seiner Harley die Route 66 ab!«, sagt sie, und fügt dann ganz leise hinzu: »Er erfüllt sich meine Träume.«

Ich komme ins Grübeln. Das gibt es doch nicht. So etwas

Bekloptes kann ein Mann doch nicht machen. Da hat er eine so wunderbare Frau mit dem Elan und der Lebenslust einer 25-Jährigen. Und was macht er? Abhauen, um ein neues Leben zu beginnen. Allein. Er hatte nicht einmal eine Affäre. (Wenn es so wäre, könnte man tröstlicherweise wenigstens der Geliebten einen Teil der Schuld in die High Heels schieben.)

Mein Kaffee ist leer, ich sitze immer noch im Schlafzeug in der Küche. Scheußlich. Und ich hatte keiner plötzlich verlassenen Frau, die in meinem Büro saß, bisher so richtig Glauben schenken wollen. Und es waren viele, die mir ihr Leid geschildert haben.

Eigentlich unglaublich, wie oft sich Männer nach vielen Jahren Beziehung auf diese Weise aus einer Partnerschaft verabschieden. Wie oft habe ich mir überlegt, dass man das doch merken muss, wenn der Partner unglücklich ist. Und mich gefragt, warum um alles in der Welt diese Männer nicht mit ihren Frauen reden. Da werden Tisch und Bett miteinander geteilt, Kinder gezeugt und dann – schwups –, weg ist er. Wovor haben Männer Angst, die so was machen? Vor den Tränen, Vorwürfen, dem Chaos nach der »Ich will dich verlassen«-Ansage?

Ja, das wird es wohl sein. Wahrscheinlich hofft der Mann, dass sich der große Schmerz schneller wieder verkrümelt, wenn er rasch einen Schlussstrich zieht. Also nicht langsam, mit vielen Gesprächen, Auseinandersetzungen, Streit, Hoffnungen, zerbrochenem Geschirr, Psychologen und was alles sonst noch dazugehört.

Er hat gewissermaßen schon lange vorher die innere Kündigung ausgesprochen, ohne seiner Partnerin die Möglichkeit zu geben, dazu Stellung zu nehmen.

Was ich dir sagen möchte

Wenn du in einer Beziehung lebst, dann steh sofort auf und frage deinen Lebenspartner, wie es ihm mit dir geht. Wie er zu dir steht. Was ihm nicht gefällt. Lass ihn ausreden. Hör ohne Vorwürfe zu.
Unternimm Dinge allein, wenn er sie nicht mit dir teilen will und du Lust darauf hast. Vielleicht muss man ihn auch erst »aufwecken«, gemeinsam mit dir einen neuen Weg zu gehen. Wenn er schon weg sein sollte: Ja, dann ist er eben weg. Vielleicht hast du Glück, und er findet nicht gleich eine neue Frau. Dann kommt er wahrscheinlich gern wieder zu dir zurück, und alles fängt von vorne an. (Ob das gut ist?) Also hör genau hin auf das, was dein Partner sagt und tut.

***

O Gott, und nun habe ich am eigenen Leib solch ein unwürdiges Ende einer schönen (?) Beziehung erlebt. Jetzt heule ich doch wieder, wenn ich daran denke. Einsam, verzweifelt fühle ich mich, und dann schaue ich aus Versehen auch noch in den Spiegel. Ich sehe scheußlich aus und werde wohl als alte Jungfer (na ja, mehr so im übertragenen Sinne) enden.

KAPITEL 3

Wozu hat man Freunde?

Ehe mir vollends schlecht wird, beschließe ich, nun das zu tun, was ich schon einen Monat lang vor mir herschiebe: die Freunde anrufen und ihnen mitteilen, dass wir – nein, ein »wir« gibt es ja nicht mehr –, dass ich wieder Single bin.
Die Freunde sind entsetzt: »Gerade ihr, so ein tolles Paar, wie konnte das passieren?« Nicht wirklich hilfreich, dieser Kommentar. Ebenso wenig das, was ich sonst noch zu hören bekomme: »Melde dich, wenn was ist, wir sind immer für dich da, ist doch klar.« –
»Ach, jetzt ist mir klar, warum ihr euch so zurückgezogen habt.« Ja, krank waren wir nicht. – »Du, komm doch einfach immer bei uns vorbei, wenn du allein bist.« Sie haben das schlimme Wort »allein« mit mir in Verbindung gebracht. Ich fange wieder an zu heulen.
Nun bin ich vollkommen fertig, meine Nerven liegen blank. All die liebenswerten Angebote meiner lieben Freunde nutzen mir heute gar nichts. Sie werden sich jetzt mit ihren anderen Paarfreunden zusammenrotten, und innerhalb kürzester Zeit weiß jeder, wie und warum unsere Trennung passiert ist. Wahrscheinlich haben sie auch alle schon lange gemerkt, dass bei uns was nicht stimmte. Nur ich Idiotin war völlig ahnungslos.
Eine Stunde später ist das Küchenhandtuch klatschnass von Tränen. Ein weiteres will ich einfach nicht nehmen, mir brennen eh schon die Augen, und in den Spiegel will ich jetzt gerade auch auf gar keinen Fall schauen. Wenn das besser

werden soll, muss ich aufhören zu heulen und logisch denken. Beim logischen Denken muss man nicht heulen.
Also, jetzt mal möglichst ruhig und nüchtern: Was hat sich in meinem Leben geändert? Im Grunde ja »nur« eine Sache: Der Mann ist weg.
Alles in allem kein Grund, das Leben an sich allzu dramatisch zu sehen. Ich muss nur mit den Konsequenzen dieser Veränderung fertig werden.
Mein übriges Leben bleibt, wie es ist. Nur eben ohne Mann. Das Einzige, was ich machen muss: mich, was Freunde, Freundinnen und Männer angeht, neu orientieren.
Die scheinbar so sachliche Erkenntnis trifft mich wie ein Keulenschlag: Ich muss tatsächlich in meinem biblischen Alter beziehungs- und freundschaftsmäßig VON VORNE anfangen.
Aber ich wollte ja nüchtern und logisch nachdenken. Also weiter im Text: Dann werde ich eben genau das tun! Ich werde VON VORNE anfangen, und zwar sofort! Ich begebe mich hinaus ins tobende Leben und fange VON VORNE an.
Doch wo genau ist das? Ab welchem Alter fängt man denn normalerweise VON VORNE an? Ich beschließe, nicht mein biologisches, sondern mein gefühltes Alter zu nehmen. Wie alt fühle ich mich denn heute?
20? Nein, so jung will ich nicht mehr sein. 30? Da habe ich meine Kinder bekommen. Geht auch nicht. 40? Och nee. 50? Ach du meine Güte.
Ich entscheide mich für das Alter zwischen 30 und 40. Ja, das ist gut, um von vorne anzufangen. Ich fühle mich jung. Und wie! Mindestens zehn Jahre jünger … (Okay, ich nehme diesen Ausspruch zurück. Im Grunde hasse ich ihn. Viele Frauen behaupten von sich, dass sie sich mindestens zehn Jahre jünger fühlen und auch so aussehen, als sie tatsächlich sind. Sie sind es nicht! Ich bin es nicht!)

Nun habe ich mich von neuem selbst deprimiert. Wie blöd kann man eigentlich sein? Im Grunde will ich gar keine neuen Freunde. Meine alten, gemütlichen und verlässlichen Ehepaarfreunde sind klasse. Da weiß man, was man hat. Ich liebe sie.
Und ich will auch nicht wieder auf die Pirsch gehen. Das ganze Theater wieder VON VORNE. Und wie viele Kerle muss ich wohl durchtesten, bis Mr. Right vor der Tür steht?! Das Dumme ist: Der steht nicht einfach vor der Tür. Weder mit noch ohne Gaul.
Also doch das ganze Theater wieder VON VORNE!
Von vorne anfangen, das hat auch die Ex-Frau eines meiner Klienten getan. Ich spüre, wie ich ruhiger werde, während mir diese Geschichte einfällt.

Mein Klient war das, was wir Frauen gerne als »Sahnestückchen« bezeichnen. Um die 50, groß, durchtrainierter Körper, jugendlich verschmitztes, sympathisches Lächeln. Das verging ihm allerdings schnell, als er mir seine Geschichte erzählte.
Er war fast sein ganzes Leben mit seiner Frau zusammen gewesen. Sie hatten drei Kinder, einen umgebauten Bauernhof, zwei Pferde, Hund, Katze, Swimmingpool im Garten und alle erdenklichen Annehmlichkeiten des Lebens. Sein Baugeschäft lief gut. Sie war künstlerisch tätig und stellte ihre Bilder mittlerweile in großen Galerien aus.
Traditionell verbrachte sie jedes Jahr eine Woche Urlaub ohne Familie nur mit ihren Freundinnen. Mit traurigem Gesicht erzählte er erst stockend, dann zügig, was vor kurzem geschehen war: »Als ich meine Frau mit ihren Freundinnen vom Flugplatz abholte, war alles noch ziemlich normal. Sie redete zwar weniger als sonst, ich schob das aber auf ihre

Müdigkeit. Zu Hause angekommen, ging meine Frau direkt ins Schlafzimmer und fing an, ihre Koffer zu packen.«

»Hey, Liebling, falsche Reihenfolge, du musst aus-, nicht einpacken«, sagte ich scherzhaft zu ihr.

»Nein, die Reihenfolge ist schon richtig. Ich packe ein. Alles, was ich in zwei Koffer bekomme. Dann verlasse ich euch«, antwortete sie sehr bestimmt und ohne erkennbare emotionale Regung.

»Und das tat sie wirklich«, fuhr mein Klient fort. »Sie ging mit zwei Koffern aus dem Haus. Ohne sich von den Kindern persönlich zu verabschieden. Ich war so entsetzt, dass ich sie nicht einmal aufgehalten habe. Als das Taxi kam und sie darin verschwand, war alles in mir so leer, ich habe gar nichts mehr gefühlt. Am Abend habe ich dann versucht, den Kindern, die ja zum Glück schon zwischen 15 und 22 Jahre alt sind, zu erklären, was geschehen ist. Aber so etwas kann man gar nicht erklären.

Nach einer Woche kam dann ein Brief von ihr und ihrem Anwalt. Sie hatte die Scheidung eingereicht und auf jeglichen Unterhalt und weitere Zahlungen verzichtet. Darüber hinaus teilte sie mir mit, dass sie im Urlaub einen Mann von einer kleinen ostfriesischen Insel kennengelernt habe. Einen Mann mit einem kleinen Kiosk am Strand und einem kleinen alten Häuschen. Mit ihm wolle sie nun noch einmal von vorne anfangen.«

»Wie lange ist das jetzt her, seit Ihre Frau gegangen ist?«, fragte ich ihn.

»Das ist acht Wochen her.«

»Oh, sind Sie sicher, dass Sie jetzt schon wieder nach einer neuen Frau suchen wollen? Vielleicht kommt Ihre Frau ja auch wieder zurück?«, fragte ich ihn überrascht.

»Sie kommt nicht mehr zurück. Ich kenne sie. Selbst wenn

es mit ihrem neuen Partner nicht klappen würde. Und ja, natürlich möchte ich sofort wieder nach einer Frau suchen. Mein ganzes Leben habe ich in einer Beziehung verbracht. Ohne eine Partnerin zu leben ist für mich in keiner Weise eine akzeptable Lebensform«, sagte er bestimmt.

Da er sehr groß war, stellte ich ihm meine größte Klientin vor (1,82 Meter – endlich hatte ich einen tollen großen Mann für sie). Sie war im gleichen Alter wie er, sehr naturverbunden und unfreiwillig kinderlos. Einen Mann mit Kindern empfand sie als Bereicherung. Diesen Mann allerdings wollte sie zunächst gar nicht treffen, da er erst seit kurzem getrennt war.

»Nein, Frau Klein, der soll doch erst mal die Trennung überwinden, mindestens ein Jahr ohne Frau sein, eine Therapie machen, Trauerarbeit leisten etc.!«, machte sie ihren Befürchtungen Luft.

Nachdem ich ihr klargemacht hatte, dass Männer nicht abwarten wollen, bis sie ihren Schmerz verwunden haben, ließ sie sich, wenn auch zögerlich, auf eine Verabredung mit ihm ein.

Um es kurz zu machen: Er ist glücklich mit seiner neuen Frau – die »alte« ist glücklich in Ostfriesland. Meine Klientin hat endlich Kind und Hof und Hund. Und da sie nicht gestorben sind, leben alle seit acht Jahren fröhlich und zufrieden mit dem neuen Partner.

Nun habe ich mich wieder ein wenig beruhigt. Nicht nur Männer verlassen ihre Frauen so Knall auf Fall. Es passiert auch umgekehrt. Und: Viele Menschen fangen frohen Mutes VON VORNE an. Also sollte mir das doch mit meiner Erfahrung erst recht gelingen.

Was ich dir sagen möchte

Männer brauchen nach einer Trennung erst mal Zeit.
Diese Vorstellung kannst du getrost ad acta legen. Männer wollen nach einer Trennung wieder eine Frau, die sie lieben können. Fertig. Und während du brav abwartest, bis er die – wie nur du findest – nötige Trauerarbeit abgeleistet hat, ist er schon wieder mit einer anderen Frau zusammen.
Die besten Männer sind die, die weniger als ein Jahr Single sind. Ist ein Mann länger als zwei Jahre allein, wird er es vermutlich auch bleiben. Und weißt du, warum? Er hat in dieser Zeit so viele Frauen gedatet, dass er sich nicht mehr entscheiden kann. Der frisch getrennte, männliche Single ist glücklich, wenn er seinen Normalzustand (»Ich habe eine Frau, und wir lieben uns«) so rasch wie möglich wiederherstellen kann. Und genau an dem Punkt musst du ihn abholen.

***

Ich beschließe, ganz planmäßig in meinen neuen Lebensabschnitt zu starten. Mein Leben mit meinem bisherigen Partner ist vorbei. Ich kann die Uhr nicht zurückdrehen. Und rückwärtsgehen will ich auch gar nicht.
Für den Rest des Tages – mittlerweile sitze ich seit drei Stunden deprimiert in der Küche – ist also vorwärtsgehen angesagt. Ich werde folgerichtig jetzt duschen, mich schminken, etwas Hübsches anziehen, mich auf die Terrasse eines Restaurants direkt am Seeufer setzen, das ich liebe, dort etwas essen und trinken und einen Plan ausarbeiten – schriftlich!
Zwei Stunden später sitze ich am See. Tonnenweise Abdeckstift im Gesicht, literweise Augentropfen gegen die Rötungen eingeträufelt, eine fette Sonnenbrille für und gegen alles.

Zum Ausgleich einen Hingucker angezogen – ein leichtes, zartes Sommerkleidchen, dazu hohe Riemchenschuhe, in der Hoffnung, dass mein Outfit vom geschwollenen Heulgesicht ablenkt.
Nach einer großen Portion Wurstsalat – ich brauch was Fettes für die Nerven – und einem Glas Weißwein geht es mir schon fast wieder gut. Na ja, fast.
Was ist das Wichtigste bei einem Neustart? Planung! Ich brauche jemanden zum Quatschen, jemanden, den ich anrufen kann, der sich mit mir auf ein Glas Wein trifft, in die Sauna geht ... eben alles, was »frau« gerne macht, aber halt nicht allein.
Dieser Jemand sollte am besten eine Frau sein. Also eine neue Freundin, idealerweise auch Single, die genauso viel unnütze Zeit hat wie ich. (Ja, ich weiß, man sollte nicht sagen, dass die Zeit unnütz verbracht ist, nur weil man keinen Partner hat. Für mich ist sie das aber. Im Moment jedenfalls noch.)
Wo finde ich diese neue Freundin? Na ja, am ehesten doch wohl da, wo Frauen sind. Auf Veranstaltungen extra für Frauen. Ich schmeiße meinen Laptop an (wie gut, dass ich mir den noch schnell gegriffen habe, bevor ich aus dem Haus bin) und gebe ein: »Veranstaltungen für Frauen«.
Wow, super! 39 200 000 Treffer. Ich bin also nicht allein. Jetzt muss ich nur noch sortieren: mit Kindern, ohne Kinder, sie sucht sie, Feministinnen, Frauennetzwerke für und gegen alles, Esoterikerinnen jedweder Couleur, männerhassende Frauen (nee, so schlimm ist es bei mir doch noch nicht) ... Ach du meine Güte. Wie's aussieht, bin ich doch allein.
Ich wechsle zu Xing und suche dort Veranstaltungen, Vorträge usw. für Frauen. Ja, hier werde ich fündig, und das praktischerweise direkt vor Ort. Schnell melde ich mich für den Vortrag eines Business-Netzwerks für Frauen an. Und klappe

dann rasch den Laptop zu, bevor ich es mir wieder anders überlege.
Mein Blick schweift über den heute sehr ruhigen See. Wie viele Tausende Farben sich im Wasser widerspiegeln. Von Grün über Türkis, Blau bis hin zu Grau und Schwarz. Und wie viele Gesichter der See hat: ruhig, mit weichen Wellen, stürmisch, mit weißem Schaum, der auf den Wellen tanzt, um dann wieder spiegelglatt dazuliegen. Wenn er klar ist, kann man tief in ihn hineinschauen. Zu anderen Zeiten ist er wieder grau und dreckig, wenn ein Sturm ihn aufgewühlt hat. Er ist gelangweilt und temperamentvoll, liebenswürdig und launisch. Ein See bringt Spaß und auch den Tod. Ein See ist wie ein Mensch. Immer ein See und trotzdem immer wieder anders.
Während ich meinen Gedanken nachhänge, merke ich, wie ich ruhiger werde. Ein emotionaler Tag geht zu Ende. Ich breche auf – in ein neues Leben.

Was ich dir sagen möchte

Wenn du weinen willst, dann weine, tobe, schreie, wirf etwas an die Wand (nichts Schönes natürlich, Eier in die Dusche schmeißen macht Spaß und ist leicht zu entfernen).
Aber dann geh aus dem Haus. Raus in die Natur. Iss was Gutes, auch wenn du keinen Hunger hast. Und nicht vergessen: Atme!

KAPITEL 4

Allein unter Frauen

Ein paar Tage später gehe ich zum ersten Mal wieder alleine unter Menschen. Unter Frauen.

Mein Navi zeigt mir den Weg zum Ort der Veranstaltung, zu der ich mich angemeldet habe. Als ich das Haus betrete, muss ich gar nicht erst nachfragen, wo der Vortrag stattfindet. Ich orientiere mich einfach an der Geräuschkulisse von schnatternden Frauenstimmen. (Ja, ich weiß, damit habe ich jetzt gerade mal alle Klischees bedient.)

Geschnatter allerorten, Bussis ohne Ende, ab und zu ein neugieriger Blick auf mich. Zaghaft lächle ich die anderen Frauen an, die sich alle schon zu kennen scheinen. Puh – ich bin schüchtern! Ist das noch normal, sich als Frau unter Frauen so was von allein und verloren zu fühlen?

Nachdem wir zum Platznehmen aufgefordert wurden – jeder freie Platz neben jeder Frau wurde für die Freundin freigehalten –, finde ich irgendwann doch noch einen leeren Stuhl. Der Abend beginnt mit einer Vorstellungsrunde – wegen »der Neuen«, wie es heißt. Das bin ich.

O mein Gott, so viel geballte Intelligenz, gepaart mit tollen Berufen, tollen Ehemännern (»Mein Mann ist der Chef von …«), noch tolleren Kindern und »Ich kriege alles unter einen Hut«-Gehabe ist an diesem Tag für mich kaum zu verkraften.

Und dann komme ich an die Reihe: Partnervermittlerin, selbständig, zwei erwachsene Kinder, geschieden und vom Lebenspartner verlassen nach 13 Jahren, jetzt wieder Single.

Ruhe im Saal. Entsetzte Blicke der unfehlbaren »Mutter, Chefin und Geliebte«-Frauen. Tapfer stehe ich zwei Stunden durch. Grauenvoll. Nee, hier finde ich keine Freundin.
Total deprimiert und heulend (schon wieder) fahre ich nach Hause. Nicht mal ansatzweise eine neue Freundin zu finden ist wirklich schrecklich ernüchternd. Muss man denn nach der Trennung vom Mann auch noch Trauerzeit verstreichen lassen, um eine neue Freundin zu finden?
Am nächsten Tag habe ich mich wieder ein wenig von diesem unvergnüglichen Zwischenfall erholt.
Warum eigentlich eine neue Freundin finden? Es können doch nicht alle früheren Freundinnen in einer Beziehung leben. Das habe ich jetzt davon, dass ich es über der Beziehung zu meinem Lebensgefährten versäumt habe, Kontakt zu den Freunden und Freundinnen zu halten. Ein Klassiker, ich weiß. Und ein großer Fehler, vor dem auch ich nicht gefeit war. Da hat man einen neuen Typen kennengelernt und wirft so ziemlich alle liebgewordenen Bekanntschaften erst mal über Bord. Und entschuldigt sich auch noch dafür. »Weißt du, ich habe ja jetzt den Heinz getroffen und muss ihn nun erst mal so richtig kennenlernen. Ja – ich melde mich dann wieder.« Schwups, und schon hat man die alten Freunde abgehakt. Man lernt neue Menschen kennen – natürlich nur Paare – und vergisst die »alten« darüber. Und nun sitze ich da und bin – allein.
Während ich traurig vor mich hin grüble, blättere ich mein 13 Jahre altes Telefonbuch durch. (Meine Güte, sogar ein neues Telefonbuch habe ich damals angefangen, als ich mit meinem Lebensgefährten zusammenzog.) Ich versuche, die mittlerweile verblichenen Einträge zu entziffern. Bei einigen muss ich richtiggehend nachdenken – wer war denn das noch gleich? Ah genau, da ist sie, die alte Freundin! Meine Anja. Sie

ist auch wieder Single und sehr hübsch. Aber, wie ich bei einem kurzen Zufallstreffen vor ein paar Wochen feststellen musste, mittlerweile das genaue Gegenstück von mir. Ihren früheren Optimismus, was Männer, Jobs, das Wetter und noch vieles andere angeht, hat sie im Pfandleihhaus abgegeben und eingetauscht gegen: »Männer wollen nur das Eine« (na, das ist doch schon mal was, finde ich), »Sicher wird mir morgen gekündigt« und ähnlich entmutigende Überzeugungen. Selbst bei strahlend blauem Himmel nimmt Anja mittlerweile einen Regenschirm mit.
Was soll's, ich rufe sie trotzdem an. Ich brauche einfach jemanden, mit dem ich meine Freizeit verbringen kann. »Hallo Anja, ich bin's, Maria!«, trällere ich betont fröhlich ins Telefon.
»Ah, hab schon gehört, dass du wieder allein bist.« (Hat sich also schon rumgesprochen, wie peinlich.) »Und da fällt dir dann natürlich die alte Freundin wieder ein. Hättest dich ja auch mal früher melden können«, trällert Anja zurück.
»Anja, ich weiß, das war nicht nett von mir, und ich kann auch verstehen, wenn du nun nichts mehr mit mir zu tun haben willst. Aber ja, so ist das nun mal. Ich bin wieder Single und habe an dich gedacht, weil du ja auch ...« – mir wird schlecht.
»Schon gut, schon gut!«, lacht sie nun barmherzig ins Telefon. »Wenn du magst, gehen wir zusammen auf das Weinfest nächste Woche«, schlägt sie großzügig vor. Na also, geht doch. Nach ein paar Nettigkeiten und Erinnerungen an »alte Zeiten« beenden wir das Geplänkel.
Fühle ich mich jetzt besser?

Eine Kundin von mir – sie steht stellvertretend für viele andere Menschen, die in mein Büro kommen – war traurig darüber, dass ihr Lebensgefährte sie nach neun Jahren ver-

lassen hatte. Und das recht zügig, ohne Vorwarnung – dachte sie.

Annabelle war 35 Jahre alt und erzählte mir ihre Geschichte.

»Als Michael und ich uns kennenlernten, waren wir beide noch im Studium. Es war eine tolle, aufregende Zeit. Wir hatten zwar kein Geld, aber ein altes Auto, mit dem wir unglaublich viele Reisen gemacht haben. Ein Zelt oder der Himmel über uns reichten zum Schlafen aus. Wir waren frei und glücklich«, erzählte sie sehnsuchtsvoll.

»Dann haben wir beide Karriere gemacht. Es gab nur Arbeit, wenig Freizeit, keine Zeit mehr für Freunde. Wir haben unglaublich viel verdient und waren unserem Traum von einer Familie, Haus, Hof und Hund sehr nah. An einem verregneten Sonntag fragte ich Michael, ob es jetzt nicht an der Zeit sei, nach einem geeigneten Haus für unseren Familienwunsch zu suchen. Er sah mich erschrocken an, sprang auf, lief im Wohnzimmer hin und her, blieb dann stehen und sagte ganz geradeheraus: »Ich möchte unsere Beziehung beenden. Du bist nicht mehr die Frau, die ich damals geliebt habe. Du warst fröhlich, unkonventionell, warmherzig, konntest aus nichts ein Essen zaubern, warst kommunikativ, wir hatten immer Freunde um uns herum und haben das Leben genossen. Jetzt bist du cool, beherrscht, bestellst das Essen beim Italiener, hast keine Lust mehr auf Sex und rennst nur noch in Designerklamotten rum. Sobald deine Schuhe dreckig werden, kriegst du einen Anfall, und im Regen spazieren zu gehen ist dir ein Graus geworden.« Annabelle rang sichtlich um Fassung, als sie mir das erzählte. »Ich habe schon gespürt, dass sich etwas bei uns verändert hat. Dabei habe ich alles nur für unsere Zukunft getan. Ich habe auch gemerkt, dass ihm

was fehlt. Aber ausgesprochen haben wir uns nie. Und nun? Ich habe alles, was man mit Geld bezahlen kann, aber es gibt keine Menschen mehr um mich herum, die ernsthaft mit mir befreundet sind. Nur Bekannte, denen ich nicht einmal von meinem plötzlichen Alleinsein erzähle.«

Was ich dir sagen möchte

Es ist immer das Gleiche. Vergiss es nie mehr, wenn du einen neuen Menschen in dein Leben lässt. Durch dein neues Glück gibt es keine Zeit mehr für alte, liebgewonnene Freunde und Bekannte. Man zieht sich zurück in die heimische Zweisamkeit.

Es ist ja alles da, was du brauchst. Unterhaltung, Kuscheln, Sex, jemanden zum Verreisen, Liebhaben, Kochen, Einkaufen und … gemeinsam im Schlabberlook Fernsehen. Ach, ist das Leben zu zweit doch schön!

Der Job ist der einzige gesellschaftliche Raum, den du noch allein betrittst. Du änderst im Laufe der Jahre dein Verhalten, deinen Kleidungsstil, die früheren Gewohnheiten, und zwangsläufig ändert sich dein Wesen … das Wesen, in das dein Partner sich einstmals verliebt hat.

Kommen Zweifel an dieser Beziehung auf, werden sie ungeprüft weggeredet: Wie dumm »die anderen« dran sind. Diejenigen, die keinen Partner haben. Müssen ständig auf die Pirsch gehen, während man selbst seine Trophäe stolz an der Hand ausführt. Mitleidig schaut man den alleinstehenden Bekannten zu, wie sie in Bars und auf Partys den »Hallo, ist da wer?«-Blick haben. Nein, da schiebt man doch lieber alle gelegentlich aufkommenden zweifelhaften Befindlichkeiten beiseite und lässt in der gewohnt gemütlichen Beziehung alles, wie es ist. Besser langweilig zu zweit als allein sein. Bis einer von beiden den vielzitierten und verhängnisvollen Satz ausspricht: »Du bist nicht mehr der Mensch, in den ich mich verliebt habe!«

Die Beziehung zueinander hat uns zu einem langweiligen, bedeutungs- und manchmal auch lieblosen Partner gemacht. Wir haben es versäumt, in der Liebe an- und miteinander zu wachsen, gemeinsam Neues zu entdecken und zu versuchen, aus der schönen Vertrautheit ein lebendiges Miteinander zu schaffen.

Die Liebe stellt uns also ein Bein, wenn wir nicht aufpassen.

KAPITEL 5

Das erste Mal ausgehen ohne Mann

Das Weinfest rückt näher. Mir graut schon seit zwei Tagen fürchterlich davor. Vor dem Weinfest, nicht vor Anja. Obwohl – wenn ich ehrlich bin, dann doch auch vor Anja.
Dann ist der bewusste Abend da, und bevor ich aufbreche, muss ich erst mal das größte Frauenproblem klären: Was ziehe ich an? Geht man mit dem Partner oder der Clique zum Weinfest, ist die Kleiderfrage schnell geklärt: bequeme Schuhe, warme Jacke, Pulli, Socken – nicht, dass man auch noch kalte Füße bekommt. Ohne Partner sieht die Sache gänzlich anders aus. Man möchte ja eventuell einen neuen Mann bezirzen. Gefallen kommt vor den praktischen Aspekten. Das Aussehen einer Frau geht Männern bekanntlich über alles. Männer lieben weibliche Frauen. Weiblich angezogen sein heißt: hochhackige Schuhe, Rock, Bluse oder ein süßes T-Shirt. Schließlich geht es darum, unter ein paar tausend Menschenfrauen aufzufallen. Der coole Schwarzweiß-Look geht daher gar nicht. Zu unauffällig. Also werde ich mich eher paradiesisch bunt, fröhlich und hell anziehen. Alles in allem hoffe ich, dass es nicht regnet und nicht zu kalt wird. Ich kriege jetzt schon kalte Füße bei dem Gedanken daran.
Auf dem Weinfest angekommen, sehe ich Anja schon von weitem. In bequemen Schuhen, warmer Jacke und Pulli, alles in neutralem Grau. Oh, und sie hat Socken an. Neiderfüllt blicke ich auf ihr gemütliches Outfit. Entweder weiß sie nicht um die Wirkung von Kleidung, oder sie steht schon weit über derart banalen Fragen.

»Wie siehst du denn aus?«, ruft sie mir schon von weitem entgegen.
»Klasse natürlich!«, rufe ich gut gelaunt zurück. Schließlich fühle ich mich paradiesisch. Ich trage eine weiße, enge Hose in 7/8-Länge, ein weißes, etwas ausgeschnittenes Top, darüber eine wunderschöne rosafarbene Seidenbluse und offene Schuhe mit höherem Absatz.
Als ich zu Hause flache Schuhe anziehen wollte mit der Begründung, ich sei sonst für die Männer zu groß, entgegnete Madeleine lakonisch: »Da kannst du doch nichts dafür, wenn die Männer alle so klein sind.«
Dieser Ausspruch hat mich sehr erheitert. So hatte ich das noch nie gesehen. Anja wohl auch nicht. »Musst du dich ausgerechnet auch noch größer machen, als du schon bist?«, fragte sie mürrisch.
Puh – muss ich mir das antun? Es geht mir sowieso schon nicht berauschend. Brauche ich einen Single-Menschen an meiner Seite, der mich noch mehr runterzieht?
Mir kommen schon fast die Tränen. Ich fühle mich scheußlich, einsam, verlassen, und die vielen Menschen um uns herum machen mir heute regelrecht Angst.
Ich spüre es ganz genau: Dieser Abend an der Seite meiner »Freundin« wird nicht mal mittellustig werden.
Meine Stimmung verschlechtert sich von Sekunde zu Sekunde. Die unhöflichen Bemerkungen und die negative Ausstrahlung meiner ehemaligen Freundin legen sich über mich wie ein schwarzes Tuch. Welchen Preis bin ich bereit zu zahlen, um den Abend nicht allein verbringen zu müssen?
»Anja, ich werde den Abend nicht mit dir verbringen!«, höre ich mich sagen. Tatsächlich, ich hab mich wirklich getraut, das auszusprechen! Der Stein, der mir vom Herzen fällt, knallt Anja direkt vor die Füße. Sie schaut mich mit großen Augen

verärgert an, um dann den Kopf in den Nacken zu werfen und beleidigt abzurauschen.
Ich stehe da wie vom Donner gerührt. Wow, plötzlich fühle ich mich richtig gut!
Also werde ich meine ersten Schritte auf ein Fest mutig allein gehen. Kopf hoch, Bauch rein, lächeln – was soll mir letztlich auch Dramatisches passieren? Ich werde jetzt gemütlich durch die Gassen schlendern und einfach alles auf mich zukommen lassen.
Mein Blick schweift über die Menschenmenge. Beruhigend, so viele bekannte Gesichter zu sehen. Ich gehe auf eine Gruppe aus dem Ski-Club zu, in dem ich früher mal Mitglied war. Keine so gute Idee, wie sich kurz darauf zeigt: »Ach, wie geht's dir denn? Ja, wir haben schon gehört, dass er weg ist. Hat er eine andere? Ja, aber sonst geht doch kein Mann!« Dachte ich bisher auch. »Gell, er hat dich verlassen. Oder? Was machst du denn jetzt? Haha, du stöberst sicher deine Kundenkartei durch. Ja, du hast es gut. Die Lisa ist auch fast 50 und findet schon seit sechs Jahren keinen Mann mehr. Zu hohe Ansprüche. Ja, nur gut, dass deine Kinder groß sind. Sonst hättest du gar keine Chance mehr. Ja, der Heinz und ich sagen auch immer, besser schlecht zusammen als allein und kein Geld. Hahaha. Du bist halt zu emanzipiert für die Männer. Die wollen lieber nette Frauen. Nein, nicht, dass du nicht nett bist. Hahaha. Na ja, kochen kannst du ja auch gut.« Warum hilft mir keiner?! »Bist eine tolle Frau, aber … du, die Uschi hat mich neulich gefragt: Warum hat er dich eigentlich verlassen?«
Diese letzte Frage sitzt. Sie trifft mich mitten ins Herz. Mitten in mein gebeuteltes Herz. Zu meinem Leidwesen schießen mir schon wieder Tränen in die Augen. Hastig verabschiede ich mich von der Meute und gehe schnell nach Hause zum

Wundenlecken. Ja, ich dachte, ich sei fertig mit dem Kummer über den Partnerverlust. Und dabei weiß ich immer noch nicht wirklich, warum er eigentlich abgehauen ist. Ich muss das unbedingt mit ihm klären. Ich spüre, dass es wichtig ist, wenn ich mich eines Tages wieder gutfühlen will.

Nach dieser Attacke gehe ich traurig und frustriert nach Hause. Am nächsten Nachmittag rufe ich ihn an. (Ich musste so lange warten, bis ich den Weinkonsum vom Vorabend abgebaut hatte.)

Er ist lieb am Telefon – war er ja im Grunde immer, das Arschloch (Entschuldigung) –, und wir verabreden uns beim Italiener.

Aufgeregt betrete ich am nächsten Abend das Lokal. Freundlich, aber mit unruhigem Blick begrüßt er mich. Um es kurz zu machen: Der Abend ist noch unerfreulicher, als ich erwartet hatte. Männer reden einfach nicht gerne über Gefühle. Auf meine Frage, warum er mich so plötzlich verlassen hat, antwortet er: »Ach, es ging doch schon lange nicht mehr so gut, im Laufe der Zeit lebt man sich eben auseinander. Und besser jetzt als später, da haben wir doch beide noch die Chance auf einen neuen Partner.« (Dass seine Neue nicht schon vor der Lokaltür mit den Füßen scharrt, ist alles.) »Und es war doch so schön mit uns, mach doch jetzt nicht alles kaputt.« (Ich? Wieso ich?) »Und außerdem haben wir das doch alles ausreichend besprochen.« (Da war ich aber offensichtlich nicht dabei.) Als Sahnehäubchen dann zum Schluss noch der bescheuerte Satz, den wir alle hassen: »Lass uns Freunde bleiben.«

Nach dem Spruch gehe ich. Weine, tobe schon wieder und fange endlich richtig an, über mich und mein Leben nach der Trennung nachzudenken.

Mein Kopf und mein Herz stehen kurz vor einer Emotionsexplosion (lustig, da steckt das Wort »Sex« drin, fällt mir gerade

auf ...). Es ist höchste Zeit, das Ventil zu meinem Inneren zu öffnen und meinem Ex endlich einmal die Wahrheit über meine angestauten Gedanken und Emotionen nach unserer beziehungsweise seiner Trennung um die Ohren zu hauen.
Genau, das mache ich sofort – bevor ich wieder handzahm werde. Und dann ab damit in die Post!

Brief an eine verlorene Liebe

Ich hasse Dich!

Für Dein Werben um mich,
für mein Nachgeben,
dafür, dass Du mich in Dich verliebt gemacht hast,
für die fette Blasenentzündung,
für die romantische Liebesbeziehung,
für die vielen schönen Dinge, die wir unternommen haben,
für den Schmerz, dass ich diese Dinge nicht mehr mit Dir habe,
dafür, dass ich stundenlang in der Küche gestanden und für Dich gekocht habe,
für mein Unvermögen, Dich nicht gleich nach dem ersten schlechten Sex aus dem Bett geschmissen zu haben,
für Dein erreichtes Ziel – mich,
dafür, dass Du einfach den Schwanz eingezogen hast, als ich Dir mein Herz, meine Gedanken und Gefühle offenbart habe,
dafür, wie Du unsere Liebe einfach abhakst,
für unsere Zukunftspläne, die bis ins Rentenalter reichten,
für Dein »Es ist für immer«,

für die Überlegung, welche Couch wir zum Kuscheln kaufen,
dafür, dass ich Dich in mein Leben gelassen habe,
für mein unendliches Vertrauen in Dich,
für die vielen Tränen, die ich in den Wochen, seit Du weg bist, geweint habe,
für die Einsamkeit, die plötzlich über mich hereinbrach

und für die E-Mails, die Du mir seither geschrieben hast – mit so grauenhaften Sätzen wie: »Deshalb bin ich froh und dir dankbar, dass dies nun alles so offen ausgesprochen wurde.« – »Vor allem aber will ich nicht, dass Du traurig und enttäuscht bist.« – »Die Jahre, in denen wir zusammen waren, stehen Dir sicher nicht im Weg, Deine große Liebe und Dein Glück zu finden, und das wünsche ich Dir von Herzen.« – »Ich werde Ruhe und Ordnung in mein Leben bringen, bevor ich dann wieder an neue Partnerschaften denken kann.« – »Dir jedenfalls wünsche ich von ganzem Herzen, dass Du das Zusammensein mit mir in positiver Erinnerung behältst und es Dir gelingt, ganz bald wieder eine neue Liebe zu entwickeln.«
Ich hasse Dich für den verletzenden Hohn in diesen Worten,
für Dein Unvermögen nachzufühlen, dass die Leidenszeit für mich nicht automatisch vorbei ist, nur weil Du einen Entschluss gefasst hast,
für dein »Entlieben«, weil nur deine Probleme zählen,
für Dein Auftanken bei mir,
für die vielen schlaflosen Nächte, die ich hatte, weil Du mich von einer Minute zur anderen aus Deinem Leben gestoßen hast.

Ich hasse Dich, weil ich es hasse, zu hassen.
Gell, das verstehst du jetzt wieder nicht?

Puh, jetzt geht es mir besser! Ich schwöre mir, nie mehr solche Unwahrheiten von mir zu geben wie in den letzten Gesprächen mit meinem Ex:
Schluss mit diesem ewigen: »Ja, ich verstehe dich.« (Nein, tue ich nicht!)
»Nein, ist nicht so schlimm, ich komme da schon drüber weg.« (Verlassen zu werden *ist* schlimm.)
»Nein, ich bin nicht verletzt.« (Bin ich doch, zutiefst und untröstlich!)
»Wichtig ist doch die schöne Zeit, die wir hatten.« (ich sch... heute drauf!)

Was ich dir sagen möchte

Ja, ich fühlte mich nach diesen richtig boshaften Zeilen befreit. Endlich, endlich habe ich mal rausgelassen, wie es um mich steht: Nein, ich turne nicht fröhlich durch die Gegend, du Riesenarschloch – auch das musste mal gesagt sein –, es geht mir schlecht. Ich bin enttäuscht, sauer, verzweifelt, fühle mich alt, hässlich, einfach grauenvoll. Nicht mal mich zu betrinken hilft mir weiter.
Ich hoffe, ich habe dich mit diesem Gefühlsausbruch nicht erschreckt. Natürlich habe ich diesen Brief nie abgeschickt. Mein Rat an dich in ähnlich verzweifelten Lebenslagen: Schreib es auf – verbrenn es – vergiss es!
Führe dir diese bösen Zeilen nicht noch einmal vor Augen, und lasse sie bloß nicht in dein Herz. Hass macht dich noch trauriger, verzweifelter, und er ändert – abgesehen von dem

unsympathischen Gesichtsausdruck, den du davon bekommst – nichts.

***

Ab heute nehme ich mir Zeit für mich. Zum Trauern, Nachdenken, Neue-Kräfte-Schöpfen. Immerhin verbringe ich nun schon einige Jahrzehnte mit mir selbst. Kenne ich mich eigentlich noch? Wann hatte ich je Zeit für mich? Kinder, Ehe, Scheidung, neue Partnerschaft, Beruf – das alles hat die letzten Jahre vollkommen ausgefüllt, und ich war meistens glücklich und zufrieden. Zum Nachdenken gab es wenig Raum.
Und was mache ich nach der unerwarteten Trennung? Verhalte ich mich gerade nicht wie ein Mann? Bloß nicht hinschauen, immer schön weitermachen, rasch den Partner wechseln, bloß nicht zur Ruhe kommen. Weitersausen wie ein wildgewordener Wirbelwind durchs vollgepackte Leben, das so wunderbar ablenkt von den eigentlichen Problemen?
Ich beschließe, etwas für meine Seele zu tun und zur Ruhe zu kommen. Am besten gleich nächstes Wochenende. Den Luxus, einfach nichts zu tun, werde ich mir gönnen. Gleich am Samstag fange ich an, mich und mein angeschlagenes Gemüt zu verwöhnen.

KAPITEL 6

Ich fange das Pilgern an

Samstagmorgen: Wie immer werde ich um 7:00 Uhr wach. Ach ja, heute mache ich ja mal nichts.
Mühselig erzwungenes Weiterdösen bis um 10:00 Uhr. Dann stehe ich total gerädert auf. Jetzt frühstücken. Madeleine schläft noch. Hm, schade, mit wem rede ich jetzt? Ich schaue mich um. Okay, ich sollte die Wohnung putzen.
14:00 Uhr: Die Wohnung ist sauber, ich nach dem Duschen auch. Und nun? Ich könnte einkaufen gehen. Lebensmittel zu besorgen ist langweilig, aber notwendig. Ich ziehe los.
16:00 Uhr: Ich bin wieder zu Hause und habe die Zeitung durchgelesen. Was jetzt?
19:00 Uhr: War schnell noch mal in der Stadt, zwei Bücher kaufen.
20:00 Uhr: Ich werde fernsehen bis nachts um 2:00 Uhr. Ich wollte ja schließlich nichts tun.

Sonntagmorgen bin ich um 9:00 Uhr wach. Bleibe im Bett und fange an, mein neues Buch zu lesen.
11:00 Uhr: Ich stehe auf, weil Madeleine wach ist. Endlich jemand, mit dem ich mich unterhalten kann!
13:00 Uhr: Wir streiten. Sie hat sich in der Nacht noch ein Brot geschmiert und nicht gleich die Küche wieder aufgeräumt, die ich gestern mühselig geputzt habe. (Ohne meinen Plan, zur Ruhe kommen zu wollen, wären mir die Krümel gar nicht so sehr aufgefallen.)
18:00 Uhr: gelesen, ferngesehen, nachgedacht. Wie wäre es,

Kurse zu besuchen, Yoga oder so was? Oder einen Sprachkurs.
20:00 Uhr: festgestellt, dass ich bei wirklich schönem Wetter zu Hause rumgehangen bin.
Nach 48 Stunden angestrengtem Nichtstun kommt mir die Erkenntnis: Zur Ruhe kommen hat mit Abhängen nichts zu tun. Die Ruhe wohnt in meinem Inneren. Ich kann sie dort liebevoll zu aktivieren versuchen, während ich mich dem wunderbaren Leben zuwende.
Aber wie aktiviert man Ruhe? Schon das Wort »aktivieren« macht mich total nervös. Da widerspricht sich doch was!
Innere Ruhe finden, heißt das: Kein Urlaub in einem schicken Club, keine Kurse, kein Handy, kein Internet? Mir wird jetzt schon langweilig.
Ich versuche, »in Ruhe« nachzudenken, was ich machen könnte.
Klosterurlaub vielleicht, Wandern im Himalaya, vielleicht nach Indien oder Thailand, in ein Meditationszentrum irgendwo auf dieser schönen Welt, in dem ich lerne, meine innere Ruhe zu finden?
Aber dafür extra in den Flieger steigen, dann die Zeitverschiebung, Essen, das ich nicht vertrage, neue Leute treffen und den ganzen Tag nur Englisch sprechen und die anderen nur zur Hälfte verstehen, schlechte Betten ertragen …
Hilfe!
Ich bin ja in einem grauenhaften Zustand! Nicht nur, dass ich meine Ruhe nicht finde. Jetzt bin ich auch noch pingelig, pessimistisch, intolerant, quengelig und unflexibel.
O Gott – ich bin eine von den schrecklichen Frauen geworden, die ich nicht leiden kann.
Ich beschließe, erst einmal nichts zu beschließen. Gute Nacht!

Der neue Morgen meint es gut mit mir. Die Sonne lacht warm und freundlich durch die Fenster. Gutgelaunt schwinge ich mich auf mein Fahrrad und fahre zur Arbeit. Das Büro meiner Partnervermittlungsagentur liegt ungefähr eine Viertelstunde von meiner Wohnung entfernt.
Diesen so vertrauten Weg bin ich schon Hunderte Male gefahren, aber erst heute entdecke ich zufällig ein kleines Wanderzeichen: »Schwabenweg«, steht darauf, und mir fällt wieder ein, dass so der Teil des Jakobsweges genannt wird, der in Konstanz beginnt und die deutschsprachigen Länder mit der französischen Route verbindet.
Das ist es! Ich werde eine Pilgerwanderung unternehmen. Warum soll ich in die weite Welt reisen, wenn das Gute direkt hinter meinem Haus beginnt? Ich fange noch auf dem Weg zur Arbeit an zu überlegen, was ich alles brauche. Neue Wanderschuhe, Stöcke, ein Regencape. Der Rest ist vorhanden.
Im Büro angekommen, gehe ich mit meiner Mitarbeiterin Patrizia den Terminkalender durch. Sie verschiebt zwei Termine, und ich kann gleich am nächsten Tag loswandern. Wunderbar!
Am Abend packe ich meinen schönen roten Rucksack, der mich schon in viele Teile der Welt begleitet hat. Das Packen entpuppt sich als echte Herausforderung. Die Klamotten, die ich auf meinem Bett ausgebreitet habe, sehen eher nach einem Hotelaufenthalt für drei Wochen aus. Was braucht »frau« denn für so ein paar Tage? Unterwäsche, zwei T-Shirts, eine kurze und eine lange Hose, ein wärmendes Fleece, Kosmetikartikel im Pröbchenformat. Alles in allem wiegt der Rucksack stolze neun Kilo! Und kein Kerl in der Nähe, der sagt: Komm Schatz, gib her, ich trag das schon. (Manchmal fehlen sie einem schon richtig, die echten Kerle.)
Am nächsten Morgen geht es mit dem ersten Zug nach Ein-

siedeln in der Schweiz. Diese Etappe des Pilgerwegs habe ich mir ausgesucht, weil sie durch eine traumhafte Berg- und Seenwelt führt.

Um 10:00 Uhr stehe ich vor dem wunderschönen Kloster Einsiedeln und betrete ehrfürchtig die Klosterkirche. Mein Gott, ist die schön. Nein, »schön« ist nicht der richtige Ausdruck für die Empfindungen, die meinen Körper in meinem desolaten psychischen Zustand durchströmen. Es ist … ja, wie denn? Berührend. Beeindruckend. Die Kirche, der Geruch von Weihrauch, der mich an meine Kindheit erinnert, auch wenn ich damals davon immer ohnmächtig geworden bin. Die Wärme, der Glanz der Goldverzierungen, der durch das Licht der Kerzen noch intensiviert wird. Ich schließe die Augen, bin überwältigt von diesem Augenblick. Ein Gefühl von Geborgenheit umfängt mich. Vollbepackt mit Rucksack und Tasche, setze ich mich auf eine der Kirchenbänke, was leider nicht ohne ein gewisses Gepolter abgeht. Just in dem Moment stimmen die Mönche einen wunderschönen Choral an. Wie schön, die Messe hat gerade erst begonnen.

Ja, und dann ist es um mich geschehen. In der vollbesetzten Kirche fange ich an zu weinen. Unaufhörlich fließen mir die Tränen wie warme Wasserfälle die Wangen hinunter. Es tut so gut!

Es ist das schönste Weinen, das ich je weinte. Ohne erkennbaren Grund. Es ist einfach da, hört nicht auf, und je mehr ich weine, umso glücklicher, zufriedener und ruhiger werde ich. Der ganze Ballast, der Frust der vergangenen Jahre scheint mit meinen Tränen aus mir herauszufließen.

Die Menschen, die um mich herumsitzen, versorgen mich liebevoll mit Taschentüchern. Erstaunlicherweise ist mir die ganze Situation kein bisschen peinlich.

Am Ende der Messe bittet der Priester uns, einander die

Hände zum Gruß zu reichen. Immer noch tränenüberströmt, kann ich die vielen Händedrücke nur stumm erwidern. Schon lange, vielleicht auch noch gar nie, wurden mir so viele liebevolle, akzeptierende Blicke und Berührungen geschenkt wie in diesem spirituellen, sehr emotionalen Moment.

Als ich durch das Klosterportal ins Freie trete, spüre ich, wie ein Teil der psychischen Last von mir abfällt. Dafür drückt nun die irdische umso mehr. Der Rucksack ist eben auch noch da.

Wenn ich ehrlich bin, kann ich schon jetzt meinen Rucksack, die Stöcke und die Wanderschuhe, die ich in einer Extratasche vor der Brust aufbewahre, kaum noch tragen. Dabei waren es vom Bahnhof aus nur 15 Minuten Fußweg hierher! Zu allem Überfluss fängt es auch noch an zu regnen. Zum Glück habe ich einen Schirm dabei. Na ja, irgendwoher muss das Gewicht des Rucksacks ja kommen. Von den kleinen goldenen Ballerinas, der weißen Jeans und einem schönen T-Shirt für abends – man weiß ja nie – kann mein Gepäck ja wohl nicht so schwer sein.

Für einen kurzen Moment überlege ich – nur so aus reiner Bequemlichkeit –, ob ich jetzt überhaupt noch pilgern soll oder ob sich der Sinn meiner Reise schon erfüllt hat. Aber nicht doch, ich werde pilgern! Das ziehe ich jetzt durch. Ich ziehe meine Wanderschuhe an, stelle auf die denkbar komplizierteste Art und Weise meine Wanderstöcke auf die richtige Länge ein und laufe los. Nach 200 Metern halte ich an, um die Wanderschuhe anders zu schnüren. Außerdem fällt einer meiner Stöcke immer wieder in sich zusammen, während ich den anderen nicht mehr aufgedrehtkriege. Wieder wird mir freundliche Anteilnahme zuteil. Die Männer einer Wandergruppe, die mich überholt, helfen mir gerne mit den Stöcken. Die Frauen bleiben derweil fröhlich diskutierend bei mir stehen und geben mir Tipps, wie man die Socken richtig anzieht. So, jetzt aber! Glücklich und voller Zuversicht laufe ich los. Nach 15 Minuten stelle ich fest: Das kann unmöglich der richtige Weg sein. Also wieder zurück zum Kloster, den Plan in der Hand, und das Ganze noch mal von vorn.

Verflixt, ich finde diesen Jakobsweg auch nach einer Stunde nicht. Verzweifelt frage ich – zum letzten Mal, wie ich mir schwöre – einen Mönch, der gerade vorbeikommt. »Gehen Sie ein wenig vorwärts, dann einmal um die eigene Achse drehen, den Blickwinkel ändern, und dann finden Sie den Weg«, sagt er mit einem Lächeln, das, glaube ich, nur Mönche fertigbringen. So mache ich es. Und siehe da – plötzlich sehe ich das Schild mit der Jakobsmuschel, die mir den Weg weist. Dabei bin ich sicher schon fünfmal blind daran vorbeigelaufen.

Von da an läuft alles glatt.

Mein Wanderweg – der sicher auch mit anderen schönen Wanderwegen austauschbar ist – wirkt inspirierend auf mich. Er ist schön, anstrengend, schmerzhaft für die Seele und den Körper. Am ersten Abend bin ich extrem stolz, volle 25 Kilometer geschafft zu haben. Noch größer als mein Stolz ist am nächsten Morgen die Überwindung, die es mich kostet, weiterzulaufen, obwohl ich mich vor lauter Muskelkater kaum auf einen Stuhl setzen kann.

Ja, und zum Glück nehme ich auch eine neue Erkenntnis mit nach Hause (zusätzlich zu den spürbar straffer gewordenen Oberschenkeln und dem knackigen Po): Am Anfang eines Weges gehe ich oft in die falsche Richtung. Dabei weiß ich tief in meinem Inneren, dass der Weg falsch ist. Leider ignoriere ich oft mein Bauchgefühl und denke, es werde schon alles seine Richtigkeit haben. (Warum eigentlich denke ich das immer und immer wieder?) Dann laufe ich mutig eine Weile diesen falschen Weg, um schließlich festzustellen, dass mein Bauch-

gefühl recht hatte. Also gehe ich auf Umwegen wieder zurück. Nicht nur, dass ich wissentlich den falschen Weg gegangen bin; nein, in der vollen Überzeugung, diesen Fehler schnell auszugleichen, nehme ich dann diese bescheuerten »Abkürzungen«, die mich oft genug endgültig ins Niemandsland katapultieren. Anstatt dass ich zum Ausgangspunkt zurückkehre und von dort aus neue Klarheit gewinne, wird alles erst einmal noch viel konfuser.
Ich will es in Zukunft besser machen, gelobe ich mir: will stärker als bisher auf meine innere Stimme hören.
Und noch etwas habe ich festgestellt: Ich war allein auf meiner Wanderung. Und doch habe ich mich noch nie so deutlich *nicht* allein gefühlt.
Das Beste jedoch: Ich kam zur Ruhe!

KAPITEL 7

Ermutigungen

Inzwischen hat der Alltag mich wieder. Gemütlich sitze ich am Montagmorgen an meinem Schreibtisch, eine schöne Tasse Kaffee vor mir, dessen cremiger Schaum mir ein kleines Bärtchen an der Oberlippe macht. Während ich ihn genussvoll schlürfe, lese ich die geschäftlichen Mails vom Wochenende. Falls ich in den letzten Wochen auch nur den Hauch eines Verdachts hatte, meine Ansprüche an einen Mann könnten zu hoch sein, weiß ich jetzt: Nein, ganz sicher nicht.
Da schreibt mir etwa eine 63-jährige Dame:

»Sehr geehrte Frau Klein,
wer bin ich? Ich bin gerne ich: eine außergewöhnliche Frau (63 Jahre, 1,72 m), die gerne Frau ist. Mit erfreulicher Figur, klarem Geist, Flügeln im Herzen, eine Frau, die auch die Stille mag. Ich bin spontan, kreativ, neugierig, vital, intelligent, sensibel, selbsterfahren, sinnlich, wach, sonnenhungrig, bockig, romantisch.
Eine Powerfrau mit Gegensätzen, eine Hedonistin und Rebellin. Ich wünsche mir einen lebensklugen und charismatischen Mann – einen Mann, der wirklich frei ist für eine neue Begegnung und der offen dafür ist, tiefer zu schauen und sich auch für die Psychologie zwischen den Geschlechtern interessiert. Ein Mann, der den Mut hat, auf sein Herz zu hören. Ein Mann mit zeitlichen und finanziellen Freiräumen, der zuverlässig ist und das tut, was er sagt. Der Hände hat statt Fäuste, Haut statt

Hülle, Herz statt Kopf (okay, darüber können wir diskutieren!), der zuhört und nicht wegschaut, loslässt statt festhält, der ehrlich ist, anstatt zu tricksen, ausspricht und nicht totschweigt, kuschelt statt kratzt. Der (vielleicht) Asien mehr liebt als Teneriffa, Hängematte mehr als Wohnwagen, Käse mehr als Kotelett, Bücher mehr als BILD-Zeitung, der ein phantasievoller Liebhaber ist, noch einen hochkriegt und nicht nur darüber redet. Einfach Wolf statt Würstchen!

Soraya Müller«

Alles klar. Gutgelaunt lese ich die Mail ein zweites Mal. Sie gefällt mir. Ich erkenne darin eine lebensfrohe und sehr erfahrene Frau mit Sinn für Sarkasmus, Ironie und Humor. Was ich aber auch erkenne: Es wird nicht einfach sein, ein Pendant für diese außergewöhnliche Frau zu finden. Wäre sie, sagen wir mal, 40 Jahre alt, würden die Männer zwischen 30 und 50 einen roten Teppich für sie auslegen. Männer in diesem Alter lieben selbstbewusste und starke Frauen. Bei Männern über 65 sieht es nach meiner Erfahrung anders aus.

Ich greife gleich zum Hörer und rufe Frau Müller an, um einen Termin zu vereinbaren. Sie nimmt nach dem ersten Klingelton ab: »Ja?! Pronto! Was gibt's? Ich habe keine Zeit, die Farbe trocknet ein!«

Mein erstes Gefühl sieht sich bestätigt. Ich dachte mir schon, dass sie künstlerisch tätig ist.

»Mein Name ist Maria Klein. Vielen Dank für Ihre Mail. Gerne würde ich einen persönlichen Gesprächstermin mit Ihnen vereinbaren.«

»Gut, ich kann in drei Wochen Mittwoch um 10 Uhr. Sind Sie dann fertig?«, ruft sie ins Telefon.

Äh, wie bitte? Ob ich fertig bin? Ihre Stimme scheppert, als stünde das Telefon zehn Meter von ihr entfernt.
»Ja, ich werde mir diesen Termin notieren!«, rufe ich meinerseits lautstark in den Hörer.
Schwups, sie hat wortlos aufgelegt. Die Woche fängt ja gut an!
Am späten Nachmittag dieses Tages – ich stehe gerade genüsslich unter der warmen Dusche – klingelt mein Telefon. Ich beschließe zunächst, es zu ignorieren, aber dann siegt meine Neugier. Ich greife mir ein Handtuch und stürze an den Apparat. Ohne mir auch nur die Möglichkeit zu geben, meinen Namen zu nennen, brüllt mir eine weibliche Stimme entgegen: »Maria? Hallo, ich bin's. Meine Güte, wie lange dauert es denn, bis du mal ans Telefon gehst? Das hält ja kein Mensch aus! Also wenn du jetzt nicht drangegangen wärst, hätte ich dich nie mehr angerufen. Wo bist du denn? Was machst du gerade? Wo zum Teufel steckst du? Treffen wir uns heute Abend noch?«
»Halt, wer um Gottes willen ist denn da am Telefon?«, brülle ich nun auch, um mal zu Wort zu kommen.
»Ja, meine Güte das gibt's doch nicht – du weißt nicht mehr, wer ich bin? Du treulose … Ich bin's, Maggie.«
Oh, jetzt muss ich mich erst mal setzen. Meine alte, liebste, humorvollste, chaotischste und herzlichste Freundin Maggie ist am Telefon. Vor über 15 Jahren haben wir uns aus den Augen verloren. (Du weißt schon – der Fehler, Kontakt zu Freundinnen abzubrechen, wenn man eine neue Beziehung eingeht.)
Wie ich mich freue, ihre Stimme zu hören!
Wir quasseln beide gleichzeitig lachend ins Telefon, bis es uns gelingt, uns noch für heute Abend bei unserem Lieblingsitaliener zu verabreden. Der ist seit vielen Jahren am gleichen

Ort ansässig – wie gut, dass es im Leben doch auch feste Größen gibt.

Pünktlich um 18 Uhr reiße ich aufgeregt die Eingangstür des Restaurants auf. Noch bevor ich richtig drin bin, kommt sie mir wild gestikulierend entgegen, und ich höre sie rufen: »Maria! Ich bin hie-hier!« Sie stürmt auf mich zu, und wir fallen uns überglücklich in die Arme. Ach, ist das schön, eine alte Freundin zu drücken! Dicke Freudentränen fließen uns die Wangen hinunter, bis das ganze Make-up verschmiert ist. Nachdem wir den ganzen Laden mit unserer lautstarken Begrüßung aufgemischt haben, setzen wir uns hin und bestellen zur Feier des Tages jede ein Glas Champagner. Das muss einfach sein. Nachdem wir mehrmals auf unser Wiedersehen angestoßen haben und das Glas danach leider schon wieder leer ist, bestellen wir fröhlich noch eins.
Nach meinen Erfahrungen der letzten Wochen will ich von Maggie als Erstes wissen, ob sie noch mit ihrem Mann zusammen ist. Sie schaut mich verwundert an. Ja, was denn sonst? Tatsächlich war es bei ihr vor 15 Jahren die sprichwörtliche Liebe auf den ersten Blick. Ihr Traummann war damals nur für zwei Tage geschäftlich in Europa. Die beiden hatten jede freie Minute miteinander verbracht … und danach dachte Maggie, es sei alles vorbei. Immerhin lebte der Mann in Südafrika. Als zwei Wochen später ein Brief von ihm kam – mit einem Flugticket! –, zögerte sie nicht lang. Die beiden heirateten, bereisten die ganze Welt und sind nun vor einigen Jahren an den Bodensee zurückgekehrt.
Ich freue mich für Maggie, dass ihre Beziehung noch intakt und glücklich ist. »Aber sag mal«, will sie wissen, »warum fragst du denn so? Stimmt etwa bei dir was nicht?«
»Na ja, wie man's nimmt. Ich bin seit kurzem wieder Single.

Am Anfang war's hart, aber ich glaube, das Schlimmste habe ich hinter mir.«

»Ach komm, das ist jetzt nicht wahr! Der Mistkerl ist einfach abgehauen?! Spinnt der! Warum?«

»Ich vermute, das weiß er selbst nicht genau.«

Ich erzähle Maggie, wie er Knall auf Fall gegangen ist, und von unseren unergiebigen Gesprächen seither. Ach, tut das gut, sich wieder mal so richtig aussprechen zu können! Maggie und ich sind so vertraut miteinander, dass wir über alles reden können, ohne dass eine von uns Angst haben muss, vor der anderen ihr Gesicht zu verlieren. Unsere Freundschaft ist über Äußerlichkeiten längst hinausgewachsen, und selbst wenn wir uns länger nicht gesehen haben, können wir miteinander reden, als hätten wir uns erst gestern getroffen. Selbst nach so langer Freundschaftsabstinenz fühlen wir uns so eng verbunden, als hätten wir uns nie aus den Augen verloren.

Nach ein paar Gläsern Wein, viel gutem Essen und noch mehr Reden beenden wir den Abend. Ich fühle mich glücklich. Maggie und ich werden uns nie mehr verlieren. Das weiß ich sicher.

Was ich dir sagen möchte

Das Leben lässt uns immer wieder auf Menschen treffen, die uns guttun, die wir brauchen, die uns helfen oder mit denen wir einfach nur Spaß haben. Alte und neue Freunde eben.

Sehr oft höre ich von meinen Klienten Äußerungen wie: »Ja, und dann kommen manche Freunde plötzlich wieder angerannt, nachdem sie sich ewig nicht gemeldet haben. Klar, jetzt geht es ihnen schlecht, aber als es ihnen gutging, brauchten sie mich nicht. Mit mir kann man so nicht umgehen, jetzt brauchen sie auch nicht mehr zu kommen!«

Wenn wir aber ehrlich mit uns selbst sind, waren wir oft genug auch schon diejenigen, die sich nicht gemeldet haben.

Ist es wirklich wichtig, wer zuletzt einen Schritt auf den anderen zu getan hat? Freuen wir uns doch einfach, wenn ein alter Freund, eine langjährige Freundin sich nach längerer Zeit wieder bei uns meldet, oder rufen wir ihn oder sie unsererseits einfach an, wenn wir das Bedürfnis danach verspüren. Jede Wiederbegegnung birgt die Chance, dass wir den anderen neu kennenlernen und unser Leben dadurch reicher wird.

Natürlich kann es auch umgekehrt sein. Man stellt fest, dass man sich nichts mehr zu sagen hat. Das ist dann auch kein großes Drama. Aber es lohnt sich, jedem Menschen, der (wieder) in unser Leben tritt, eine ehrliche Chance zu geben.

KAPITEL 8

Wie fit muss man sein, um auf Partnersuche zu gehen?

Beim Gespräch mit Maggie habe ich gemerkt, dass ich über meine Trennung sprechen kann, ohne gleich loszuheulen. Gut so. Wurde auch Zeit, dass ich wieder ein bisschen Gas geben kann. Jetzt, wo meine Tränen getrocknet sind (meine Güte ging ich mir selber auf den Wecker mit der ewigen Heulerei), kann ich mich ernsthaft auf die Suche nach einer neuen Liebe machen. Mein Plan »Nun angele ich mir einen tollen Kerl« kann in die Tat umgesetzt werden. Na gut, so ganz fertig ist dieser Plan noch nicht, aber ich bin auf gutem Weg.

Nächste Woche treffe ich mich wieder mit Maggie zum Mittagessen, und vorher werde ich eine Trainingsstunde im Fitnessstudio absolvieren. Mal wieder was für den Körper tun – das ist eine der besten Ideen, die ich in letzter Zeit hatte.

Bei meinem nächsten Treffen mit Maggie sitze ich schon an unserem Tisch, als sie ins Restaurant gestürmt kommt und noch an der Tür die Unterhaltung beginnt. »Der Bus ist mir doch tatsächlich direkt vor der Nase weggefahren! Da bin ich halt gelaufen!«

Mittlerweile ist sie am Tisch angekommen. Küsschen rechts und links, ein Schnaufer von ihr, und mich erfasst das wohlige Gefühl, eine gute Freundin wiederzusehen.

»Laufen ist doch gar nicht schlecht. Ich war letzte Woche sogar im Fitnessstudio«, berichte ich ihr stolz.

»Meine Güte – ich auch! Ich habe mir ganz genau überlegt, was ich anziehen soll. Zuerst mal hab ich die Fitnessklamot-

ten gesucht, die ich ganz früher anhatte. Oje, die waren viel zu sexy. Dann schon lieber schwarze Trainingshose und weißes Schlabbershirt. Zum Glück habe ich, bevor ich aus dem Haus ging, noch einen Blick in den Spiegel geworfen. Ich sah aus, als hätte ich eine ganze Fußballmannschaft entbunden. So konnte ich auch nicht losziehen. Schließlich wollte ich das angesagteste Studio der Stadt besuchen. Also hab ich dann doch den sexy Body mit einem String und Strümpfen angezogen. Alles ganz natürlich, so wie ich bin«, lacht Maggie augenzwinkernd. »Und wie war's bei dir?«
»Als ich das Studio betrat und alle so vor sich hin strampeln sah, wäre ich am liebsten rückwärts wieder rausgegangen. Aber ich hatte keine Chance, weil der Trainer mich schon entdeckt hatte und mit einem ermutigenden Lachen auf mich zukam. ›Schön, dass du da bist – gut siehst du aus!‹ Als würden wir uns seit Jahren kennen. Als Nächstes kündigte er an, dass er jetzt mit mir ›eine Bestandsaufnahme meiner Fitness‹ machen wolle. ›Wie willst du aussehen, wo sind deine Problemzonen? Bauch, Beine, Po?‹ Ich kam gar nicht dazu, auch etwas zu sagen. ›Alles kein Problem, das Bäuchlein kriegen wir doch lässig weg!‹, verkündete er mir.
Dabei stört mich mein kleines Bäuchlein gar nicht; ich wollte ja in erster Linie einfach mal raus. Was anderes sehen, also neue Männer, meine ich. Aber der Typ ließ mich nicht entkommen und setzte mich auf ein Fahrrad zum Strampeln.«
»Puh, du Arme! Und dann hat er überwacht, wie lange du ohne Pause strampeln kannst, oder was?«
»Nee, glücklicherweise nicht. Er verschwand dann erst mal – ›Ich komm gleich wieder, mach schön weiter!‹, flötete er mir zuckersüß zu. Ich nutzte seine Abwesenheit, um mich im Spiegel zu begutachten. Bauch, Beine, Po, alles da. Wohlgeformt, versteht sich. Gerade als ich fand, dass ich nun genug

gestrampelt hatte, und mich in Richtung Sauna aufmachen wollte, sprach mich ein Typ an. Aber wie!
›Hallo, junge Frau, was machen Sie denn hier mit so einer tollen Figur?‹ O nein, dachte ich, bitte nicht! Aber dann fiel mir wieder ein, dass ich ja einen Mann suchte, und ich sah ihn mir genauer an. Er hatte eine gute Figur, trug ein super Outfit und war eigentlich ganz sympathisch. Aber brauche in den für irgendwas?, fragte ich mich.« Ich schaue kurz aus dem Fenster und dann Maggie an: »Weißt du, manchmal bin ich so richtig doof und pessimistisch, ein berechnendes Luder. Da steht beziehungsweise strampelt ein liebenswürdiger Typ neben mir, und ich frage mich, was er mir nutzt. Wenn ich so weitermache, will mich irgendwann keiner mehr. Dann steht schon auf meiner Stirn ›Die ist doof, bitte nicht ansprechen‹. Daher antwortete ich ihm brav: ›Danke für das Kompliment. Ich bin nur wegen der Gesundheit hier.‹«
Maggie schüttelt ungläubig den Kopf: »Sag mal! Was ist denn mit dir los?«
»Das hab ich mich dann auch gefragt. Überleg mal. Da hatte ich noch nicht mal hallo gesagt und schon gelogen. Das fing ja gut an. Wir lächelten uns dann nett an. Ich glaube, er wusste genauso gut wie ich, welchen Blödsinn wir da redeten. Er, ganz Gentleman, stellte sich vor: ›Ich heiße Thomas, bin gestern 48 geworden, neu in der Stadt, Elektroingenieur, lebe in Trennung und würde gerne mit dir was trinken gehen.‹«
»Wow, das nenne ich auf den Punkt kommen«, grinst Maggie und verschlingt dabei ihren Salat. »Und? Was hast du gesagt?«
»Ich sagte zu. Es wurde ein netter Abend, wir unterhielten uns, als seien wir Freunde. Freunde wohlgemerkt, ich hab mich nicht verliebt, und … ich weiß nicht, für was ich ihn brauchen kann.«
»Jetzt mach dir doch nicht so riesige Gedanken. Ist doch egal,

was daraus wird. Es muss nicht mal was daraus werden. Vielleicht hast du mal 'ne Schraube locker – ich meine, eine an der Wand. Oder du musst mal abgeschleppt werden, nein, nicht du, dein Auto natürlich. Also, er hat doch auch eine ganz gute Figur. Sag mal, wo hast du eigentlich in den ersten Sekunden hingeschaut?«, fragt Maggie mich mit vollem Mund und grinst dabei amüsiert.
»Na ja, ich war durch die Fragen des Trainers voll auf meinen Bauch, meinen Po und die Oberschenkel fixiert. Findest du, dass ich trainieren sollte?«, fragte ich besorgt.
»Lass dich von der bekloppten Fitnesseuphorie doch nicht fertigmachen!«
Genau diese für mich sehr zufriedenstellende Antwort hatte ich von Maggie erwartet.

KAPITEL 9

Herzklopfen in Berlin

Seit meinem Besuch im Fitnessstudio sind ein paar Wochen vergangen, ohne dass ich noch einmal dort gewesen wäre. Ich habe mich weiter von meiner grauenhaften Trennung erholt, meine Wunden geleckt und fühle mich tatsächlich auch ohne Mann an meiner Seite wieder wohl.

Trotzdem fehlt was! Es ist so ähnlich, wie wenn man mit dem Rauchen aufgehört hat – plötzlich ist da eine Lücke. Man überwindet zwar die Sucht, aber so im Hinterstübchen kommt doch immer wieder der kleine Teufel heraus und meldet sich: Dir fehlt was, dir fehlt was!

Ja, und dieses diffuse Gefühl schwirrt in meinem Kopf und Körper umher. Ich fühle mich wie auf Entzug. Nur dass es nicht die Zigaretten sind, die mir fehlen, nein, wirklich nicht. Tolle Schuhe habe ich auch genug (okay, welche Frau hat jemals wirklich genug Schuhe?). Ich bin satt, zufrieden, mir ist warm, arm bin ich auch nicht, und meinen Kindern geht es gut.

Das Klingeln des Telefons unterbricht meine Grübeleien. Es ist eine Fernsehredakteurin, die sich meldet, um einen Auftritt festzumachen, den wir kürzlich schon einmal vorbesprochen hatten. Als Partnervermittlerin werde ich immer mal wieder eingeladen, über meine Erfahrungen zu berichten. Klasse! Eine schönere Unterbrechung im Alltagstrott und in meinen Überlegungen über mein Teufelchen und irgendwelche fraglichen Mangelerscheinungen hätte ich mir gar nicht wünschen können.

Ein paar Tage später sitze ich aufgeregt im Flieger nach Berlin. Der Sender hat alles perfekt organisiert. Am Flughafen wartet schon der Abholdienst, der mich gleich ins Studio fährt. Die Maske ist bereits informiert, und ich werde kamerataugliche geschminkt und hergerichtet. Alles genauso, wie ich es von früheren Fernsehauftritten her kenne – bis plötzlich die Tür aufgeht, mit so viel Schwung, dass es mich schier in die Lehne des gemütlichen Schminkstuhls drückt.

Was ist denn das bitte für ein Exemplar Mann? Denkt der etwa, er sähe gut aus?

Aha, der wird jetzt auch geschminkt. Müsste ja nicht gerade der Stuhl direkt neben mir sein, wenn's nach mir ginge. Wie der redet! Ein richtiges Großmaul vom Typ »Hoppla, jetzt komm ich – alle Frauen her zu mir!«. Typisch für diese schrecklich wichtigen Fernsehleute. Meine Güte, der soll doch gehen, wohin der Pfeffer wächst, und mich in Ruhe lassen. Zu grüßen hat er wohl auch nicht nötig.

Mir wird plötzlich schlecht. Und mit dem Typen soll ich heute arbeiten? Oh, ich hätte mich besser informieren sollen, mit wem ich es da zu tun bekomme. Obwohl: Geändert hätte das nichts. Einen TV-Auftritt hätte ich mir sowieso nicht entgehen lassen. Und schon gar nicht wegen so eines blöden Typen!

Wir werden einander vorgestellt, und ich erfahre, dass er Bernd heißt. Frostiger als wir können sich eigentlich nur Menschen begrüßen, die heillos zerstritten sind.

Die Sendung verläuft dann aber trotzdem richtig gut. Wir unterhalten uns höflich miteinander, und nachher geht's wieder zurück in die Maske zum Abschminken. (Ich lasse mein Make-up natürlich nicht entfernen. Sah selten so umwerfend aus!) Anschließend gehen wir mit zwei Kolleginnen von ihm in ein italienisches Restaurant. Dort reden wir so gut wie nichts miteinander. Nein, man könnte sagen, wir ignorieren uns. Nach dem Essen bietet mir der arrogante Kerl tatsächlich noch an, mich zum Hotel zu fahren, damit ich in der dunklen Nacht (es war gerade 21:45 Uhr im Hochsommer) nicht alleine in der großen Stadt herumlaufen müsse. Ich wehre mich mit Händen und Füßen, werde jedoch einfach in sein Auto verfrachtet.

Vor dem Hotel frage *ich* ihn dann (ja, richtig gelesen), ob er noch auf einen Sprung mit in die Bar kommen will. Meine Güte, bin ich denn jetzt total bescheuert?

»Okay. Ein Drink ist drin. Dann muss ich aber gehen. Wir drehen morgen sehr früh«, antwortet er süffisant grinsend, während er sein Auto mit einem Affentempo in die kleinste Parklücke zirkelt.

Was geht hier eigentlich vor? Irgendwie macht mich das Verhalten dieses Mannes ziemlich ratlos. Hab ich ihm was getan, oder warum ist er so ein Kotzbrocken? Und was, um Himmels willen, hat mich bewogen, ihn noch auf einen Drink ins Hotel zu bitten?

An der Bar steuern wir in seltsamer Einigkeit zielstrebig die gemütliche rote Couch in der Ecke an. Wir bestellen zwei Ramazzotti, kuscheln uns tief in die superbequemen Polster, rutschen ganz nah zusammen und … halten unsere Hände! Ja-ha! Unglaublich, oder? Einfach so. Wir halten Händchen! Streichen dabei gelegentlich dem anderen über den Handrücken. Schweigen.

Bernds warme Hände fühlen sich gut an. Trocken, fest, kräftig. Schön sind sie. Gepflegte, wohlgeformte Männerhände. Mir rieselt eine Gänsehaut nach der anderen über den Körper (meine Güte, sogar bis ins Gesicht, wie peinlich!). Ab und zu wechseln wir ein paar belanglose Worte und zärtliche, verlegene Blicke, die auch das Bisschen in mir in Aufruhr versetzen, das bis jetzt einigermaßen ruhig geblieben ist.

Nach einer Stunde steht er abrupt auf und zahlt direkt an der Bar. »Gib mir deinen Zimmerschlüssel. Ich bringe dich nach oben«, sagt er bestimmt, während er mir tief in die Augen schaut.
Wenn der jetzt denkt, ich wäre eine schnelle Nummer, nur weil ich 50 und aus einer eher ländlichen Region am anderen Ende Deutschlands bin und noch dazu schon sehr lange »mannlos« – was er ja nicht wissen kann –, während er jung und schön und hip ist – also, wenn er das denkt, dann hau ich ihm eine runter!
Er schließt mein Hotelzimmer auf, geht mit mir rein, legt den Schlüssel auf den Tisch, gibt mir einen zarten Kuss auf die Wange und sagt mit seiner unglaublich weichen, männlichen Stimme: »Es war wunderschön, dich zu treffen. Schlaf gut!« Spricht's, dreht sich um und geht. Weg ist er.
Ich stehe da wie vom Donner gerührt. Was für eine Begegnung! Ich hätte ihm so schrecklich gerne eine runtergehauen …
Während ich schlaflos im Bett liege und darüber nachdenke, was mir da gerade widerfahren ist, fällt mir ein, was mir fehlen könnte.

KAPITEL 10

Liebe – eine Sache der Vernunft?

Mein Kunde, Manager einer Chemiefabrik, 42 Jahre alt und wirklich gutaussehend, war der absolute Empiriker. Für ihn galt nur, was bewiesen ist, Schwarz oder Weiß, immer schön geradeaus. Kein Links, kein Rechts.

Er suchte eine Ehefrau. Nicht wie die meisten, die sagen: Ich hätte gerne eine Partnerin. Nein, es musste gleich eine Ehefrau sein. Sein Problem dabei war, dass er nicht an die Liebe glaubte. In unserem Beratungsgespräch hatten wir schon nach kurzer Zeit eine lebhafte Diskussion. Es ging um die Frage: Gibt es Liebe wirklich – und was spüren Menschen dabei?

Er glaubte einfach nicht an dieses wunderbare Gefühl, konnte mir allerdings die chemischen und hormonellen Aspekte der Liebe genauestens erklären. Dazu holte er umständlich ein mehrfach gefaltetes Blatt aus seiner hinteren Hosentasche hervor. Es entpuppte sich als Bericht aus einem Wissenschaftsmagazin, den er mir unbedingt vorlesen wollte.

Ich ließ ihn zwei, drei Minuten lang lesen und über das Gehirn als unser größtes Sexualorgan referieren, das mit seinen 100 Milliarden Nervenzellen unter anderem auch für die Ausschüttung von Hormonen zuständig ist. Als er ansetzte, mir von den Bemühungen diverser Forscher vorzulesen, die der Funktionsweise des Gehirns auf die Spur zu kommen versuchten, unterbrach ich ihn. »Lassen Sie uns doch einfach über Ihre Wünsche sprechen, unab-

hängig von diesem unromantischen Forschungsbericht«, schlug ich vor.
Erstaunt über meinen emotionalen Ausbruch, gab er mir einen kurzen, sachlichen Abriss seiner Wünsche an eine zukünftige Ehefrau, die er allesamt für durchaus erfüllbar hielt: Zwischen 30 und 38 Jahre alt sollte sie sein, kinderlos, studiert, mit Kinderwunsch, bereit, nach der Entbindung für drei Jahre keiner Berufstätigkeit nachzugehen, dann eventuell ein zweites zu Kind bekommen oder ihren Beruf wieder auszuüben.
Nachdem er zwei Stunden sachlich »referierte«, musste ich ihn einfach fragen: »Wie wollen Sie denn eine Frau finden, wenn Sie nicht einmal an die Liebe glauben? Wie soll denn eine Frau Zuneigung und Vertrauen zu Ihnen fassen, wenn Sie so emotionslos sind?«
»Aber Frau Klein«, antwortete er entrüstet – endlich mal eine emotionale Reaktion! –, »Liebe ist doch ein unnötiges Gefühl. Schauen Sie sich doch um. In Liedern, im Fernsehen, in uralten Gedichten ist sie die Hauptsache, sogar die Menschheitsgeschichte ist voll von unglücklicher Liebe. Kriege wurden deswegen geführt. Nein, so etwas kommt für mich nicht in Frage. Toleranz, Akzeptanz, Humor (huch! hatte ich da am Ende etwas übersehen?), Intelligenz und die Fähigkeit, über rationale Probleme zu reden – das ist wichtig im Leben. Das hält eine Ehe zusammen.«
Schön, dass ich nun doch noch erfuhr, wie die Liebe, die es angeblich nicht gab, funktioniert. Die »rationalen Probleme« sollten als neues Teilgebiet ins Studium der Psychologie aufgenommen werden.
Aber er war trotz allem irgendwie ein netter Mensch, und ich wollte versuchen, eine passende Partnerin für ihn zu finden.

Bei meiner Auswahl für ihn versuchte ich vollkommen rational vorzugehen: Welche Frau hat studiert, am besten Mathematik, Chemie oder ähnlich handfeste Studiengänge? Will sie Kinder, entspricht sie seinen Vorstellungen hinsichtlich Alter und Optik? Moment mal – Optik? Ich glaube, dieser Punkt spielte für ihn keine so große Rolle. Vermutlich würde er das Gesicht einer Frau sowieso nur nach biometrischen Gesichtspunkten beurteilen, anstatt den Menschen mit seiner schönen Nase und dem sinnlichen Mund zu sehen.

Ich entschied mich schließlich, meinem Kunden als Erstes Susanne vorzuschlagen, eine emotional leicht unterkühlt wirkende Frau, von Haus aus Juristin, mit Kinderwunsch – das alles müsste seinen Wünschen entgegenkommen. Außerdem sah Susanne auch noch sehr gut aus. Nun ja, er ja auch. Also würden die beiden wenigstens schöne Kinder bekommen, dachte ich mir.

Nachdem ich beiden die Kontaktdaten des jeweils anderen geschickt hatte, verabredeten sie sich auf einer Autobahnraststätte. Wie romantisch! »So fährt jeder von uns nur die halbe Strecke, und wenn die Dame und ich uns nicht verstehen sollten, bin ich schnell wieder zu Hause«, erklärte mein Kunde mir am Freitag ausführlich vor dem Treffen. Natürlich vergaß er auch nicht, mir die Adresse der Raststätte mitzuteilen (hatte er am Ende gar Angst, entführt zu werden?).

Am Montag darauf klingelte mein Telefon. Aha, Mr. Super-Rational. Gespannt nahm ich den Hörer ab. »Frau Klein, was haben Sie sich nur bei diesem Vorschlag gedacht!?«, tönte es mir lautstark vom anderen Ende der Leitung entgegen.

Na gut, es hatte also nicht funktioniert mit den beiden.

Wäre ja auch ein Wunder gewesen. Jetzt galt es, Haltung zu bewahren und meinen aufgebrachten Kunden so gut wie möglich zu beruhigen. Ich versuchte, mich möglichst entspannt hinzusetzen, und richtete mich auf eine Litanei von Klagen ein.

»Diese Frau ist ja der helle Wahnsinn!« (Ja, ich habe schon befürchtet, dass Sie das finden würden.) »Wir haben uns auf dem Parkplatz erst gar nicht gefunden.« (Wen wundert's ...). »Nach einer Stunde bin ich dann weggefahren.« (Ich staunte – so viel Geduld hatte ich ihm gar nicht zugetraut.) »Dann kam mir aber die Idee, mal auf der gegenüberliegenden Seite der Autobahn nachzuschauen.« (Stimmt, eigentlich eine gute Idee.) »Und da stand sie dann ganz allein und durchgefroren am Eingang der Raststätte.« (Wie wäre es denn gewesen, die Dame vorher mal auf dem Handy anzurufen?) »Sie war so glücklich, dass wir uns gefunden haben.« (Wäre ich vermutlich auch gewesen, so kurz vor dem Erfrierungstod ...) »Ich habe sie erstmal in den Arm genommen.« (Hä, was? Angefasst haben Sie sie?) »Dann sind wir engumschlungen eine Weile dagestanden.« (Ich unterdrückte die aufsteigende Panik darüber, dass hier zweifelsfrei eine Verwechslung vorliegen musste.) »Ja, und sind gleich zu ihr gefahren. Ist doch gemütlicher als eine Raststätte –(ach nee) –, und ich bin dann bis Sonntagabend geblieben. Sie ist die Liebe meines Lebens!« (Inzwischen war ich froh, dass ich saß.) Ich bin rasend verliebt, Frau Klein. Können Sie sich das vorstellen?«

Nein, konnte ich nicht. Eigentlich nicht. Aber dann irgendwie doch wieder. Die beiden hatten die Liebe auf den ersten Blick erlebt!

Die gibt es. Sie ist wunderschön, und meine Kunden be-

richten mir immer wieder davon. Nur bei diesen beiden hätte ich das am allerwenigsten vermutet.
Ein Jahr nach ihrer ersten Begegnung haben sie geheiratet. Er hat ein schönes Haus auf dem Land gekauft, danach bekamen sie zwei Kinder. Sie wird erst mal nicht wieder ins Berufsleben zurückkehren – und ihn erkennt man nicht wieder. Aus dem stocknüchternen Theoretiker ist ein heiterer, warmherziger Praktiker geworden, der seine Frau tatsächlich »meine süße Schnuckelmaus« nennt. Wenn ich das nicht aus seinem eigenen Mund gehört hätte, der dabei liebevoll lächelte, hätte ich es für die größte Lüge gehalten. Tja, die Liebe ist eben unberechenbar und schlägt zu, wenn man es am wenigsten erwartet.

Was ich dir sagen möchte

»Die Liebe ist ein seltsames Spiel«, sang schon 1960 Connie Francis lauthals und mit Begeisterung.
In den letzten 50 Jahren hat sich daran nichts geändert. Sie ist immer noch ein seltsames Spiel. Da wirft ein überzeugter Rationalist alles, was er zu wissen geglaubt hat, über den Haufen und entwickelt von einem Tag zum anderen tiefe Gefühle. Oder zwei Menschen, die nach dem ersten Eindruck überhaupt nicht zueinanderpassen, entdecken aneinander so viel Liebenswertes, dass sie beschließen, es miteinander zu versuchen.
Ich staune immer wieder aufs Neue, wie innerhalb kürzester Zeit so ein Typ plötzlich sein ganzes Denken und Handeln über den Haufen werfen kann. Jahrelang hat er sich eingeredet, dass die Liebe eine unnötige Begleiterscheinung der Ehe sei.

Was lernen wir daraus?
Selbst der trockenste Mensch von der Sorte hochdosierte Schlaftablette kann plötzlich tiefe Gefühle entwickeln.
Wenn dein Nachbar, den du eigentlich ganz süß findest, also immer schnell wegschaut, sobald ihr euch im Treppenhaus begegnet, heißt das noch lange nicht, dass er dich nicht mag. Vielleicht ist er ja nur schüchtern.
Wenn du herausfinden willst, ob er tatsächlich der langersehnte Mann deiner Träume ist, gilt es, der Liebe eine Chance zu geben. Will heißen: Du musst ihn ansprechen, statt darauf zu warten, dass er den ersten Annäherungsversuch unternimmt. Vielleicht gehst du dabei nicht zu heftig vor – du willst ihn ja nicht gleich zu Tode erschrecken. Eher so ein zartes »Hallo, ich bin Elke aus dem zweiten Stock und habe heute Abend keinen Zucker. Würdest du mir welchen ausleihen?«
Wenn er deine Ansprache überlebt und darauf auch nur einen Anflug freudiger Reaktion zeigt, hast du gewonnen. Auch wenn er nur ein zweifelndes »Ja« haucht, geh am Abend trotzdem zu ihm runter und leih dir den Zucker aus. Er wartet schon auf dich …
Ach ja, und falls es sich noch nicht herumgesprochen hat: Die ruhigen, leicht schüchternen Männer sind die besten Liebhaber. Ehrlich!

***

Mittlerweile bin ich seit drei Tagen aus Berlin zurück.
Meine Nerven liegen blank. Magen und Darm befinden sich in einem desolaten Ausnahmezustand. Essen und Trinken braucht mein hochnervöser Körper nicht. Dauerherzklopfen lässt mich nachts kaum schlafen. Ich nehme ab, und meine Augen sind von blauen Rändern geziert. Glücklich und ge-

sund kann ich eigentlich nicht aussehen – wäre da nicht dieses leicht infantile Dauergrinsen, das hartnäckig von meinem Gesicht Besitz ergriffen hat. Madeleine geht nicht mehr an mir vorbei, ohne mir ein gedehntes und vorwurfsvolles »Mamaaa, hör auf zu grinsen!« an den Kopf zu werfen. Was dann von mir regelmäßig mit einem tiefen Seufzer kommentiert wird.

Nachdem Bernd mich einfach mitten im Hotelzimmer stehengelassen hatte, war mir klar: Das war's. Zwei Menschen hatten einen Hauch von Langeweile, und sie hatten einen unverbindlichen Flirt. Nicht mehr und nicht weniger.

Also beschloss ich, mich in das schöne Kingsize-Bett zu legen und einfach tief und fest zu schlafen. Allerdings war an Schlaf in den nächsten Stunden überhaupt nicht zu denken. Aber zu spüren, wie langsam die Sonne aufgeht, die Vögel leidenschaftlich anfangen zu zwitschern und die Stadt allmählich erwacht, hatte doch auch was.

Übermüdet und entsprechend gerädert flog ich am nächsten Tag wieder zurück nach Zürich. Nach der Landung schaltete ich als Erstes mein Handy an. Vielleicht war's das ja doch noch nicht gewesen? Ich hatte erst wenige Minuten wieder Empfang, da klingelte es auch schon. Bernd!

Meine Finger zitterten so sehr, dass ich Angst hatte, die falsche Taste zu betätigen und aufzulegen, statt abzunehmen. Es klappte. Glück gehabt. Zaghaft begannen wir eine unverbindliche Unterhaltung, während um mich herum die Leute nach ihrem Gepäck suchten und müde Kinder an der Hand ihrer Eltern quengelten. Währenddessen hievte ich meinen Koffer vom Laufband und setzte mich an Ort und Stelle darauf. Ich hatte eine Riesenangst, die Verbindung könnte bei einem Positionswechsel abreißen. Das Risiko wollte ich nun wirklich nicht eingehen.

Eine Stunde lang machten wir Small Talk – danach hatte ich heiße Ohren und Herzklopfen. In den darauffolgenden Tagen verbrachten wir jede freie Minute telefonierend, bis wir nachts vor Erschöpfung einschliefen. Jeder allein in seinem Bett, in seiner Stadt, aber im Herzen vereint.
Wir erzählten uns unser ganzes Leben: Wer wir sind, was wir tun und warum, wo und mit wem wir aufgewachsen sind, wie es in der Schule war, wen wir schon geliebt haben und warum es nicht gehalten hat – einfach alles, was unser Leben bisher hervorgebracht hat. Ich bin aber so was von verliebt! Jetzt erst wird mir klar, was mir bisher so sehr gefehlt hat. Keine Zigaretten, kein Alkohol – einfach nur das Gefühl, zu lieben und geliebt zu werden. Es ist, als wäre meine Seele durch die Begegnung mit Bernd ins Schwingen geraten. Nur: Kann ich es wagen, sie freizulassen?

KAPITEL 11

Soll ich, oder soll ich nicht?

»Wo ist mein total verrücktes, blind verliebtes Huhn?«, ruft Maggie schon im Hausflur, bevor sie meine Wohnung betritt.

»Direkt vor dir«, gebe ich fröhlich zurück.

»O Gott, wie siehst du denn aus? Nimm das Grinsen aus deinem Gesicht. Dich hat es ja schwer erwischt. Warst du schon beim Arzt?«, fragt sie mich liebevoll und drückt mich.

Noch während Maggie ihre Jacke an die Garderobe hängt und es sich auf der Couch gemütlich macht, erzähle ich ihr zum zwanzigsten Mal (wir haben natürlich das Thema schon ausgiebig durchtelefoniert) haarklein jedes Detail meines neuen, fernmündlichen Telefon-Liebeslebens.

Ich weiß, wenn Männer das hier lesen, sind sie verständnislos oder aber beleidigt. Wir Frauen erzählen uns eben alles. Also gut, liebe Herren der Schöpfung, zu eurer Beruhigung: fast alles. Das ist einfach so. Wir lieben diese Gespräche über euch, unsere Gefühle und die Gedanken und Gefühle, die wir bei euch vermuten und (weiß Gott) auch nicht immer verstehen. Im Grunde könnt ihr froh sein, dass wir das nicht alles mit euch besprechen. Ihr wärt heillos überfordert. Also gönnt uns die Mädelsabende. Zu eurer eigenen Entlastung.

Maggie und ich quatschen bis Mitternacht. Bis sie mich ganz nebenbei fragt: »Wann seht ihr euch denn eigentlich wieder? Und wie sieht das aus, wenn ihr euch trefft? Fallt ihr dann gleich übereinander her, oder gebt ihr euch brav die Hand und geht erst mal essen?«

Noch während ich, vollkommen geschockt von der Frage, über eine Antwort nachdenke, klingelt mein Handy. Er!
Ohne Einleitung und unnötiges Geplänkel flüstert er zärtlich: »So geht das nicht weiter. Setz dich in den Flieger und komm zu mir. Ich bin ab nächster Woche ein paar Tage in Köln und habe wenig zu tun.«
Wieder läuft es mir heiß und kalt von den Zehen bis in die Haarspitzen. Nur mit Mühe kann ich meine Aufregung verbergen. Ohne nachzudenken antworte ich: »Ja, mach ich. Ich buche morgen den Flug und sage dir, wann ich lande.« Noch zwei, drei Sätze von ihm, dann legen wir auf. Ich bin atemlos.
»Also, dann geh ich mal. Du bist ja ab jetzt eh zu nichts mehr zu gebrauchen. Buch deinen Flug und dann nichts wie weg in die Arme deines Liebhabers!«, sagt Maggie temperamentvoll, während in meinem Kopf alles durcheinandergeht.
Mein Nervenkostüm tanzt Tango! »Wie soll denn das gehen?«, frage ich Maggie verzweifelt. »Im Grunde kennen wir uns ja nicht wirklich. Wir haben uns ja noch nicht einmal richtig geküsst. Und dann treffen wir uns einfach in seinem Hotelzimmer. Und setzen wir uns dann brav auf einen Stuhl und machen Small Talk? Am Ende gibt's da gar keine Stühle. Bestenfalls Sessel. Aber in manchen Zimmern ist nur einer. Das heißt, wir müssten uns aufs Bett setzen. Auf die Bettkante! Wie blöd ist das denn? Und was ziehe ich an? Er hat gesagt, wir bleiben zwei Tage einfach nur im Zimmer. Soll ich da eine Jogginghose mitnehmen? Oder so einen tollen Hausanzug? So was hab ich gar nicht. Ich kann doch nicht zwei Tage in Jeans im Zimmer auf einem Sessel oder einer Bettkante sitzen! Und überhaupt: In Hotelzimmern gibt es neben dem Zimmer nur noch das Bad. Und stell dir vor, das ist vielleicht so ein ganz modernes Hotel mit offenem Bad. Wie soll denn das gehen? Ich kenne ihn doch gar nicht!«, rattere

ich meiner Freundin alle möglichen Eventualitäten herunter. O Gott, ich werde hysterisch!

»Bleib cool. Buch den Flug, pack einmal Unterwäsche und Socken zum Wechseln ein, und dann viel Spaß!«, entgegnet Maggie amüsiert und verabschiedet sich mit einer liebevollen Umarmung.

Am nächsten Morgen gehe ich wie in Watte gehüllt ins Büro. In meinem Kopf kreist nur ein Gedanke: Fliege ich zu ihm, oder lasse ich es bleiben?

Meine Zweifel mögen seltsam anmuten. Aber ich bin, trotz meiner spontanen Zusage am Telefon, eben keine süße, naive 17 mehr. Eines ist doch von vorneherein klar: Eine Beziehung, so richtig mit allem Drum und Dran, ist gar nicht machbar. Selbst wenn ich nach Berlin ziehen würde – was ich nicht tun werde, mir gefällt es hier –, würde ich Bernd kaum zu Gesicht bekommen. Er saust ständig durch die Gegend, ist überall und nirgends, während ich allein in Berlin abhängen und unglücklich auf ihn warten würde. Dann wäre er endlich mal zu Hause, und ich würde die eine Hälfte unserer gemeinsamen Zeit meckern, weil er so lange weg war, und die andere Hälfte, weil er wieder weg muss. Und auf diese Weise ist irgendwann auch die größte Liebe dahin. Nein, das ist kein Leben. Ich bleibe, wo ich bin. Hier am schönen Bodensee. Bloß, was soll dann der Flug nach Köln und alles, was daraus folgt, wenn am Anfang schon das Ende steht?

Während ich noch vor mich hin grübele, kündigt mir meine Mitarbeiterin Patrizia Soraya Müller an. Soraya wer? Ich brauche einen Moment, um gedanklich wieder an meinem Schreibtisch anzukommen. Ach ja, stimmt: Das war doch diese Künstlerin mit der lustigen Mail. Frau Müller betritt nicht einfach mein Büro, nein, sie fliegt nur so herein. Leichtfüßig, mädchenhaft schlank, ihr beiges, langes Chiffonkleid flattert wie eine kleine Wolke um ihren zarten Körper. Ihre langen Haare hat sie auf raffiniert unprätentiöse Weise hochgebunden. Strähnen davon fallen wie zufällig in ihr schönes, klassisch geschnittenes Gesicht. Das soll die Frau sein, die bei unserer Terminabsprache so ungehobelt ins Telefon gebrüllt hat?

»Guten Tag, Frau Klein. Geht es Ihnen gut? Haben Sie einen Augenblick Zeit? Sagen Sie Soraya zu mir! Den Namen Müller hat mir mein dritter Mann verpasst. Er war ein begnadeter Liebhaber. Auch wenn ich das aus seinem Allerweltsnamen nie abgeleitet hätte!«, verkündet sie lautstark. Ja, sie ist es. Diese Fee brüllt.

In den nächsten Stunden bekomme ich Einblick in ein höchst bewegtes Leben.

Soraya entfloh mit 20 der Enge eines streng katholischen Elternhauses, nachdem ihr Vater ihr einen Ehemann aus der Nachbargemeinde hatte aufzwingen wollen. Ohne Berufsausbildung, sie hatte lediglich im Kindergarten als Aushilfe gearbeitet, lief sie von zu Hause weg. In der nur 20 Kilometer von ihrem Heimatort entfernten Stadt, in der sie zunächst blieb, hielt Soraya sich als Kellnerin finanziell über Wasser.

Sie spürte das Verlangen, künstlerisch tätig zu sein. Mit dem mühselig ersparten Geld besuchte sie in der Toskana einen Bildhauer-Kurs. Aus den geplanten vier Wochen wurden zwei Jahre. Soraya erwies sich als so begabt, dass der Lehrer sie unbedingt dabehalten wollte.

Das Wissen um ihre künstlerischen Fähigkeiten gab ihr neues Selbstbewusstsein. Sie reiste weiter nach Spanien und wohnte dort in einer großen Finca, in der mehrere Künstler aus verschiedenen Kunstrichtungen zusammen-

lebten und -arbeiteten. Von dort aus planten sie ihre Ausstellungen und andere Projekte.
Nach sechs Monaten lernte sie ihre erste große Liebe kennen, einen australischen Schauspieler, deutlich älter als sie, der sie kurze Zeit später nach Sydney mitnahm.
Die große, weite Welt inspirierte Soraya, und sie entwickelte eine bislang ungeahnte Fähigkeit, ihren Gefühlen Ausdruck zu verleihen – künstlerisch, sprachlich und menschlich. In Sydney, dieser Stadt voller Menschen aus vielen Nationen, löste sie sich endgültig von der Enge ihres Elternhauses. Sie fühlte sich im siebten Himmel, hatte sie doch einen Mann, der sie auf Händen trug. Dieses Glück wurde jäh unterbrochen, als sich bei einem Jagdausflug ein Schuss aus seinem Gewehr löste und ihn tödlich traf.
»Jetzt stellen Sie sich doch mal vor, Frau Klein, diese Katastrophe! Er erschießt sich selber, anstatt auf so ein strohdummes Känguru zu zielen. Und das nur, weil er ein Feuerzeug aus seiner Tasche holten wollte. Wie kann man nur so blöd sein? Mit 45 Jahren nicht zu wissen, dass das gefährlich ist. Ich könnte ihn heute noch dafür umbringen, wenn er nicht schon tot wäre!«, regt sie sich lautstark auf und sieht dabei ganz bezaubernd aus.
Soraya wurde von der erwachsenen Tochter ihres Partners, der die Beziehung ihres Vaters mit der ausländischen Künstlerin schon immer ein Dorn im Auge gewesen war, aus dem Haus und aus ihrem Atelier gejagt. Sie schaffte es noch, ein paar ihrer Bronze-Skulpturen mitzunehmen und zu verkaufen. Der Erlös reichte für einen Flug nach Mexiko und hielt sie dort ein paar Wochen über Wasser. In Cancun gab es seinerzeit eine rege Kunstszene, in der Soraya ihre Fähigkeiten weiter auszubauen hoffte.
Erneut trat ein Mann in ihr Leben, ein Mexikaner. Sie hei-

ratete ihn, schlau geworden nach dem bösen Rauswurf durch die Tochter des toten Lebenspartners, und bekam zwei Kinder. Nach acht Jahren jedoch konnte sie das Machogehabe ihres Mannes nicht mehr ertragen und verließ mit den gemeinsamen Kindern seine luxuriöse Hazienda.
Die nächsten Stationen in ihrem Leben waren New York und ein Banker mit tollen Beziehungen. Sie wurde richtig berühmt und er leider schwul.
Die mittlerweile 16 und 14 Jahre alten Kinder gingen mit Soraya nach Hawaii. Die Kids surften, und die Mutter fing an zu schreiben. Ihr erstes Buch über »Neue Kunst« wurde in der Kunstszene ein großer Erfolg.
Zur Reihe ihrer Männer kamen ein Hawaiianer, ein Schweizer, ein Franzose, ein Amerikaner aus Key West und ein Großgrundbesitzer aus Südafrika hinzu – das neue, aufregende Leben an den verschiedenen Wohnorten ihrer Partner jeweils inklusive.

»Wissen Sie, Frau Klein, ich glaube, ich brauche jetzt mal Ruhe. Mein Leben war bis hierher schön und anstrengend, jetzt möchte ich mit einem ›normalen‹ Mann einfach nur noch das Leben genießen. Ich suche die starke Schulter zum Anlehnen; einen gleichaltrigen, selbstbewussten Mann, der nicht gleich umkippt. Wie ich es Ihnen schon geschrieben habe. Das dürfte für Sie doch kein Problem sein«, schließt Soraya ihren Lebensbericht, ausnahmsweise leiser, und sieht mich dabei erwartungsvoll an.
Oje! Von wegen »kein Problem«! Im Geiste gehe ich alle Männer zwischen 60 und 65 aus meiner Kartei durch. Ich weiß nun, was für aufregende, attraktive, teils bekannte Männer Soraya bereits an ihrer Seite gehabt hat. Die Auswahl der

potenziellen Partner, die ich ihr vorstellen könnte, schrumpft von Sekunde zu Sekunde.
»Soraya, lassen Sie mich nachdenken. Einer Frau wie Ihnen möchte ich nicht irgendwen präsentieren. Ich melde mich wieder bei Ihnen, ja?« Wir verabschieden uns herzlich voneinander.

Was ich dir sagen möchte

Was für ein wildbewegtes Leben! Soraya hat Mut bewiesen, und das gleich in mehrfacher Hinsicht. Sie hat ohne jede finanzielle Absicherung ihr Elternhaus hinter sich gelassen, ist ins Ausland gegangen, war dort allein mit zwei Kindern. Ich bewundere ihre Offenheit, ihren Optimismus, die ihr geholfen haben, sich einzulassen auf immer neue Wagnisse – in der Liebe und anderswo.

Wie gelebt ist dein Leben?

Es muss ja nicht gleich so spektakulär zugehen wie bei Soraya. Aber vielleicht lohnt es sich, wenn du dich einmal fragst, wo und wann sich in deinem Leben neue Perspektiven, neue Möglichkeiten ergeben haben. Warst du offen dafür? Hast du sie genutzt? Oder hast du manchmal das Gefühl »Das kann noch nicht alles gewesen sein«? Dann nutze diese Sehnsucht nach mehr, um dich auf die Suche zu machen nach dem, was dein Leben reicher und erfüllter machen kann. Halte die Augen offen für Gelegenheiten, neue Menschen kennenzulernen, neue Erfahrungen zu machen, vielleicht etwas auszuprobieren, was du noch nie getan hast. Und dann trau dich!

»Wie lange brauchst du, um deine Lebensgeschichte zu erzählen?«
Was machst du, wenn du – sagen wir – um die 40 bist und deine Lebensgeschichte in zehn Minuten erzählt hast?
Wenn du für die nächsten 40 Jahre auch nur zehn Minuten brauchst, hast du dann nicht das Gefühl, zu wenig erlebt zu haben?
Unternimmst du nach dieser Erkenntnis etwas, um mehr Bewegung in dein Leben zu bekommen? Um dein Leben reicher, erfüllter, interessanter und zufriedener zu machen?
Mehr lernen, mehr reisen, mehr neue Menschen treffen, mehr lesen, mehr Mut, mehr Vertrauen in dich und in die Menschen, die du triffst?

***

Nachdem Soraya mein Büro verlassen hat, herrscht in meinem Kopf erst einmal ein noch größeres Wirrwarr als zuvor. Doch dann legt sich meine Aufregung plötzlich, und ich sehe klarer. Wieso mache ich langweilige Nudel mir endlos Gedanken über einen simplen Flug nach Köln und lasse mir so womöglich aufregende Stunden entgehen, nur weil ich über Eventualitäten nachdenke, anstatt das Leben zu leben? Ich beschließe augenblicklich, meine kuschlige, aber auch ein bisschen langweilige Komfortzone zu verlassen und dem Abenteuer Liebe entgegenzureisen.

KAPITEL 12

Herz über Kopf

Vier unendlich lange Tage und drei schlaflose Nächte später sitze ich aufgeregt wie ein verliebter Teenager endlich im Flieger nach Köln. »Süßes oder Salziges?«, leiert die Stewardess zum 86. Mal ihre Frage herunter.

»Salziges und einen Weißwein bitte! Einen trockenen«, antworte ich genauso teilnahmslos, wie sie ihre Frage stellt.

»Unser Sandwich ist nicht trocken. Sie können auch einen Kuchen haben. Süßes oder Salziges?«, fragt sie noch einmal, inzwischen mit einem leicht verzweifelten Lächeln. Na, immerhin eine Gefühlsregung. Okay, ich würde vermutlich auch verrückt, wenn ich diesen Satz 300-mal pro Flug sagen müsste. »Ich möchte einen trockenen Weißwein und etwas Salziges.«

»Der Wein kostet extra, und wir haben nur eine Sorte!«

»Dann geben Sie mir die Sorte, die Sie haben, und ein Sandwich, bitte.«

Aus meiner Hosentasche ziehe ich den Zehn-Euro-Schein, den ich wohlweislich schon vor dem Flug dort verstaut habe, um mir das lästige Kramen in der Handtasche zu ersparen.

»Wir können nicht wechseln«, sagt die Stewardess süffisant.

Ich wusste es! Es ist immer das Gleiche. Nur: Heute kann ich es nicht ertragen. Und nein, ich will keine fünf Euro Trinkgeld geben!

»Dann nehme ich zwei Fläschchen von dem Wein«, versuche ich mit angehaltenem Atem höflich zu sagen. »Wir haben nur noch ein Fläschchen.«

»Dann nehme ich halt noch ein kleines Fläschchen Rotwein.«
»Der ist auch alle.«
Das macht die doch extra!
»Gut, dann nehme ich das Fläschchen Weißwein, einmal Nüsse und den lustigen kleinen Anhänger für Kinder. Macht genau zehn Euro. Und das salzige Sandwich!«
Meine Stimmung bessert sich schlagartig, als ich alles Bestellte genau in der genannten Reihenfolge bekomme. Die Stewardess schiebt wortlos ihren gutgefüllten Rollcontainer zur nächsten Sitzreihe und beginnt ihre frustrierende Fragerunde von vorne. Den lustigen Anhänger bekommt das Kind in der Reihe vor mir, das, über seine Sitzlehne gebeugt, unsere Unterhaltung aufmerksam und mit großen Augen verfolgt hat. Das Fläschchen Weißwein trinke ich fast in einem Zug und stopfe das Sandwich und die Nüsse hinterher. So, jetzt geht es mir besser.
Der Flieger ist mittlerweile schon im Sinkflug, und die freudige Erregung ergreift von neuem Besitz von mir. Also, ehrlich gesagt: Mir wird schlecht.
Endlich gelandet, schnell raus aus dem Flieger, Handy einschalten, SMS von Bernd: »Bin schon im Hotel, Zimmer 208. Erwartungsvoll!«
Rein ins Taxi und ab zum Hotel ohne ein Auge für Köln. Ich drehe dann aber doch noch drei Runden zu Fuß um das Gebäude, um meine Nerven zu beruhigen. Dann gehe ich rein, die Treppe hoch. Wo ist Zimmer 208? Ah ja, da vorne. Ich klopfe an die Tür, bekomme keine Luft mehr, die Tür wird aufgerissen, wir schauen uns tief in die Augen. (Dennoch fällt mir aus irgendeinem Grund auf, dass ich ihn zum ersten Mal ungeschminkt, also nicht für die Kamera zurechtgemacht sehe. Er sieht anders aus, nicht ganz so gut.)
Ich lasse meine Tasche fallen, er knallt die Tür zu. Wir küssen

uns leidenschaftlich und fallen aufs Bett. Hektisches Ausziehen – ach herrje, er trägt einen orangefarbenen Slip! Hilfe, ich muss grinsen! Das Bedürfnis zu lachen verschwindet schlagartig, als er den Slip auszieht. So was Schönes hab ich ja noch nie gesehen!

Als er in mich eindringt, schwebe ich im siebten Himmel. (Also jetzt mal ehrlich: Dass es auf die Größe nicht ankäme, ist doch ein Gerücht, das nur ein Mann in die Welt gesetzt haben kann!)

Gefühlte 20 Minuten – tatsächlich jedoch drei Stunden – später fragt Bernd zärtlich: »Na, meine Liebe, hattest du einen guten Flug? Schön, dass du endlich in meinen Armen liegst. Geht es dir gut?«

Ich renne ins Bad, trinke gierig ein paar große Schlucke kaltes Wasser direkt aus dem Wasserhahn und gebe ihm eine ausführliche Antwort. Ungezählte Stunden später und beide um mindestens zwei Kilo leichter, bestellen wir zum ersten Mal etwas zum Essen aufs Zimmer.

Was für ein berauschendes Rendezvous. Zwei Tage später reise ich lachend und weinend wieder ab. Im Bus zum Flughafen bekomme ich Lachanfälle vor lauter Glück. Solch eine intensive Begegnung hatte ich in meinem ganzen Leben noch nicht! Was für ein Bild von einem Mann! Ob wir uns wohl noch einmal wiedersehen?

Falls nicht: Ich bereue nichts. Ich fühle, wie das tobende Leben in mir wieder erwacht. Wild fühlt sich das an, und freudig. Im Grunde habe ich mich noch nie so gefühlt wie an diesen zwei Tagen, die hinter mir liegen. So begehrt, geliebt, berauscht, versessen, hemmungslos, animalisch, alle Sinne hellwach und doch benebelt. Muss man erst fast 50 werden, um solche Liebesnächte zu haben?

Ich glaube ja. Das ist einer der unbezahlbaren Vorteile beim

Älterwerden: Man hört auf, beim Liebesspiel darüber nachzudenken, wie man sich gerade bewegt, ob man sich überhaupt bewegen sollte, wie man aussieht, ob der Bauch flach und Beine beziehungsweise Po auch schön genug sind.
Sich einfach gehenlassen und nur noch genießen – den Mut, mich so fallenzulassen, hatte ich mit 20 nicht. Jetzt kann ich mich ganz und gar darauf einlassen, meinen eigenen Körper und den des anderen mit allen Sinnen zu spüren: riechen, schmecken, fühlen, sehen. Wunderbar!
In den nächsten Wochen fliege ich so oft zu meiner großen Liebe, dass ich schon bald sämtliche Flugpläne in- und auswendig kenne. Unsere gemeinsam verbrachten Stunden sind voller Intensität. Es ist kaum auszuhalten und gleichzeitig wunderschön. Maggie und meine Tochter Madeleine schütteln nur noch stumm den Kopf, wenn sie mein verklärtes Gesicht sehen.
Nur, wie soll es weitergehen? Wenn die gemeinsame Zeit so kostbar ist und ständig bedroht vom nächsten unausweichlichen Abschied, Glück und Schmerz so nah beieinanderliegen, das gesamte Denken und Fühlen geprägt ist von dieser innigen, leidenschaftlichen Liebe, gibt es kaum noch Raum für das ganz normale Leben. Ich bin dabei geblieben, dass ich nicht nach Berlin ziehen möchte, Bernd aber kann aus beruflichen Gründen nur in dieser Stadt leben.
Wir zermartern uns Hirn und Herz, reden, überlegen hin und her. Ohne ein befriedigendes Ergebnis. Nach vielen leidvollen Überlegungen haben wir eine verrückte Idee: Wir ziehen einen Paartherapeuten zu Rate.
Gesagt, getan. Ein Blick ins Internet – das Suchwort »Paartherapeut« bringt alle möglichen Seiten, aber eine Antwort auf unsere Frage finden wir nicht. Also ziehen wir das gute alte Telefonbuch hervor und finden in kurzer Zeit einen Paar-

therapeuten, den wir auch gleich anrufen. Bernd erklärt ihm, dass wir sehr verliebt sind, aber nicht wissen, wie wir unsere Liebe leben sollen.

»Sind Sie eigentlich verrückt? Wollen Sie mich auf den Arm nehmen?«, ruft der Fachmann so laut in den Hörer, dass ich es sogar im Raum hören kann, und legt dann auf.

Bernd und ich schauen uns fragend an. Dann brechen wir in schallendes Gelächter aus. Das ist doch wirklich vollkommen verrückt. Wie kann einem Therapeuten ein menschliches Problem fremd sein? Nachdem wir uns wieder beruhigt haben, starte ich den nächsten Anlauf bei einem anderen Psychologen. Nachdem ich ihm unsere Problematik erklärt habe und er freundlicherweise nicht aufgelegt hat, beantworte ich ihm seine Fragen: Nein, wir streiten nicht. Doch, wir lieben uns. Ja, die Liebe besteht auf beiden Seiten. Nein, es gibt keine anderen Partner in unserem Leben. Nein, wir sind nicht schon seit 20 Jahren zusammen.

Nein, es ist keine Scheidung im Hintergrund, auch keine Kinder. Wir möchten wissen, was wir tun können mit unserer großen Liebe und dem ständigen Trennungsschmerz. Wir möchten unser Leben als Paar nicht mehr nur auf ein paar Stunden im Monat reduzieren.

Nach diesem Telefonat vereinbaren wir das erste persönliche Gespräch in der Praxis des Therapeuten. Nach einigen weiteren Sitzungen, in denen wir zusammen oder getrennt bei ihm waren, beschließen wir schweren Herzens unsere Trennung.

Zugegeben, mit diesem Ergebnis der Beratung hatten wir nicht unbedingt gerechnet. Aber wir nehmen es an. Der Therapeut hat uns deutlich gemacht, dass die Art von Liebe, die wir miteinander erleben, wahrscheinlich für immer halten würde. Eben weil sie keinen Alltag hat. Bernd und ich befinden uns ständig im Hype der Frischverliebten. Das mag prickelnd sein, aber mit der großen Liebe hat es nicht so viel zu tun. Die Unmöglichkeit, das Leben und den Alltag wirklich miteinander zu verbringen, macht auf Dauer aggressiv und traurig. Das »normale« Leben wird zunehmend abgewertet und auf Eis gelegt; was zählt, sind nur noch die Stunden, die man miteinander verbringt.

Das kann auf lange Sicht nicht funktionieren.

Nur: Ich liebe und begehre Bernd. Mich dennoch von ihm zu trennen ist die Hölle.

In den Wochen danach quält mich die sinnlose Frage, welcher Schmerz schlimmer ist: Der Schmerz, den anderen innig zu lieben und ihn eine Weile nicht zu sehen? Der Schmerz nach jedem Abschied? Der Schmerz der einsamen Nächte? Die ewige Sehnsucht nach dem geliebten Mann? Oder der scharfe Schmerz nach einer endgültigen Trennung?

Was ich dir sagen möchte

Es gibt keine Skala von eins bis zehn, auf der emotionaler Schmerz sich messen ließe. Es tut weh, egal, ob du dich von ihm getrennt hast oder er sich von dir oder ob man einvernehmlich auseinanderging, weil man einfach keine gemeinsame Zukunft sah – trotz großer Liebe. Eine Beziehung, die unbefriedigend ist – aus welchen Gründen auch immer –, tut meist auch schon weh, während sie noch besteht. Das kennen wir alle.

Ist es dann nicht egal, ob man sich trennt oder zusammenbleibt? Wenn es doch sowieso weh tut?

Über diese Frage habe ich lange nachgedacht und sie schließlich für mich wie folgt beantwortet: Der Schmerz, weil man mit dem geliebten Menschen nicht leben kann, hält im schlimmsten Fall ein Leben lang. Der Trennungsschmerz geht vorbei. Das kann dauern, aber irgendwann spürt man in aller Regel: Es ist ausgestanden. Und dann hat man die Chance auf ein glückliches Leben mit einem neuen Partner.

Wenn du also in einer unglücklichen Beziehung leben solltest – weil er dich nicht versteht, verheiratet ist, ihr nicht die gleichen Ziele habt, er keine Familie gründen möchte, dir emotionale Sicherheit verwehrt oder warum auch immer –, solltest du der Frage »Bleiben oder gehen?« nicht aus dem Weg gehen, sondern eine ehrliche Antwort darauf zu finden versuchen, die dich weiterbringt.

Ich möchte dir Mut machen, aufzubrechen auf diesen inneren Weg und, wenn nötig, auch im Außen, im Leben, ein Stück des Weges allein zu gehen. Versöhne dich in diesem Fall mit deiner neuen Situation. Nimm den Schmerz als Beleg dafür, wie tief zu empfinden du imstande bist. Und fang an, dich auf dein neues Leben zu freuen.

Du wirst die »Krankheit« nur los, wenn du dich mit ihr vertraut machst. Bleib cool, komm runter und besinne dich wieder auf dich.

KAPITEL 13

Wie finde ich neue Freunde?

Einige Wochen und viele geweinte Tränen später fühle ich mich geheilt und befreit. Der Trennungsschmerz ist fast weg. Geblieben sind die wunderbaren, schönen Erinnerungen an die Zeit mit Bernd, die für immer in meinem Herzen gespeichert sind. Die Beziehung zu ihm hat mir ein großes Geschenk bereitet, das mir bleibt und das ich um keinen Preis wieder hergeben würde: die Lust an der Lust. Ich fühle mich gut, so gut wie noch nie in meinem Leben. Eigentlich erstaunlich, wie oft man das sagen kann.
Ich bin, trotz allem, durch diese verlorene Liebe gestärkt, mutig und hoffnungsvoll. Natürlich fehlte mir unmittelbar nach der Trennung so einiges, und ich fühlte mich wie auf Entzug: keine liebevollen SMS mehr von ihm, wenn ich am Morgen mein Handy einschaltete, keine zärtlichen Worte, keine Liebesschwüre mehr, und futsch ist auch die Freude auf ein Wiedersehen. Ja, ich bin echt auf Entzug!
Gegen diese Entzugserscheinungen habe ich mir Aktivität verordnet: in die Sauna gehen, ein Sportprogramm sowie Treffen mit Freundinnen, die allerdings irgendwann auch nicht mehr klaglos an meinem Liebeskummer teilhaben möchten. Schließlich hat jede von ihnen ihre eigenen Sorgen zu tragen und möchte nicht immer nur von mir vollgeheult werden.
Inzwischen haben wir Anfang Januar. Draußen ist es kalt, ungemütlich, nass. Es ist die Zeit, in der man sich zu Hause einkuschelt und ruhig vor sich hin lebt, bis im Frühjahr die Lebensgeister wieder erwachen. Aber will ich das jetzt ge-

rade? Nein, eigentlich nicht. Meine Lebensgeister sind bereits hellwach. Ich will raus, aufbrechen hin zu etwas Neuem. Nur: Wohin?
Ausgerechnet in dieser kalten, ungemütlichen Jahreszeit habe ich von neuem die Aufgabe, VON VORNE anzufangen. Und wo, bitte, ist dieses »vorne«?
Ich sitze mit einem heißen Tee bei Kerzenschein auf meiner Couch und schaue gedankenverloren nach draußen. Es stürmt, und Regen prasselt gegen die Fensterscheiben. Ich habe mich in eine warme Wolldecke gehüllt. Bei diesem Wetter jagt man nicht mal einen Hund vor die Tür. Aber es passt ganz gut zu meinem inneren Zustand. Warte ich einfach, bis das schlechte Wetter vorbei ist, und gehe erst bei Sonnenschein wieder unter Menschen?
Will und kann ich diese Wartezeit ertragen? Gut, ich könnte tolle Bücher lesen – über das Leben, Feng-Shui, den Wert des Alleinseins und so weiter. Oder soll ich mich in die täglichen Abgründe der Doku-Soaps begeben, nur um etwas Leben in meine vier Wände zu bekommen? Will ich das?
Oje, ich fange schon wieder an, mich selbst zu deprimieren. Nein, ich fühle mich zu jung für diesen Quatsch – zu Hause bleiben, mich bespaßen lassen und warten, bis das tobende Leben an meine Tür klopft.
Bleibt die Frage: Wo geht eine Frau hin, deren Freunde alle verheiratet sind und die nicht allein an einer Bar stehen möchte mit dem »Ja, ich bin Single, aber sprich mich nicht an«-Gesicht?
Während ich für mich beschließe, niemals mit so einem Gesicht an einer Bar herumzulungern, kommt mir eine Idee. Warum soll ich nicht noch einen Versuch wagen und ein professionelles Netzwerk nutzen, um Zugang zu einem neuen Leben zu finden? Es muss ja nicht gleich wieder eine reine

Frauenveranstaltung sein. Davon habe ich erst einmal genug. Ich werde mich nun stattdessen auf Vorträge, gesellige Abende, Business Lunches und Besichtigungen aller Art mit »gemischtem Publikum« einstellen. Das ist genau das Richtige für mich. Unkomplizierte Treffen ohne Hintergedanken, bei denen ich neue Leute kennenlernen kann. Einfach so, ohne dabei an einen möglichen neuen Partner zu denken (na gut, ein kleines bisschen die Augen offen halten kann ich ja doch ...).

Meine unglaublich gute Idee löst bei mir unmittelbar gute Laune aus. Ich schlage die Wolldecke zurück und hole meinen Laptop. Vorher putze ich noch die Sauerei von meinem umgeschütteten Tee weg, den ich schwungvoll mit der Decke vom Tisch gefegt habe.

Als ich mit dem Wischen fertig bin – warum macht man nur immer solche unnötigen Sachen wie Tee verschütten? –, ist mein Kreislauf durch die Putzerei ganz schön angekurbelt. Hatte die Sauerei also doch noch ihr Gutes: Jetzt brauche ich die warme Decke nicht mehr. Wolldecken vermitteln mir immer latent das Gefühl von »alte Oma auf der Couch«. So fühle ich mich aber ganz und gar nicht.

Ich öffne meinen Laptop, logge mich ein und werde schnell fündig. Gleich am nächsten Tag gibt es einen Vortrag über Marketing in mittelständischen Betrieben. Hört sich doch gut an. Bin ich hinterher wieder ein bisschen schlauer. Wen nehme ich mit? Maggie! Wo ist das Telefon?

»Maggie, ich habe eine wunderbare Idee! Morgen Abend werde ich zu einem Vortrag über Marketing in mittelständischen Betrieben gehen. Kommst du mit?«

»O nein, lass mich bloß damit in Ruhe. Ich werde mich gemütlich mit meinem Schatz vor den Fernseher setzen und kuscheln.«

Wusch! Das saß! Für solche Aktionen sollte man einfach keine Freundin anrufen, die in einer glücklichen Beziehung lebt. Ich bin erst einmal verstummt.

»O Maria, jetzt hab ich dich wieder voll frustriert. Stimmt's? Ich mach es wieder gut, wirklich. Ach, ich bin aber auch ein Trottel, dir genau das um die Ohren zu hauen, was du sicherlich gerade nicht hören möchtest. Aber ich kann ja auch nichts dafür. Ist nun einmal so. Ach Süße, geh doch allein hin, du bist doch eine mutige Frau. Und morgen erzählst du mir dann ganz genau, wie es war. So haben wir wieder was zu lachen.«

Ja, das ist genau das, was ich brauche: was zu lachen. Würde ich Maggie nicht so genau kennen, wäre ich über ihre schonungslose Offenheit und undiplomatische Art sicher total empört. Okay, jetzt, in diesem Augenblick, bin ich es auch so.

Maggie versucht weiter, mich zu trösten. Sie hat gemerkt, dass mich ihre Absage getroffen hat. Wir beenden unser Telefonat dann doch im Guten. Im Grunde hat sie recht. Ich würde auch lieber mit einem Schatz gemütlich auf der Couch herumliegen, anstatt mich bei windiger Kälte allein in die Stadt zu begeben.

Am nächsten Abend stehe ich pünktlich um 20:00 Uhr im vereinbarten Lokal. Starren mich etwa alle an? Mich beschleicht dasselbe komische Gefühl, das ich bei meiner ersten »Ich gehe allein zum Vortrag«-Aktion hatte.

Todesmutig ziehe ich meine Jacke aus und versuche aus dem Augenwinkel zu checken, wer alles da ist. Nutzt mir nichts, ich kenne niemanden. Ach, wäre das schön gewesen, doch wenigstens *einen* der Anwesenden zu kennen. Einen Menschen, zu dem ich mich hinstellen könnte, ein wenig plaudern und so tun, als gehörte ich dazu. Ich schnappe mir das erste Glas Sekt, das auf einem silbernen Tablett vorbeirauscht. Wenigstens etwas, woran ich mich festhalten kann. Das Stim-

mengewirr macht mich ganz verrückt. Meine Güte, bin ich etwa schüchtern?
Nach 15 Minuten hat immer noch niemand mit mir gesprochen. Ich habe allerdings auch keine Anstalten gemacht, jemanden anzusprechen. Ich bin ganz offensichtlich wirklich schüchtern! Am liebsten würde ich mich im nächsten Loch verkriechen.
Zum Glück werden wir nun gebeten, Platz zu nehmen. Kurz überlege ich: Setze ich mich zu jemandem dazu, oder nehme ich schnell einen leeren Tisch und andere setzen sich zu mir? Aber was ist, wenn sich niemand dazusetzt?
Ich fühle mich verlorener als an meinem ersten Schultag. Damals kannte ich zumindest einige meiner Klassenkameraden schon aus dem Kindergarten. Ja, setze ich mich nun, oder tu ich's nicht? Wie schrecklich ist das denn? Ich bin schüchtern! Ich muss eine Entscheidung treffen! Mutig begebe ich mich an den Tisch, an dem die meisten Frauen sitzen. Puh – geschafft!
Der Vortrag dauert eine ganze, langweilige Stunde.
Was gesagt wird? Keine Ahnung. Mir gehen tausend andere Dinge durch den Kopf. Beispielsweise denke ich nahezu ununterbrochen darüber nach, wie schwer es mir gefallen ist, diesen Schritt in eine mir unbekannte Runde zu tun. Das kann ja wohl nicht wahr sein! Ich bin Mutter, Geschäftsfrau, ich war verheiratet, lebte in Beziehungen, hatte wunderbare Liebhaber, gelte im Allgemeinen als souverän und selbstbewusst. Und dann stelle ich mich so blöd an? Ich bin mir selber peinlich!
Just in dem Moment, in dem ich denke, das Schlimmste überstanden zu haben, kommt der nächste Schock: Vorstellungsrunde! Nein, nicht noch mal! Ich gehe!
Zu spät. Ich werde gebeten, ein paar Worte zu meiner Person zu sagen. Als Erste von allen. Auch das noch.

Also stehe ich auf und erzähle brav, wie ich heiße, was ich mache, wie alt ich bin und dass ich das zweite Mal an so einer Veranstaltung teilnehme. Ich spüre, wie meine Gesichtsfarbe von einem zarten Rosé in ein tiefdunkles Rot übergeht. Noch nie in meinem Leben war ich so froh, mich hinsetzen zu dürfen.
Nachdem sich alle 20 Teilnehmer vorgestellt haben, bin ich überrascht, dass sich drei Viertel all dieser Menschen vor dem heutigen Abend noch nie gesehen haben. Und ich sterbe tausend Tode für nichts und wieder nichts!
Als der offizielle Teil der Veranstaltung beendet ist, kommen alle ganz schnell ins Plaudern. An meinem Tisch ergibt sich eine richtig gute Truppe von sechs Frauen. Die Männer versuchen beinahe verzweifelt, mit uns ins Gespräch zu kommen. Aber bei sechs Frauen haben sie keine Chance. Zwei Stunden später verabschiede ich mich, mit sechs Visitenkarten in der Handtasche und einer Verabredung zum Mädelsabend. Höchst vergnügt trete ich den Heimweg an. Wie konnte ich mich nur so anstellen?

KAPITEL 14

Mädelsabend!

Am nächsten Morgen rufe ich gleich Maggie an, um mich mit ihr zum Mittagessen zu verabreden.

»Wie war der Vortrag? Hast du jemanden kennengelernt? Wann warst du zu Hause? Allein?« Wie üblich ruft Maggie mir ihre Fragen schon zu, während sie noch ihren Mantel auszieht.

»Schschsch! Jetzt setz dich doch erst mal. Und bitte, sprich leiser!«, zische ich ihr lachend zu.

Umsonst. Lautstark nimmt Maggie neben mir Platz.

»Nun erzähl schon. Wie war es in der freien Wildbahn?«, fragt sie mich, während sie gleichzeitig den Kellner herbeiwinkt, da sie schon wieder kurz vor dem Verdursten ist.

Ich lege los und lasse aber auch gar nichts aus. Angefangen von meinem peinlichen Herumstehen über die Vorstellungsrunde inklusive Rotwerden bis hin zu den Bemühungen der Kerle, uns anzuquatschen, und denen der Mädels, die Kerle zu ignorieren und einfach nicht hinzuhören.

»Ich wusste, dass das lustig wird! Alles, was du machst, wird lustig.« Maggie kriegt sich vor Lachen nicht ein. Dann hält sie inne und sieht mich erschrocken an. »Aber sag mal, seit wann bist du denn so schüchtern? Geht es dir nicht gut? Meine Güte, ich wollte dich wirklich nicht verletzen. Weder gestern noch heute.«

»Das weiß ich doch. Du hast ja auch irgendwie recht mit deiner Frage. Eigentlich bin ich nicht schüchtern, aber im Moment … es ist alles so ungewohnt. Nach so vielen Jahren in Beziehungen, nach einer so schönen Liebe wieder von vorne anzufangen … Ja, ich tue mich ein bisschen schwer damit. Zumindest am Anfang – und den habe ich gestern gemacht. Nächste Woche werde ich mich übrigens mit den Mädels treffen, und ich frage dich diesmal nicht, ob du mitkommen willst!«, sage ich augenzwinkernd und drücke Maggie fest.

Was ich dir sagen möchte

Jeder neue Anfang fühlt sich schwer an. Alles, was neu ist, kostet Überwindung. Obwohl wir mitten im Leben stehen und einiges an Erfahrung mitbringen, fühlen wir uns bei einem Neubeginn oft wie vor einem großen Berg. Unüberwindlich! Ich habe die Erfahrung gemacht, dass viele Menschen angesichts dessen neue Dinge gar nicht erst in Angriff nehmen. Die Angst davor ist größer als die Freude, Neues zu erleben.
Schüchtere dich nicht selber ein. Gehe frohen Mutes mutig dorthin, wo du hinwillst. Jeder Schritt, den du dich traust, ist ein neuer Schritt in deine Zukunft. Bestimme diese Zukunft selbst. Und am Ende des Tages wirst du getröstet feststellen, dass du im Anstieg auf den unüberwindlich scheinenden Berg wieder ein ganzes Stück weitergekommen bist. Ohne Hilfe und mit deiner eigenen, inneren Kraft. Also: Halte dich nicht selbst auf!

***

Dabei fällt mir einer meiner Kunden ein. Er hatte den Termin bei mir über seine Sekretärin machen lassen, und die wiederum hatte nicht mit mir gesprochen, sondern mit meiner Mitarbeiterin Patrizia. So kam es, dass ich nichts von ihm wusste, als er mein Büro betrat. Weder sein Alter noch seinen Beruf oder Familienstand. Er war also das, was wir liebevoll ein echtes Überraschungspaket nennen.

Er kam pünktlich zum Termin um 15:00 Uhr und war mir auf Anhieb sympathisch durch seine angenehme Erscheinung: schön groß, gepflegt, gut gekleidet und mit ausgezeichneten Manieren. Dass er keine Blumen mitgebracht hatte, war alles. Ich war gebührend beeindruckt.
Nach den üblichen Begrüßungsfloskeln nahm er auf meiner Couch Platz und machte es sich gemütlich. Patrizia kochte uns einen Kaffee, und ich fragte ihn, was ich für ihn tun könne.
»Ach, wissen Sie, Frau Klein, das ist eigentlich gar nicht so schwer. Ich bin 50 Jahre alt, wurde vor fünf Jahren nach 25-jähriger Ehe geschieden, habe eine fast erwachsene Tochter, und finanziell bin ich durch meinen Beruf abgesichert. Ich habe ein schönes Haus und möchte dort nicht mehr alleine leben. Haben Sie eine Frau zwischen 40 und 50 für mich?«, fragte er und schaute mich dabei beinahe ängstlich an.
Seinen Blick konnte ich nicht deuten. Dieser Dackelblick passte so gar nicht zur äußeren Erscheinung dieses Prachtexemplars von Mann.
»Erzählen Sie mir doch ein bisschen mehr von sich, damit ich mir ein Bild von Ihnen machen kann. Sagen Sie mir etwas genauer, was Sie möchten und welche Wünsche Sie an eine zukünftige Partnerin haben.«
»Ja, was soll ich Ihnen sagen? Ich habe bis zu meiner Scheidung ein sehr schönes Leben geführt. Meine Frau war wunderbar, meine Tochter ist das größte Glück der Welt für

mich, und meine Firma ist erfolgreich. Meine kleine Welt war bis zum Auszug meiner Frau perfekt. Nie hätte ich mir vorstellen können, dass dieses Glück einmal zerstört würde. Ja, ich weiß, was Sie jetzt denken: Männer kriegen nichts mit, gehen nur in ihrem Beruf auf und wundern sich dann, wenn die Frau weg ist. Und Sie haben recht: Genauso war es. Nachdem meine Frau mit der Tochter ausgezogen war, bin ich in eine Therapie gegangen, um für mich festzustellen, wo ich stehe. Nachdem ich dann das Gefühl hatte, wieder eine neue Beziehung eingehen zu können, machte ich eine für mich schreckliche Entdeckung: Ich kann keine Frau ansprechen! Können Sie sich das vorstellen? Meine Firma ist international tätig, ich habe ständig mit Menschen zu tun, führe komplexe Verhandlungen, bin sehr erfolgreich und kann keine Frau ansprechen!«
Er war schüchtern, stellte ich überrascht fest. Nicht im beruflichen Bereich, sondern im Privatleben.

Immer wieder erzählen mir gerade sehr erfolgreiche Männer, dass sie große Schwierigkeiten haben, eine Frau anzusprechen. Solange sie verheiratet sind, ist das für sie kein Problem. Sie führen mit jeder Frau, die ihnen begegnet, ohne zu zögern ein nettes Gespräch. Sei es im Flugzeug, in der Bar oder am Empfang eines Hotels. Kaum aber sind diese Männer Singles, geht nichts mehr.
Mittlerweile bin ich des Rätsels Lösung ein Stück nähergekommen: Solange der Wunsch nach einer neuen Beziehung nicht im Vordergrund steht, haben diese Männer keine Hemmungen, auf eine Frau zuzugehen. Es ist ihnen auch egal, ob die Frau mit ihnen spricht oder nicht, freundlich ist oder sie abweist. Sie fühlen sich nicht persönlich betroffen. Sie wissen ihre Liebste zu Hause, und diese Sicherheit genügt ihnen. In

dem Moment aber, wo sie eine Frau ansprechen möchten, um eventuell eine Beziehung mit ihr einzugehen, kommt eine beklemmende Angst ins Spiel. Es ist die Angst, von dieser Frau abgewiesen zu werden und wie ein Trottel dazustehen. Plötzlich ist der Mann, der mit fremden Frauen früher nur eine kurze Unterhaltung anstrebte, wieder zum Jäger geworden. Und er hat verlernt, ein Jäger zu sein.

Was ich dir sagen möchte

Wenn du also irgendwo so ein tolles Exemplar Mann herumstehen siehst, dann denk bitte nicht gleich: »Ach je, er ist sicher in festen Händen, hat eine tolle Frau zu Hause und findet mich bestimmt nicht sonderlich anziehend!«
Ab heute wirst du dein Denken umstellen: »Oh, da steht ein toller Mann. Sicher ist der total glücklich, wenn ich jetzt den ersten Schritt auf ihn zugehe!« Also zögere nicht, denn solange der Jäger in ihm sich noch nicht gemeldet hat, hast du verdammt gute Chancen, einen liebenswerten Mann ohne jedes Imponiergehabe zu treffen.
Und wenn der Mann doch bereits gebunden sein sollte? Macht nichts. Dann hast du einfach eine schöne Übung in Sachen Flirten absolviert.

***

Heute treffe ich mich mit den Mädels, die ich letzte Woche beim Vortrag kennengelernt habe. Eine von ihnen, Angela, hat ein großes Auto organisiert, in dem wir alle Platz finden. Wir treffen uns bei mir im Büro und stoßen auf unsere neue Bekanntschaft mit einem Glas Sekt an. Danach fahren wir

fröhlich quatschend nach Zürich. Anne hat uns einen Tisch in einem traumhaft schönen Restaurant gebucht.
Es ist Mitte Januar und schon den zweiten Tag überraschend mild. Der Zürichsee glitzert in allen erdenklichen Farben, der Himmel ist blau mit ein paar schönen weißen Wolkenfetzen. Unglaublich romantisch. Wir genießen den Ausblick. Als dann auch noch das wunderbare Essen auf den Tisch kommt, fühlen wir uns rundum glücklich.
Nach dem Essen stürzen wir uns kopfüber in das Zürcher Nachtleben. Ich lerne: Sechs Frauen in einem Club, die ständig zusammenglucken, das geht gar nicht! Wir werden zwar bestaunt – man könnte auch sagen: begafft, aber neue Kontakte kommen in dieser Konstellation nicht zustande. Und dabei haben wir uns extra so in Schale geworfen!
Ich muss an meinen schüchternen Kunden denken. Wenn selbst solche Männer sich mitunter nicht trauen, eine Frau anzusprechen, wird die Angst bei einer ganzen Horde davon sicher noch um ein Vielfaches größer sein.
Aber ich sollte nicht vergessen, dass Männer aufzureißen ja auch nicht das Thema unseres Mädelsabends war. Trotzdem kann es in mannlosen Zeiten natürlich auch an einem solchen Abend schon mal vorkommen, dass der Blick an dem einen oder anderen interessanten Kerl hängenbleibt.
Mit fast durchtanzten Schuhsohlen machen wir uns gegen 3 Uhr nachts auf den Heimweg. Im Auto wird es nach ein paar Minuten immer stiller. Wir sind alle müde. Ich kann meinen Gedanken nachhängen. Mein letzter Frauenabend ist Ewigkeiten her. Es hat Freude gemacht, diese Tradition heute wiederzubeleben. Ein spannender Abend mit neuen Gesichtern und Geschichten geht zu Ende. Ich bin glücklich.

KAPITEL 15

Abenteuer Internet

Meine Kunden erzählen mir immer so lebhaft von ihren grauenhaften bis kuriosen Online-Begegnungen, dass ich manchmal das Gefühl habe, selbst schon seit Jahren mit dem Flirten im Netz vertraut zu sein. Dabei hab ich das noch nie gemacht, nur eben sehr viel davon gehört. Wie das kommt? Erstens gab es die Online-Portale noch nicht, als ich das letzte Mal Single war. Und zweitens: Ich als Partnervermittlerin in einem Dating-Portal? Das geht ja wohl gar nicht. Oder?

Warum eigentlich nicht? Draußen regnet es in Strömen, es ist mal wieder Wochenende, und keiner meiner Freunde hat auch nur einen klitzekleinen Moment Zeit, etwas mit mir zu unternehmen.

Aus Langeweile kommt man manchmal auf die verwegensten Gedanken. Also her mit dem Laptop, und die Suche nach einem Dating-Portal kann beginnen. Ganz wohl ist mir nicht dabei. In meinem Bauch kribbelt es so komisch, daher verbuche ich diese Aktion erst mal unter dem Motto »Recherche«. Ist ja schließlich ungemein wichtig zu wissen, was die Online-Konkurrenz so treibt. So wie es aussieht, werben alle mit schönen Menschen, die tolle Berufe haben und nur darauf warten, dass ich mich anmelde. Um eines scheine ich dabei nicht herumzukommen: den Psychotest. Auch davon habe ich über meine Kunden schon viel gehört. Okay, ich wollte schon immer mal von einem PC wissen, wie ich ticke.

Nachdem ich mir richtig Zeit genommen habe, um Fragen über Fragen zu beantworten, schicke ich den Test ins virtuelle

Universum und bekomme im Gegenzug die Analyse meines Seins: Ich bin nicht auf der Suche nach einem festen Partner, sondern nach einer unverbindlichen Affäre. Soso!
Was ist das denn für ein Ergebnis? Bin ich etwa in einem Erotik-Portal gelandet? Nein, bin ich nicht. Na, wie schön, dass ich jetzt endlich Bescheid weiß über mich. Wie soll ich einen tollen Kerl finden, wenn ich eigentlich gar nicht bereit bin, eine neue Beziehung einzugehen? Da kann etwas nicht stimmen. Ich beschließe, den Psychotest ein zweites Mal zu machen, um zu sehen, ob wieder das gleiche Ergebnis dabei herauskommt oder ob das Netz mich reingelegt hat.
Aha, man darf den Test nur einmal machen. Na gut – dann brauche ich auf dieser Website aber gar nicht erst weiterzusuchen. Mit meinem Ergebnis werden mir hier sicher nur Männer vorgestellt, die tatsächlich nur eine Affäre suchen. Immerhin wirbt das Portal ja mit dem Slogan, dass man genau den Partner bekommt, der zum eigenen Testergebnis passt. Will ich das – lauter Typen, die mir gleich an die Wäsche wollen?
Nein, nicht wirklich.
Also beschließe ich, mich einfach bei einem anderen Portal anzumelden. Ich ackere mich ein weiteres Mal durch zig Fragen hindurch, treffe eine Auswahl hinsichtlich meiner Vorlieben für Farben, Urlaube, Wohnungseinrichtung und was sonst noch angeblich alles schrecklich wichtig ist. Dieses Mal gebe ich mir noch mehr Mühe als beim ersten Test. Nach 30 Minuten bin ich fertig. Das Ergebnis meiner ehrlichen Antworten: Ich bekomme die Profile eines Bauarbeiters, eines Busfahrers, eines Bioladen-Verkäufers und eines arbeitslosen, aber hochintelligenten Freiberuflers mit vier Kindern zur Auswahl.
Was hab ich denn jetzt schon wieder falsch gemacht? Das

Vie gelebt ist dein Leben?

Ls muss ja nicht gleich so spektakulär zugehen wie bei Soaya. Aber vielleicht lohnt es sich, wenn du dich einmal ragst, wo und wann sich in deinem Leben neue Perspektiven, eue Möglichkeiten ergeben haben. Warst du offen dafür? Iast du sie genutzt? Oder hast du manchmal das Gefühl Das kann noch nicht alles gewesen sein«? Dann nutze die- Sehnsucht nach mehr, um dich auf die Suche zu machen ach dem, was dein Leben reicher und erfüllter machen kann. Ialte die Augen offen für Gelegenheiten, neue Menschen ennenzulernen, neue Erfahrungen zu machen, vielleicht etas auszuprobieren, was du noch nie getan hast. Und dann au dich!

Wie lange brauchst du, um deine Lebensgeschichte zu erählen?«

Vas machst du, wenn du – sagen wir – um die 40 bist und eine Lebensgeschichte in zehn Minuten erzählt hast?

Venn du für die nächsten 40 Jahre auch nur zehn Minuten rauchst, hast du dann nicht das Gefühl, zu wenig erlebt zu aben?

Internimmst du nach dieser Erkenntnis etwas, um mehr Beegung in dein Leben zu bekommen? Um dein Leben reiher, erfüllter, interessanter und zufriedener zu machen?

Iehr lernen, mehr reisen, mehr neue Menschen treffen, mehr sen, mehr Mut, mehr Vertrauen in dich und in die Menhen, die du triffst?

***

kann's ja wohl nicht sein. Da nehme ich doch lieber das Portal mit den Affären, vielleicht werde ich dort dann doch eher fündig.
Immerhin: Aus meinen beiden ersten Versuchen habe ich schon einiges gelernt, und neugierig bin ich eigentlich von Natur aus. Also: dritter Versuch. Ich entscheide mich für ein Portal, bei dem man gleich Fotos der Männer sehen kann. Ich zücke meine Kreditkarte und buche eine dreimonatige Mitgliedschaft. Angesichts von Millionen Mitgliedern müsste das eigentlich reichen, um einen wunderbaren, liebenswerten Prinzen zu finden, meine ich. Alles andere würde ja bedeuten, dass ich ein völlig unvermittelbarer Ladenhüter wäre.
Während ich auf die Freischaltung warte, schaltet sich schon wieder der Verstand ein. Das darf ich unter gar keinen Umständen herumerzählen: Partnervermittlerin sucht online einen Mann. Der Gedanke lässt mich schmunzeln, während sich auf meinem Monitor das nächste Hindernis auftut. Ich soll ein Foto von mir hochladen. Ja klar, eigentlich logisch. Nun ist es nicht so, dass ich nicht wüsste, wie das geht. Was mich zögern lässt, ist vielmehr die Tatsache, dass inzwischen doch einige Menschen mein Gesicht kennen dürften. Aber ein Profil ganz ohne Foto? Würde ich jemanden daten wollen, dessen Gesicht ich noch nie gesehen habe? Nein.
Ich öffne meinen Fotoordner, wühle mich durch 4000 Fotos gelebtes Leben und verfalle in Sentimentalität. Das waren noch Zeiten! Der erste Urlaub mit meinem Freund auf Gran Canaria. Wie jung wir aussehen, wie verliebt wir in die Kamera schauen! Ich kann mich noch an jede Sekunde dieses Urlaubs erinnern. Dann kommen Kinder und Familie: Fotos von Badeurlauben, vom Skifahren, Weihnachten, Geburtstage, Silvester, Ostereiersuchen, Einschulung. Bilder von meinen Eltern, die leider nicht mehr leben, meinen Geschwistern,

mit vielen Nichten und Neffen; die alte Wohnung, das neue Haus ... alle wichtigen und unwichtigen, fröhlichen und traurigen Begebenheiten des Lebens festgehalten im Bild.
Während ich mich von Foto zu Foto klicke, bin ich unglaublich traurig und unglaublich glücklich zugleich. Wie schön, dass ich das alles erleben durfte! Wie schön auch, dass ich Jahrzehnte meines Lebens auf diese Weise Revue passieren lassen kann.
Aber unter all diesen Bildern ist keines von mir, das ich online stellen möchte. Auch wenn es genügend Bilder gibt, auf denen ich alleine zu sehen bin: Die sehr persönlichen Empfindungen, die ich mit jeder dieser Aufnahmen verbinde, machen es mir unmöglich, sie im Netz gewissermaßen aller Welt zur Verfügung zu stellen.
Also entscheide ich mich, das zu tun, was fast alle tun (allerdings weiß ich das zu diesem Zeitpunkt noch nicht): Ich werde ein aktuelles Foto von mir mit meiner Handykamera schießen.
Vorher geht es noch an den Kleiderschrank, anschließend zum Styling ins Bad. Ein ordentliches Make-up sollte schon sein. So, fertig. Ich bin zufrieden mit mir und kann mich dem scharfen Auge der Kamera aussetzen. Los geht's.
Meine Güte, ist das ein schwieriges Unterfangen, sich selber zu fotografieren! Ausgestreckter Arm, intelligenter Gesichtsausdruck, fröhlicher Gesichtsausdruck, gar kein Ausdruck. So geht das nicht. Ich stelle mich vor den Spiegel und versuche, mein Gesicht zu fotografieren, ohne die Kamera davorzuhalten.
Nach ungefähr 100 Versuchen habe ich endlich drei halbwegs gute Aufnahmen »im Kasten«. Zu gut sollte ich ja schließlich auch nicht aussehen. Sonst hat man nachher ein Date, und der Typ sagt: »Ich hätte dich fast gar nicht erkannt, du siehst ganz

anders aus als auf dem Foto.« Nein, diese Peinlichkeit möchte ich mir schon im Vorfeld ersparen. Ich entscheide mich für ein Selbstporträt, auf dem ich »normal« aussehe.

Als Nächstes ist eine Selbstbeschreibung gefragt. Wie beschreibe ich mich am besten? Nach einigem Grübeln entschließe ich mich, diesen Teil meines Profils erst einmal wegzulassen.

Foto, Alter, Größe, Beruf – ich gebe Unternehmerin an; in einem Dating-Portal kann ich nun wirklich nicht sagen, dass ich Partnervermittlerin bin. Das wäre mir doch zu peinlich.

So, nun kommt der spannendste Teil: Ich darf mir einen Partner aussuchen. Wie in einem Kaufhaus der einsamen Herzen, in dem man gemütlich an den Regalreihen entlangschlendert und sich das rauspickt, was einem gefällt. Mittlerweile amüsiert mich diese Aktion doch sehr, muss ich zugeben.

Ich gebe meine Suchkriterien ein, klicke auf »Enter« und … bekomme 2486 Treffer! Das ist eindeutig zu viel, was hab ich denn da gemacht? In meinem Alter und mit meiner Körpergröße von 1,81 Meter empfinde ich die Anzahl der Partnervorschläge als extrem hoch.

Meine Güte, was sind denn das für Orte, in denen die Männer wohnen? Die hab ich ja noch nie gehört. Ach so, ich habe alle in Frage kommenden Männer aus ganz Deutschland auf dem Schirm.

Also ändere ich die Suchkriterien und reduziere den Suchradius auf 150 Kilometer. Jetzt sind es nur noch 240 Kerle. Auch nicht schlecht. Bis ich 240 Single-Männer in meinem Alter und mit meiner Größe im nicht-virtuellen Leben beim Ausgehen treffe, kann ich lange warten.

Also los geht's! Fotos anschauen!

Inzwischen ist Madeleine nach Hause gekommen. Nach einiger Zeit setzt sie sich zu mir aufs Sofa und schaut auf meinen

Laptop. »Du wolltest doch an den Wochenenden nicht mehr arbeiten«, sagt sie und kuschelt sich an mich.
»Ich arbeite nicht, ich such mir einen neuen Mann.«
»Wow, das ist ja der helle Wahnsinn – *du* in einem Dating-Portal! Das finde ich total cool. Komm, ich helfe dir beim Aussuchen!«, ruft sie fröhlich und starrt gebannt auf die unglaubliche Auswahl auf meinem Monitor.
Nachdem wir ein paar Seiten zusammen angeschaut haben, kommt von ihr der deutungsschwere Satz: »Och, Mama, du tust mir so leid!«
Damit hat sie den Nagel auf den Kopf getroffen. Ich fange allmählich auch an, mir leidzutun. Bis zu diesem Moment war mir gar nicht klar, dass es so viele unattraktive Männer gibt. Also, eines ist sicher: Frauen sehen bedeutend besser aus! Wir tun schließlich etwas für unser Aussehen: gehen regelmäßig zum Friseur, ins Fitnessstudio, achten auf unsere Kleidung und gehen nicht aus dem Haus, bevor wir uns nicht wenigstens ein bisschen zurechtgemacht haben.
Und dann die Kommentare der Herren: »Ich bin ein überdurchschnittlich attraktiver Mann, bedeutend jünger aussehend und eine männliche Erscheinung.« Wie bitte? Was soll denn an diesen Männern männlich sein? Die wenigen Haare auf dem Kopf vielleicht? Okay, dafür kann er nichts – aber muss man diese wenigen Haare dann auch noch kreuz und quer über den Kopf kämmen?
Und die Figuren: Wenn wir Frauen mit so einem dicken Bauch herumlaufen würden, käme uns nie in den Sinn, uns als attraktiv zu bezeichnen. Warum dürfen Männer dicke Bäuche haben? Wieso nehmen sie sich heraus, trotzdem eine schlanke Frau haben zu wollen? Warum müssen wir Frauen jung und schön und schlank sein, während unser männliches Gegenüber sich uns so unästhetisch präsentieren darf? Ja, meine

Herren, wir wollen auch einen schönen, schlanken Mann! Schließlich geht es ja auch um Sex! Und den möchten wir genießen und nicht erst einen dicken Bauch beiseiteschieben müssen, bevor wir sein – wahrscheinlich auch noch unrasiertes – Etwas sehen können.

Ich beschließe, das alles von seiner lustigen Seite zu nehmen. Ansonsten würde ich mich wieder selber deprimieren. Zumal nicht nur die Fotos der Männer grauenvoll sind.

Was, bitte, denken sich Männer bei folgenden Nicknames: »Bartträger«. Na, wer so stolz ist auf seinen Bart, wird ihn sich wohl mir zuliebe nie abrasieren lassen. »Neuwertig« – mit 60 Jahren? Na ja, ich weiß nicht. »Schwiegersohn«. Wem will dieser Mann gefallen? »Arrogant56« – ja, das lieben wir Frauen, arrogante Männer. »Tiger 2000«. Er hätte statt »2000« besser »08/15« geschrieben. Dann gibt es noch »Bikerle«, »Grinsfloh«, »Kuschelbärchen«, »Tangoprinz«, »Linksträger«, »Liebermann«, »Zärtlicher56«, »Fischli« und »Habdichliebmann«.

Welche Frau fährt auf so kindische und bescheuerte Namen ab?

Die Assoziationen, die ich dabei habe, hauen mich fast von der Couch. Ich verstehe so etwas als Beleidigung meiner Intelligenz.

Frauen brauchen Männer. Männer! Keine Kuscheltierchen.

Klar, es ist schön, wenn er auch kuscheln kann – aber Kuscheln als erste, wichtigste Schlüsselkompetenz? Er soll doch bitte nicht am Anfang schon als Weichei dastehen. Während ich mir hier die Wahnsinnsauswahl anschaue, chattet mich »Rennfahrer75« an. Hört sich interessant an. Ich habe noch nie mit einem wildfremden Menschen gechattet. Also los – mutig nehme ich seine Anfrage an. Allerdings stelle ich mich dabei ziemlich blond an. Was dann folgt, will ich meinen

Lesern in den enervierenden Details lieber ersparen. Jedenfalls kommt der Rennfahrer nach kurzem Geplänkel um unsere geographische Herkunft (»Du wirkst gar nicht wie eine Schweizerin auf deinem Foto«) ziemlich unumwunden zur Sache und vermutet, dass ich (»Bodenseenixe«) »gern mal bisschen geil sein« wolle und »unanständige Gedanken« habe. Schließlich sucht er »'ne Freundin, die Lust hat, was zu machen«. Aber nur unter der Woche. Seine Wochenenden sind verplant. Als ich ihn frage, ob er wirklich Rennfahrer ist, meldet das Portal lakonisch: »Ihr Chat-Partner hat den Chat verlassen.«

Auch gut. Ich weiß jetzt ohnehin, dass ich zum ersten und letzten Mal gechattet habe. Mit einem Feigling. Nicht nur wegen der blöden Anmache. Du schreibst was, er fragt was, du antwortest ihm, und er weiß schon nicht mehr, was er vor zwei Minuten eigentlich von dir wissen wollte, und tippt irgendwelchen Blödsinn. Was soll das denn für ein Gespräch sein? Ich frage mich, ob diese Art von Online-Kommunikation nicht alle Bemühungen der letzten Jahrzehnte, die ohnehin oft schwierige Kommunikation zwischen Männern und Frauen befriedigender zu gestalten, wieder kaputt macht.

Es gibt auf den Websites der einsamen Herzen noch weitere Grausamkeiten zu bestaunen, die diese Vermutung nahelegen. Wie sexy ist ein Mann, der ein Foto hochlädt, auf dem er sich die Zähne putzt? Oder im Feinrippunterhemd, damit wir auch schön seine behaarten Arme und Schultern sehen können? Wie wirken Bilder auf potenzielle Interessentinnen, auf denen deutlich zu erkennen ist, dass die Ex-Frau weggeschnitten wurde? Oder Aufnahmen, auf denen der Mann in einem grauenvoll unaufgeräumten Wohnzimmer sitzt? Glücklicherweise erweist »Mann« uns damit noch einen Gefallen. Wer will schon in so einem Wohnzimmer sitzen?

Praktischerweise ersparen uns diese kuriosen Momentaufnahmen sehr viel Zeit und Nerven, da wir gleich wissen, dass diese Typen wirklich nicht in Frage kommen.
Alles andere als prickelnd sind auch die selbstgemachten Handyfotos. Meistens im Bad, weil sich dort der einzige Spiegel der Herren befindet. Aber Moment mal – ich habe ja meinerseits auch ein selbstgemachtes Handyfoto eingestellt, das nicht wirklich phantasievoll ist. Schnell lösche ich es. Morgen gehe ich zum Fotografen!
Seufzend schließe ich das Dating-Portal und denke sehnsuchtsvoll an früher, als einfach alles anders war. Wir Mädels zogen uns schick an, und ab ging es in die Disco. In kürzester Zeit war man umringt von Kerlen, die unsere Bekanntschaft suchten. Sie waren mutig genug, uns anzusprechen. Manchmal fragte man sich schon, woher sie den Mut nahmen – aber fest steht: Früher waren Männer aktiver. Das liegt wohl daran, dass die Rollen klar verteilt waren: Der Mann war der aktive Eroberer, und die Frau ließ sich erobern. Dazu gehörte aber auch, dass Mann und Frau ihre besten Kleider aus dem Schrank holten, um entsprechend Eindruck zu machen. Heute dagegen sitzen Mann und Frau im Schlabberlook vor dem PC und versuchen, jemanden im Netz aufzureißen. Sieht so der Fortschritt aus?
Während ich mich meinen nostalgischen Anwandlungen hingebe, fällt mir meine Freundin Veronica ein. Was haben wir nicht alles zusammen durchgestanden!
Kennengelernt haben wir uns mit Anfang 20. Wir haben zusammen gearbeitet, gefeiert, gelitten und haben uns trotz mancher Differenzen immer wieder zusammengerauft. Auch die Liebe zum selben Mann konnte unsere Freundschaft nicht wirklich zerstören. Manchmal boten wir uns auch wechselseitig ein Dach über dem Kopf, weil die Beziehung zu einem

Mann nicht hielt, was sie versprochen hatte, und wir schnellstens unsere Koffer packen mussten. Wir haben gemeinsam die Wunden geleckt, die uns das Leben geschlagen hatte, und unsere Freundschaft hat uns immer wieder aus den Löchern herausgeholt, in die wir manchmal gestolpert waren.

Eigentlich völlig unverständlich, dass wir uns nach so vielen gemeinsam verlebten, intensiven Jahren inzwischen vollkommen aus den Augen verloren haben. Das lag wohl daran, dass wir nach einigen anstrengenden Jahren der Orientierungssuche erst einmal beide fast zur gleichen Zeit unser Glück fanden. Veronica zog mit ihrem Mann nach München, ich blieb mit meinem Mann in Konstanz. Die erste Zeit telefonierten wir noch regelmäßig miteinander, aber nach und nach verlor sich unser Kontakt.

Wie es ihr wohl inzwischen gehen mag? Ich klappe meinen Laptop wieder auf. Und jetzt? Ich gebe »Veronica München« ein. Kein Ergebnis. Habe ich überhaupt den richtigen Nachnamen? Wie hieß denn der Mann nochmal, den sie geheiratet hat? Alle Suchanfragen, die ich ausprobiere, schlagen fehl. Eine halbe Stunde später beschließe ich, dass es keinen Sinn macht, nur mit dem Vornamen und einem Nachnamen, den ich nicht mehr sicher weiß, nach Veronica zu suchen. Vielleicht wohnt sie auch gar nicht mehr in München.

»Madeleine, ich suche eine Freundin, die ich seit 13 Jahren nicht mehr gesehen habe, und ich finde sie nicht mehr. Hast du eine Idee, was ich machen könnte?«, rufe ich in die Küche, wo Madeleine inzwischen ziemlich lautstark Spaghetti kocht. Wie kann man nur so laut kochen?

»Ist doch ganz einfach. Schau bei Facebook nach!«, kommt es zurück. Dem fröhlichen Tonfall entnehme ich, dass das Essen bald fertig ist.

»Ich weiß ihren Nachnamen nicht mehr sicher!«

»Macht doch nichts. Gib einfach nur ihren Vornamen ein. Falls sie ein Bild drinhat, ist es doch kein Problem, sie zu finden.«
Hmm, es riecht so lecker aus der Küche. Schnell öffne ich Facebook und suche Veronica. Falls sie dort registriert ist, würde sie ohnehin nicht ihren vollen Namen angeben. Es gibt unendlich viele Veronicas mit c. Ich beschließe, so lange zu suchen, bis das Essen fertig ist.
Als ich schon fast quadratische Augen vom Bilder-Anschauen habe, halte ich plötzlich den Atem an. Ich kneife die Augen zusammen und schaue ganz genau hin. Trotzdem: Man kann die Frau auf dem Bild nicht wirklich erkennen – die Aufnahme ist bearbeitet. Ich sehe nur lackschwarze kurze Haare und einen knallroten Mund. Veronicas unverkennbare Merkmale. Das muss sie sein! Es kann nicht anders sein, sie ist es.
»Mama, Essen ist fertig! Laptop zu!«, ruft Madeleine und füllt schon die Teller.
»Ich kann jetzt nicht, ich habe Veronica gefunden! Es hat tatsächlich nur mit dem Vornamen geklappt. Und sie hat immer noch ihre rabenschwarzen Haare und die knallroten Lippen als Markenzeichen!
In Windeseile schreibe ich eine E-Mail: »Hallo Veronica, ich bin's, Maria! Bist du's?«
Zufrieden setze ich mich zu Madeleine an den Tisch. Sie hat wirklich richtig lecker gekocht.

KAPITEL 16

Wie, so einfach geht's auch?

Am Montagvormittag klingelt bei mir im Büro nahezu pausenlos das Telefon. Meine Kunden treffen sich meistens am Wochenende zum ersten Date. Da gibt es natürlich zum Wochenanfang viel Neues zu berichten.
Auch heute Morgen stelle ich wieder fest, dass die Grenzen der Toleranz in Bezug auf einen neuen Partner sehr eng gesteckt sein können. Da reichen manchmal schon fünf Minuten Verspätung – selbst wenn der andere (meistens der Mann) – 300 Kilometer zum Treffen angereist ist –, um ihn als unzuverlässig abzustempeln. Während er in froher Erwartung das Restaurant betritt, bricht sie schon fast wieder auf.
Erstaunlicherweise sind es meist die Frauen, die diesen strengen Maßstab anlegen. Die Männer sind in der Mehrzahl bedeutend toleranter. Umso erstaunter sind die armen Kerle dann, wenn ihre Rendezvous-Partnerin sie mit einem grimmigen statt freundlichen Gesicht begrüßt. Die Männer wissen in diesem Moment meist einfach nicht, was sie falsch gemacht haben, und können sich folgerichtig auch nicht für ihr »Vergehen« entschuldigen.
Bis 13:00 Uhr bin ich montags in der Regel damit beschäftigt, Männern und Frauen die Welt zu erklären. Besonders bei den Frauen rede ich mir den Mund fusselig mit der Bitte, den Männern doch eine echte Chance zu geben. Immer gleich ex und hopp führt einfach nicht zum gewünschten Ziel, eine neue Liebe zu finden!
Mittlerweile knurrt mein Magen ganz beängstigend. Wenn

ich Hunger habe, bin ich nicht besonders gut gelaunt. Das weiß auch meine Mitarbeiterin Patrizia. Deshalb wirft sie mich liebevoll aus dem Büro und schickt mich erst mal zum Italiener. »Geh jetzt endlich was essen, bevor du mir hier noch umkippst. Mach einen Spaziergang und genieß die Sonne. Du kannst mir von unterwegs dann noch Briefmarken mitbringen«, fordert sie mich ebenso fröhlich wie energisch auf.

Patrizia ist eine echte Perle und bei meinen Kunden sehr beliebt. Kurz nachdem ich sie vor einigen Jahren eingestellt hatte, gab ich ihr unbekannterweise Grüße an ihren Mann mit auf den Heimweg. Mit ihrer trockenen Art antwortete sie: »Mein Mann heißt Sabine.«

Ich schaute sie überrascht an: »Aha, dann muss ich jetzt sagen: ›Grüß deine Frau?‹«

»Ja genau, sie ist ja schließlich eine Frau«, hatte Patrizia lächelnd erwidert. Ich gestehe, dass ich damals einen Augenblick brauchte, um die Überraschung sich setzen zu lassen.

Nach zehn Minuten Fußmarsch komme ich beim Italiener an. Die Frage, was ich heute Mittag essen werde, beschäftigt mich schon auf dem Weg dorthin. Wie immer, wenn ich ein Restaurant betrete, werfe ich einen unauffälligen Blick auf das, was die Leute gerade auf ihren Tellern haben. So verschaffe ich mir schon mal einen schnellen Überblick über das, was die Tageskarte zu bieten hat.

Der vierte Teller, den ich in Augenschein nehme, gefällt mir so gut, dass mir schon das Wasser im Mund zusammenläuft.

»Welches Gericht essen Sie da gerade«, frage ich den Herrn am Tisch ungezwungen.

»Gegrillte Hähnchenbrust mit italienischem Gemüse auf Nudeln«, antwortet er vor sich hin kauend.

»Empfehlenswert?«

»Sehr!«
»Wunderbar! Dann wünsche ich weiterhin guten Appetit.«
Mein Mittagessen für heute steht fest. Ich setze mich an einen freien Tisch und bestelle die leckere Hähnchenbrust. Nachdem ich fertiggegessen habe, kommt der Kellner mit einer Visitenkarte zu mir. Auf der Rückseite steht in wunderschöner Handschrift mit Füller geschrieben: »Nachdem Ihnen schon mein Essen schmeckt, möchte ich Sie höflich fragen, ob wir den Kaffee gemeinsam einnehmen?«
Der Kellner weist mit seinem Kopf stumm in die Richtung des Herrn, den ich nach seinem Mittagessen gefragt hatte. Ich nicke dem Fremden bejahend zu.
Spannend!
Er kommt an meinem Tisch und stellt sich formvollendet noch einmal vor, obwohl ich ja von seiner Visitenkarte schon weiß, wie er heißt. »Ich freue mich, dass Sie meine Einladung zum Kaffee annehmen.«
Michael, mein Gegenüber, ist nicht der Mann, der einem sofort ins Auge fällt. Seine höfliche und eloquente Art zu sprechen passt im Grunde auch nicht zu seinem Alter. Ich schätze ihn etwa um die 40.
Nach einer Stunde verabschieden wir uns hektisch, weil wir beide total die Zeit vergessen haben. Schnell vereinbaren wir einen Termin für den nächsten Lunch in einer Woche. Im Laufschritt sause ich wieder zurück ins Büro.
Unterwegs denke ich darüber nach, wie leicht es doch manchmal sein kann, ein Date zu haben. Und wie viele Anstrengungen eine Frau oft unternimmt, bis es endlich dazu kommt. In der Regel hoffen wir ja, dass wir jemanden kennenlernen, wenn wir am Wochenende ausgehen. Die akribische Vorbereitung des Ausgehens allein nimmt schon mindestens eine Woche in Anspruch. Zuerst wird ausgiebig mit der Freundin

telefoniert: Wohin gehen wir? Wann gehen wir? Nehmen wir diese oder jene Bekannte mit? Nein, wir gehen alleine! Ach, in *die* Bar willst du! Nein, da gehe ich nicht rein, da ist doch der blöde Peter! Nein in die Raucherbar gehe ich nicht, dann stinke ich immer so! Ach was, in den Laden willst du? Da ist doch die Musik immer so laut. Ach du willst dich unterhalten? Ich dachte, wir gehen tanzen? Nachdem wir alle vier in Frage kommenden Locations auf diese Weise ausgiebig durchdiskutiert haben, steht dann hoffentlich unser Entschluss fest, welche wir aufsuchen werden.

Erst nach Klärung dieser Frage kommt die eigentliche Herausforderung: Was ziehe ich an? Da selbstverständlich nichts Passendes im Kleiderschrank ist, werden erst mal neue Klamotten gekauft.

Ab 18:00 Uhr des bewussten Abends stehen wir dann stundenlang im Bad, waschen uns dreimal die Haare, bis sie richtig liegen, und probieren so lange das neue Augen-Make-up aus, bis wir mit rotgeschwollenen Lidern vor dem Spiegel stehen. Zum Glück gibt es auf dem Weg in die Stadt noch einen Apotheker mit Notdienst – für die beruhigenden Augentropfen.

Anschließend fahren wir mitten in der Nacht, so gegen 22:00 Uhr, in die Stadt – früher ist ja sowieso nichts los. Na ja, um 22:00 Uhr eigentlich auch noch nicht. Bleibt nur Warten und Hoffen.

Gegen 24:00 Uhr füllt sich der Laden langsam. Inzwischen hat eine tiefe Müdigkeit Besitz von uns ergriffen. Das Gespräch mit der Freundin läuft nur noch schleppend, wir finden die Musik zu laut und müssen alle zwei Minuten gähnen. Die Füße in den schönen neuen Pumps schmerzen höllisch, die zwei Drinks sind uns auch schon zu Kopf gestiegen, und im Grunde haben wir nur einen einzigen Wunsch: gemütlich

im Bett liegen und uns ins Kopfkissen kuscheln. Aber nein, da lernt man ja nun mal keinen Mann kennen. Leider allerdings auch nicht an diesem Abend in der Bar.
Nachdem wir dann vielleicht noch 30 Minuten in der Kälte stehen, weil die ganze Welt genau in dieser Nacht ein Taxi braucht, sind wir vermutlich so um 3:30 Uhr endlich wieder zu Hause. Klamotten ausziehen, abschminken, und bloß nicht mehr in den Spiegel schauen – unseren abgeschminkten Anblick ertragen wir um diese Uhrzeit nicht mehr –, die Füße unter der heißen Dusche erwärmen, um dann endlich gegen 4:30 Uhr morgens geborgen und warm im Bett zu liegen.

Was ich dir sagen möchte

Wir sollten unseren Blickwinkel ändern. Wieso glauben wir eigentlich, den perfekten Mann nur am Abend treffen zu können? Vielleicht ist unser Traumprinz niemals am Abend in einer Bar. Er muss dort zwar keine Pumps tragen, die ihm die Füße ruinieren, und zwei Drinks hauen ihn auch nicht um, aber vielleicht denkt er, dass genau *du* keinesfalls in einer Bar anzutreffen bist …
Sich am helllichten Tag kennenzulernen ist zudem herrlich unverfänglich. Wenn dich ein Mann am Mittag fragt: »Wollen wir noch einen Kaffee trinken?«, ist diese Frage längst nicht so bedeutungsschwer wie in der Nacht. Du weißt schon.

KAPITEL 17

Klingeling, der Nächste bitte: Speed-Dating

Als ich im Büro ankomme, ist Patrizia gerade dabei, Kaffee zu kochen. »Na, hat das Essen geschmeckt? Du warst aber lange weg. Warst du noch bei der Post? Kannst mir gleich die Briefmarken geben, es ist soweit alles fertiggeschrieben.«
»Ach herrje, die Briefmarken hab ich total vergessen. Stell dir vor, ich habe tatsächlich heute Mittag jemanden kennengelernt! Was sagst du dazu? Alles war total einfach.«
Ich erzähle Patrizia, wie ich zu meiner Kaffee-Einladung gekommen bin.
»Ich glaub es ja nicht. Da läuft man als Frau den Männern oder« – dabei blinzelt sie mich an – »den Frauen hinterher. Und du gehst einfach in ein Lokal und quatschst einen Mann an.«
»Ja, und dabei habe ich mir eigentlich gar nichts gedacht. Ich wollte bloß wissen, wie sein Essen schmeckt.« Und vielleicht ist das ja sogar die beste Art, jemanden kennenzulernen, überlege ich: Wenn man sich gar nichts dabei denkt. Vielleicht werden manche Dinge ganz einfach in dem Moment, in dem man es sich einfach macht.
Ich beschließe, diesen Gedanken im Hinterkopf zu behalten und zu sehen, ob er sich bewährt. Gutgelaunt setze ich mich wieder an meinen Schreibtisch und checke die eingegangenen E-Mails. Aha, ein Newsletter mit einer Einladung zum Speed-Daten. Das hatte ich bis jetzt noch gar nicht in meinem Wie-finde-ich-einen-Mann-Repertoire. Diese Form, sich auf die

Schnelle kennenzulernen, hat mir schon immer gut gefallen. Der Veranstalter garantiert acht Dates an einem Abend. Bevor ich es mir anders überlege, melde ich mich lieber gleich an.
An die Einladung ist ein Fragebogen angehängt. Mal sehen, was die alles wissen wollen: Alter, Größe, Beruf, Familienstand, Hobbys und Interessen, Wunschalter des gesuchten Partners. Alles klar, das ist ja rasch ausgefüllt. Jetzt nur noch die Kreditkarte zücken – der Spaß kostet 80 Euro –, und ab die Post beziehungsweise Mail. Keine zehn Minuten, nachdem ich auf »E-Mail senden« geklickt habe, ruft er mich zurück: »Für wen haben Sie gerade die Anmeldung abgesendet, Frau Klein?«
Höre ich da etwas Lauerndes in seiner Stimme?
»Ich habe die Anmeldung für mich abgeschickt.«
»Aber Sie sind Partnervermittlerin«, antwortet er hörbar konsterniert.
»Ja, danke, ich weiß, was ich beruflich mache. Trotzdem suche ich einen Partner und würde jetzt gerne am Speed-Daten teilnehmen«, versuche ich ihn von der Ernsthaftigkeit meiner Absichten zu überzeugen.
»Warum schauen Sie nicht einfach in Ihre Kartei? Da haben Sie doch sicher genug Männer«, erwidert er, immer noch misstrauisch.
Im Stillen stoße ich einen tiefen Seufzer aus. Ich kann es nicht mehr hören! Warum denkt jeder, wenn man Partnervermittlerin ist, braucht man nur in seinen Karteikasten zu greifen und sich einfach seinen Traumprinzen herauszufischen? Eine Friseurin geht doch auch zu einem anderen Friseur und schneidet sich die Haare nicht selbst. Auch ein Zahnarzt steht nicht mit weit geöffnetem Mund vor dem Spiegel und bohrt in seinen Zähnen herum.

»Sind Sie Single?«, frage ich den Mann ganz lieb, damit er nicht gleich wieder auflegt.
»Ja, leider, seit vier Monaten«, antwortet er mir ein wenig zerknirscht.
»Das tut mir leid. Wie oft sitzen Sie bei Ihren Speed-Dating-Veranstaltungen mit am Tisch?«
»Ich? Natürlich gar nicht, das geht doch nicht.«
Plötzlich lacht er. »Jetzt haben Sie mich erwischt. Das war nicht sonderlich intelligent von mir, Ihnen diese Fragen zu stellen. Auf jeden Fall würde es mich freuen, Sie an diesem Abend begrüßen zu dürfen«, sagt er plötzlich sehr freundlich.
Na also, geht doch.
Ein paar Tage später – ich habe mal wieder keine Freundin überreden können, mitzugehen – stehe ich vor meinem wirklich nicht sonderlich gut gefüllten Kleiderschrank und überlege, was ich anziehen soll. Mir fällt der Satz einer Stilberaterin ein: Für den ersten Eindruck gibt es keine zweite Chance. Puh. Nein, bitte nicht noch mehr Druck. So dramatisch wird es schon nicht werden. Schließlich habe ich ja auch noch fünf Minuten Zeit, um mein Gegenüber verbal von mir und meinem Charme zu überzeugen. Nach langem Überlegen entscheide ich mich für die Damit-kann-nichts-schiefgehen-Variante: Jeans, weiße Bluse, blauer Blazer, relativ flache Schuhe für den Fall, dass die Männer eher klein sind. (Meine 1,81 Meter stellen mich mal wieder vor besondere Herausforderungen.)
Aufgeregt, aber auch voller Vorfreude schwinge ich mich in mein Auto und mache mich auf den Weg zu acht Dates in eineinhalb Stunden.
Nach einer Stunde Fahrzeit stehe ich verloren mit 15 Fremden in der Lobby eines dieser modernen Hotels. Schon als ich

durch die Tür trete, reicht ein erster Blick in die Runde, um zu wissen: Von diesen Männern will ich keinen. Bevor ich mich allerdings still und heimlich wieder verdrücken kann, kommt schon der Veranstalter auf mich zu und begrüßt mich überschwenglich.
Das Glas Sekt, das eigentlich zur Auflockerung der Atmosphäre gedacht ist, schmeckt in etwa so, wie das Nebenzimmer aussieht, in dem die Veranstaltung stattfinden soll: schal und nichtssagend. Der schmucklose Raum lässt jedes noch so kleine Gefühl von Romantik zuverlässig absterben. Das soll der Rahmen für ein erstes Kennenlernen sein?
Verzweifelt suche ich das Mauseloch zum Verkriechen. Es ist keins da! Mein Fluchtinstinkt meldet sich lautstark, und ich überlege, mich heimlich zu verdrücken. Ich halte dagegen: Nein, ich bleibe hier. Das stehe ich durch!
Mühsam erklärt uns der Moderator das Prozedere. Frauen dürfen am Tisch sitzen bleiben, und die Männer wechseln nach dem Ertönen der grauenhaften Klingel – er bimmelt die ganze Zeit mit einer Handglocke herum – zur jeweils nächsten Frau. Nachdem wir alle einen billigen Klebezettel mit unseren Vornamen – bei uns Frauen klebt er praktisch am Busen – mehr schlecht als recht an uns befestigt haben, bekommen wir noch eine Strichliste. Darauf können wir dann ankreuzen, wer uns warum gefallen hat und ob wir ihn/sie wiedersehen möchten. Wenn zwei Teilnehmer einander angekreuzt haben, gibt der Veranstalter in der darauffolgenden Woche per E-Mail die Kontaktdaten weiter.
Ist das kompliziert! Man könnte sich doch gleich seine Telefonnummer geben, wenn man sich gefällt. Obwohl – nein, die Sache hat doch ihre Vorteile. Ich stelle mir vor, wie mir ein echt gruseliger Mann gegenübersitzt, der sich unbedingt mit mir verabreden möchte und mich die ganze Zeit bedrängt,

meine Telefonnummer rauszurücken. Nein, da bleibe ich doch lieber erst mal weitgehend anonym.
Todesmutig setze ich mich an den Tisch und harre der Dinge, die da kommen. Sie kommen, und zwar in Gestalt von Arnold. Arnold ist laut Liste 51 Jahre alt, sportlich, Unternehmer und geschieden. Auf den ersten Blick würde ich sagen: Ende 50, nie verheiratet gewesen und kurz vor der Rente. Ich schaue ihn kurz an und frage ganz lieb, aber doch direkt: »Du hast doch ein bisschen geschummelt mit deinem Alter, und Unternehmer bist du auch nicht, oder? Damit wir die kurze Zeit sinnvoll nutzen können, sag mir einfach, wer du wirklich bist.« Oje, ich bekomme schon ein ganz schlechtes Gewissen, weil er so nervös wird.
»Also gut, du hast ja recht. Eigentlich war ich Hausmeister. Das ist ja schon wie ein Unternehmer, findest du nicht auch? Ich konnte alle Entscheidungen alleine treffen. Und ich hatte niemanden, der mir Vorschriften machte. Nein, geschieden bin ich nicht, aber wenn man den Frauen sagt, dass man ledig ist, fragen sie immer sofort, warum man bisher keine abbekommen hat. Nun bin ich in Frührente gegangen und brauche unbedingt eine Frau. Was soll ich sonst den ganzen Tag alleine machen?«, erzählt Arnold mir mit unüberhörbarer Verzweiflung in der Stimme. Er tut mir richtig leid. Ich mir aber auch.
Klingeling! Ich werde erlöst, und der nächste Kandidat kommt an die Reihe. Oder bin ich hier die Kandidatin? Nun ja.
Hubert geht ganz professionell vor. Er holt seinen eigenen Fragenkatalog hervor, starrt auf meinen Busen – natürlich nur wegen des Namensschildes – und fängt an, mich mit Fragen zu bombardieren. Weil ich weiß, dass ich mich auf diese Weise nicht unterhalten möchte, bitte ich ihn, mir erst einmal alle seine Fragen am Stück vorzulesen.
Ha, jetzt habe ich ihn aus dem Konzept gebracht. Umständ-

lich versucht er mir zu erklären, dass seine ausgeklügelten Fragen spontan beantwortet werden müssen, da sonst das Ergebnis verfälscht werde.
Klingeling, der Nächste bitte. Wieder bin ich erleichtert. Durch die Diskussion über seinen Fragebogen habe ich mir ein »richtiges Gespräch« mit Hubert erspart.
Eine Stunde später habe ich schon eine gewisse Routine und weiß, wie ich diesem Desaster entkommen kann, ohne allzu viel von mir preiszugeben: Solange ich die Fragen stelle, muss ich nichts über mich verraten. Allerdings verspüre ich erste Anzeichen von Erschöpfung.
Klingeling – endlich, der letzte Kandidat! Er heißt Klaus und sieht echt sympathisch aus. Er schlendert gemütlich von seinem letzten Platz zu dem Stuhl, der gegenüber meinem steht, setzt sich hin und sieht mich freundlich lächelnd an. Ich lächle ebenso freundlich zurück. Dann schauen wir beide auf unsere Liste, schauen uns wieder an und brechen in schallendes Gelächter aus. »Bist du das erste Mal hier?«, fragt er mich schelmisch.
»Ja, und auch das letzte Mal.« Wir müssen so sehr lachen, dass uns Tränen in die Augen treten.
Ein letztes langes Klingeling – der Abend ist vorbei. Endlich kann ich nach Hause fahren.
Auf dem Weg zur Tiefgarage begegne ich Klaus noch einmal. Es freut mich wirklich, ihn zu sehen. Als einziger der acht Kandidaten gab er ein recht gutes Bild ab, war ungezwungen und humorvoll. Eindeutig das Highlight des Abends. Wir plaudern noch ein wenig, tauschen unsere Visitenkarten aus und gehen wieder unserer Wege.
Tags darauf treffe ich mich mit Maggie.
»Erzähl, wie war dein Abend? Ich kann es gar nicht erwarten, leg schon los!«

Also lege ich los, erzähle, wie mir schon beim Betreten der Hotelhalle der Unterkiefer runterklappte und ich am liebsten geflüchtet wäre. »Du kannst dir gar nicht vorstellen, wie lange fünf Minuten sein können. Es war eine grottenschlechte Veranstaltung. Die Zusammenstellung der Kandidaten war eine echte Katastrophe. Es passte nichts zusammen. Das Alter war nicht richtig ausgewählt, die Berufsgruppen nicht, zwei Kerle waren kleiner als ich. Ganz schlimm waren die ›Profis‹ unter den Männern. Sie quetschen dich aus wie eine Orange und starren die ganze Zeit auf deinen Busen.«

»Wie, und das lässt du dir gefallen?«, ruft Maggie aufgebracht.

»Es ging nicht anders. Wir mussten ein Namensschild auf unsere, na ja, Brust kleben. Beim zweiten Kerl hab ich mir schon überlegt, es mir auf die Stirn zu tackern«, erwidere ich lachend. »Ach so, und etwas Gutes hatte der Abend dann doch noch. Als ich in die Tiefgarage ging, habe ich Klaus noch einmal getroffen. Wir haben uns noch kurz über die Veranstaltung unterhalten. Er war der Einzige, der in dieser Aktion genauso viel Kuriosität entdeckt hat wie ich. Und dann hat er mir noch ein ganz tolles Kompliment gemacht. Er sagte: ›Schade, dass ich nicht älter bin. Dich würde ich gerne als Partnerin haben.‹«

Maggie schaut mich fragend an.

»Was ist denn das für ein Kompliment? Entweder will er dich, oder er will dich nicht.«

»Doch, es ist ein Kompliment. Klaus ist schätzungsweise Mitte 40. Er hätte genauso gut sagen können: Wenn du jünger wärst, würde ich dich gerne kennenlernen.«

»Okay, dann nimm das Kompliment als kleines Trösterchen für den schrecklichen Abend. Das hast du dir verdient. Versuchst es noch einmal?«

»Nein, diesen Abend hake ich unter ›Erfahrungen einer Single-

Frau‹ ab. Ich bin froh, dass ich es ausprobiert habe. Jetzt weiß ich wenigstens, dass ich nichts verpasse.«
Wir plaudern noch eine Weile über Gott und die Welt und verabschieden uns dann. Natürlich nicht, ohne dass Maggie mir in gewohnt undiplomatischer Manier noch unter die Nase reibt, wie glücklich sie ist, verheiratet zu sein. Ich verstehe sie sooo gut!

Was ich dir sagen möchte

Speed-Dating hat auch positive Seiten. Ich bin es einfach falsch angegangen. Kurz nach meinem unbefriedigenden Experiment stellte ich fest, dass es erst die zweite Veranstaltung eines neu gegründeten Unternehmens war. Die Ein-Mann-Firma hatte zu diesem Zeitpunkt noch keinerlei praktische Erfahrung. Außerdem fehlte die notwendige Klientel, so dass einfach alle, die sich angemeldet hatten, an diesem Abend zusammengewürfelt wurden. Das konnte ja nicht gutgehen. Würde ich Partnervorschläge machen, indem ich meinen Karteikasten in die Hand nehme, ihn einmal kräftig schüttele und praktisch per Losverfahren die Partnervorschläge für meine Kunden aussuchte, käme in etwa das Gleiche dabei heraus. Nämlich nichts.
Schau dir also das Speed-Dating-Unternehmen gut an, bevor du dich verbindlich anmeldest. Gibt es Referenzen? Hat das Unternehmen solche Veranstaltungen schon in der Vergangenheit ausgerichtet? Wird Wert darauf gelegt, dass die Teilnehmer des Abends in etwa zusammenpassen? Wenn du dir unsicher bist, ruf den Veranstalter ruhig an und frage nach.

***

Am nächsten Tag bekomme ich das Feedback meines Speed-Dating-Abends. Sieben der acht Herren möchten mich wiedersehen. Das fasse ich nicht als Kompliment auf. Erfahrungsgemäß verhalten sich Männer bei solchen Veranstaltungen wie Fischer. Sie werfen ihr Netz in den großen Teich nach dem Motto: Eine wird schon hängenbleiben.

KAPITEL 18

Lauter Glücksfälle

Wieder mal klingelt das Telefon.
»Partnervermittlung Maria Klein, guten Tag. Was kann ich für Sie tun?«, melde ich mich wie gewohnt.
»Ich bin's, Veronica.«
Ich halte unwillkürlich die Luft an.
»Meine Veronica?«, frage ich zaghaft.
»Ja, wie viele Veronicas kennst du denn?«, sagt sie mit ihrer mir so bekannten rauchigen Stimme.
O ja, diese Stimme kenne ich!
»Du bist es wirklich! Ich glaub's ja nicht! Wo warst du denn die ganze Zeit? Warum hast du dich nicht gemeldet? Geht es dir gut?«
»Ja – in München – weil ich beschäftigt war – mir geht es einigermaßen gut«, kommen im Telegrammstil die Antworten auf meine Salve von Fragen. Das ist meine Veronica. So kenne ich sie. Kurz, knapp, bloß keine Emotionen zeigen. Dachte ich. Jetzt aber bleibt es am anderen Ende verdächtig ruhig, bis auf ein leises Schniefen.
»Hey, weinst du etwa?« Ich selbst habe nun auch einen dicken Kloß im Hals.
Veronica räuspert sich. »Du kannst dir gar nicht vorstellen, wie oft ich an dich gedacht habe. An unsere aufregenden Zeiten und unser ständiges Chaos.« Höre ich da so etwas wie Wehmut?
»Bei dir ist aber doch alles in Ordnung? Ich hoffe doch für dich, dass in den letzten Jahren Ruhe in dein Leben eingekehrt ist, oder?«

»Ach, hör auf.« Oh-oh, das klingt nicht gut. »Im Grunde bin ich wieder da angekommen, wo wir damals schon waren. Ich hatte eine gute Ehe, aber leider hat er sich doch von mir getrennt. Ihm fiel plötzlich ein, dass er eine Familie gründen möchte. Leider ist mein Verfallsdatum dafür mehr als abgelaufen. Da hat er sich wieder auf die Pirsch begeben und eine gebärfreudige, junge Frau gesucht und auch gefunden.«

»Ach, Veronica, das tut mir leid zu hören! Vielleicht tröstet es dich zu hören, dass es mir nicht viel besser ergangen ist? Sag mal, wo bist du denn jetzt eigentlich?«

»Na ja, ich bin wieder in Konstanz.«

»Das glaub ich ja nicht! Seit wann? Bist du von allen guten Geistern verlassen? Warum hast du dich nicht bei mir gemeldet? Was bist du nur für eine treulose Tomate?«

Sie lacht ihr so vertrautes heiseres Lachen. »Das musst du mich gerade fragen! Außerdem bin ich de facto erst den zweiten Tag hier – also, was willst du eigentlich? Ich bin gerade umgezogen.«

»Du hast ja so recht! Bitte entschuldige. Ich hätte wirklich auch viel früher auf die Idee kommen können, mich bei dir zu melden. Aber sag mal, wann können wir uns treffen, um ausführlich zu reden?«

»Gib mir noch ein bisschen Zeit. Ich hocke hier noch mitten zwischen meinen Umzugskisten und bin ziemlich kaputt. Ich melde mich wieder bei dir, okay?«

Na gut. Schweren Herzens sehe ich ein, dass ich Veronica nicht gleich morgen werde um den Hals fallen können. Wie ich mich auf unser Wiedersehen freue!

Heute ist ein großartiger Tag. Ich habe meine alte liebe Freundin Veronica wieder gefunden. Endlich! Eher nebenbei öffne ich nach dem Gespräch mit ihr meine »Dating Mail«. Ich habe eigens für das Online-Dating-Portal eine neue Mailadresse angelegt. Erstens möchte ich dort nicht meine offizielle Geschäfts-Mail-Adresse publik machen, zweitens habe ich keine Lust, mit sinnloser Werbung über alle möglichen Single-Angebote zugemüllt zu werden.

»Sie haben 451 Mails in Ihrem Posteingang.« Was?! Schnell öffne ich das Dating-Portal. Ich habe tatsächlich von 451 Männern eine E-Mail bekommen! Das ist ja mal eine echt coole Auswahl. Ich hole mir einen Kaffee und mache es mir vor meinem PC gemütlich. Das wird ein spannendes Lesevergnügen!

Brav beantworte ich die ersten 40 E-Mails und stelle resigniert fest: So geht das nicht! Auf diese Art und Weise werde ich ja nie fertig. Ich öffne ein neues Dokument und beginne fünf pauschale Antworten zu schreiben, die ich in Zukunft immer wieder verwenden kann, Copy & Paste sei Dank.

Nachdem ich weitere 40 E-Mails gelesen und beantwortet habe, kommt die nächste Ernüchterung: Ich gebe mir immer noch zu viel Mühe.

Muss ich Männern antworten, die mein Profil offensichtlich nicht richtig gelesen haben? Nein, muss ich nicht! Dasselbe gilt für Männer, die zehn Zentimeter kleiner sind als ich, kleine Kinder im Haushalt haben – ich genieße meine Unabhängigkeit – oder deren Rechtschreibung die reinste Katastrophe ist. Und erst recht für jene, die mich fragen, ob ich eine eigene Wohnung habe, weil sie bei ihrer Frau ausziehen müssen.

Ich beschließe, diese Anfragen einfach zu löschen. Ja, jetzt mache ich genau das, was ich eigentlich nicht wollte: unfreundlich sein und Mails ignorieren. Herzlich willkommen im Zeitalter des virtuellen Flirts.

Es sind natürlich auch echt nette Männer dabei. Aber ehrlich gesagt ist mir jetzt schon ziemlich die Lust vergangen, mich weiter darauf einzulassen. Nur die weibliche Neugierde treibt mich trotzdem, bis zur 180. Mail weiterzulesen. Wow, Treffer!

Der Typ – 180. E-Mail! – sieht richtig gut aus. Ein bisschen verwegen, kurze Haare, ein finsterer Blick, der trotzdem – oder gerade deswegen – tatsächlich erfrischend wirkt neben dem Dauergrinsen auf all den anderen Fotos. Ich merke, dass mein Puls sich leicht beschleunigt hat.

So viel ist klar: Den will ich treffen! Ja, dieser Mann, der so ganz anders aussieht – so unglaublich männlich – reizt mich. Und nun? Wie schreibe ich jemandem zurück, den ich wirklich gerne treffen möchte? Jacob ist Ende 40, etwas größer als ich, hat eine schlanke, durchtrainierte Figur und ist beruflich »im kreativen Bereich« tätig. Ich liebe kreative Männer! Und das nicht nur beruflich.

Bevor ich jetzt allerdings irgendein dummes Zeug schreibe, wie so viele hier – ich war ja auch schon so blöd, die gleichen schlechten Fotos einzustellen –, schicke ich ihm mit einem lieben Gruß einfach die Nummer meines alten Handys, das ich zum Dating-Handy deklariert habe. Mehr nicht.

Mein Herz hüpft. Erst Veronica und jetzt dieser Mann. Hätte ich gestern gedacht, dass diese Woche so glücklich zu Ende gehen wird? Ich merke, dass ich mir meine gute Laune nicht von der Lektüre weiterer E-Mails eintrüben lassen will, und beschließe, jetzt erst einmal nichts weiter zu beschließen.

Tags darauf ist wieder mal Wochenende. Die Sonne scheint, aber um sich länger im Freien am See aufzuhalten, ist es leider noch zu kühl. Immerhin haben wir erst Mai. Ich überlege, was ich stattdessen unternehmen könnte, und bekomme Lust, an den See zu gehen, im Strandbad zu liegen, mir die Sonne auf den Körper scheinen zu lassen, die warme Luft zu genießen und schwimmen zu gehen. Schöner Gedanke! Oder doch nicht? Federbälle, die mir um die Ohren fliegen, quengelnde

und schreiende Kinder und Eltern, Fußbälle, die ich an den Kopf kriege, Jugendliche, die über mich drüberspringen, kreischende Mädchen, die an den Zöpfen gezogen werden …
Ich verwerfe den Gedanken wieder. Nee, darauf habe ich dann doch keine Lust.
Zum Glück fällt mir die Sauna wieder ein, die ich früher immer mit meinem Lebensgefährten besucht habe. Seit unserer Trennung war ich nicht mehr dort. Sie liegt wunderschön eingebettet in einem großen Gartengrundstück direkt am See, und ein feines Restaurant gibt es noch dazu. Dort bin ich hoffentlich sicher vor all den fröhlich tobenden Menschen. Ja, das ist das Richtige! Schnell packe ich meine Sachen ein und sause los.
Nach meinem ersten Saunagang liege ich wohlig entspannt unter einem großen Baum und schaue verträumt in die sich leicht wiegenden Blätter. Was für ein schöner Tag! Nachdem ich mir eine dreißigminütige Massage gegönnt habe – ich hatte Streicheleinheiten dringend nötig –, gehe ich zum nächsten Saunagang mit Aufguss. Beim Hinausgehen sage ich, eher zu mir selbst: »Puh, ist das heiß hier!«
»Da könnten Sie recht haben«, antwortet der schweißtriefende Mann vor mir, während er sich kurz umdreht und mir schelmisch zulächelt. Der Typ sieht nicht schlecht aus – soweit ich das ohne Brille und nur aufgrund seiner Rückansicht beurteilen kann. Lustig, mit einem nackten Mann, den ich nur von hinten sehe, Small Talk zu halten.
So, jetzt habe ich aber eine Abkühlung dringend nötig. Mutig werfe ich mich in den herrlich erfrischenden Bodensee, der sich, verglichen mit der kühlen Frühjahrsluft im Außengelände, einen Moment lang fast warm anfühlt. Leider nur einen Moment lang. Sehr schnell finde ich, dass ich abgekühlt genug bin, steige aus dem Wasser und wickle mich in mein Hand-

tuch. Während ich mich abrubble, sehe ich einen Mann auf mich zukommen. Ist das der Typ, der vorhin so nett gelächelt hat? Ja, er scheint es zu sein. (Ich sollte vielleicht doch in der Sauna Kontaktlinsen tragen.) Wir beginnen erst mal ein unverfängliches Gespräch über das Wetter und den See, der doch zu dieser frühen Jahreszeit noch ziemlich kalt ist, und loben uns gegenseitig für den Mut, mit dem wir uns ins kalte Wasser gestürzt haben. Schließlich lädt er mich auf einen Drink ein. Nur kurz überlege ich, ob ich sein Angebot annehmen soll. Warum stelle ich mich eigentlich schon wieder so dumm an? Was ist schon dabei! Zehn Minuten später treffen wir uns im Restaurant. Vorher bin ich natürlich noch hektisch in die Umkleidekabine gestürzt. Haare kämmen, Make-up auflegen? Nein. Beim Blick in den Spiegel beschließe ich, dass hier sowieso nichts mehr zu retten ist. Nach Sauna, Massage und kaltem Wasser ist meine Haut gut gerötet, die Haare stehen wild vom Kopf ab. Und außerdem habe ich kein Date mit dem Typ.

Todesmutig begebe ich mich im – zum Glück schicken – Bademantel ins Restaurant …

Etliche Stunden später – es ist inzwischen dunkel – fahre ich hochzufrieden nach Hause und lasse den Tag noch einmal Revue passieren.

Martin ist sieben Jahre jünger als ich, geschieden, und lebt seit zwei Jahren am Bodensee. Nachdem ich meine Brille aufgesetzt hatte, stellte ich fest, dass er ein ganz passabler Typ ist. Es fehlen ihm zwar ein wenig Haare auf dem Kopf, aber dieses »Manko« macht er durch einen gestählten Körper wieder wett.

Nach unserem gemeinsamen Drink gingen wir wieder in die Sauna, und das Abenteuer begann. Martin wischte mir zärtlich den Schweiß von der Stirn und begann, mir leicht die

Schultern zu massieren. Er strich mir die Haare aus dem Gesicht und nahm mich wie selbstverständlich bei der Hand, als wir erneut zum Abkühlen hinunter an den See gingen.

Anschließend trocknete er mir den Rücken ab. Ich hatte bis dahin noch nicht gewusst, dass etwas so Banales wie Rückenabtrocknen so erotisch sein kann. Nachdem er dann im Ruheraum seine Liege neben meine gerückt hatte, genossen wir eine Weile schweigend die unverhoffte Begegnung.

In meinem Kopf allerdings ging es rund: Was mache ich hier eigentlich? Ich bediene alle Klischees von »Mann macht Frau in der Sauna an«. Andererseits war Martin einfach unglaublich charmant.

Das Ganze endete damit, dass wir eng umschlungen, händchenhaltend und kuschelnd im Mondschein am See saßen, ohne überhaupt bemerkt zu haben, dass alle anderen längst gegangen waren. Es war ein unglaublich schönes Gefühl, wie ich es nicht mehr hatte, seitdem mit Bernd Schluss ist. Vielleicht ist es an der Zeit, wieder jemanden ganz nahe an mich heranzulassen? Daher habe ich beschlossen, meine Abstinenzzeit zu beenden und mich einem neuen Mann zu öffnen – im erotischen Bereich. (Aller Anfang ist schwer.) Die Zeit verging an diesem Tag wie im Flug, und irgendwann schreckte uns eine Lautsprecherdurchsage auf: »Alle Gäste werden gebeten, die Sauna zu verlassen. Wir schließen in einer Viertelstunde!«

Ein Blick auf die Uhr – was, schon 21:45 Uhr? Lachend rafften wir unsere Sachen zusammen und zogen uns an, so schell es ging.

Auf dem Parkplatz tauschten wir dann noch unsere Telefonnummern aus und verabschiedeten uns herzlich voneinander. Ich frage mich nur die ganze Zeit, was sein letzter Satz zu bedeuten hat: »Ich rufe dich bei Gelegenheit an.«

Bei Gelegenheit? Das habe ich so auch noch nie gehört. Auf alle Fälle freue ich mich darauf, ihn wiederzusehen. Und dass es so kommen wird, weiß ich ganz sicher.

Was ich dir sagen möchte

Ich kann mir schon vorstellen, was du denkst: Seit wann lässt man sich denn einfach so in einer Sauna angraben? Aber mal ehrlich: Was ist schon dabei? Solange dir der Mann gefällt, spricht nichts dagegen. Ganz im Gegenteil, in der Sauna weiß man gleich, was Sache ist. Und zwar auf beiden Seiten.

Da können wir nicht schummeln mit tollen Klamotten, super Push-ups, schönen schwarzen Strümpfen, die unsere Besenreiser kaschieren. Kein lange ausgeklügeltes Make-up verschönert unser Gesicht, die Frisur sitzt nicht. Und so brauchen wir am Ende keine riesengroße Panikattacke zu bekommen bei dem Gedanken, von ihm ausgezogen zu werden. Natürlich weißt du deinerseits auch ganz genau, wie dein Verehrer ausgepackt aussieht – ebenfalls ein nicht zu unterschätzender Vorteil. Wie aus dem Ei gepellt wird vermutlich keiner von euch beiden daherkommen, aber doch jedenfalls den Umständen angemessen. Und bei einem Mann, der dich auch rotgeschwitzt und mit verstrubbelten Haaren schön findet – oder gerade deswegen –, kannst du sicher sein, dass er dich mag, wie du bist.

Und noch etwas: Ist dir schon mal aufgefallen, wie viele Männer am Wochenende allein in der Sauna sind? Die Quote ist richtig hoch. Und nachdem ich, ermutigt von meinem ersten Saunaflirt, im Laufe der Zeit den Mut fand, auch dort mit Männern ins Gespräch zu kommen – nein, keine Sorge, Martin war der Einzige, bei dem ich so weit gegangen bin –, habe ich festgestellt, dass sehr viele von ihnen Singles sind. Und gerade die echt Guten sagten mir, dass sie sich nicht getraut hätten, mich von sich aus anzusprechen. Also, worauf wartest du noch?

KAPITEL 19

Flirten mal sportlich

Sonntagmorgen. Heute bin ich mit Angela verabredet. Ich freue mich darauf, sie nach unserem Mädelsabend wiederzusehen.
Angela ist eine quirlige junge Frau von 30 Jahren. Sie hat lange dunkelbraune Haare und ist so groß wie ich. Von Beruf ist sie Krankenschwester.
»Hey, hier bin ich!«, ruft sie und winkt mir von ihrem Platz an der Bar aus zu. Wow, knackig sieht sie aus mit ihrer schön gebräunten Haut und dem langen braunen Haar. Ich wundere mich, dass sie in dieser gutbesuchten Bar noch alleine dasitzt. Als Mann würde ich mich schlagartig in sie verlieben.
Die erste Stunde machen wir unverbindlich Small Talk. Immerhin treffen wir uns heute zum ersten Mal nur zu zweit. Irgendwann muss ich aber doch grinsen: »Merkst du was? Wir stellen uns an wie bei einem Date. Vorsichtig verhalten.«
»Stimmt! Die ganze Zeit habe ich überlegt, was komisch ist an unserem Gespräch!«, erwidert Angela lachend.
Damit ist das Eis gebrochen, und wir können persönlicher werden. Angela lebt tatsächlich seit vier Jahren allein, ohne feste Bindung. Unfreiwillig, wohlgemerkt. Ich kann es kaum fassen. Da läuft so eine junge schöne Frau durch die Welt, trifft Unmengen von Männern und lebt immer noch allein. Ich bin erschrocken, in welchem Zeitalter wir angekommen sind. Also wenn ich da an früher denke – und früher ist vielleicht erst 15 Jahre her –, da hätte so eine junge Frau gar keine Chance gehabt, allein zu bleiben. Um nicht zu sagen, sie hätte

sich fürchterlich anstrengen müssen, um keinen Partner an ihrer Seite zu haben.
Wir plaudern bis in die tiefe Nacht. Angela schwärmt mir von einer Segelregatta in Kiel vor, die von ihrem Bruder veranstaltet wird.
»Pass auf, was du sagst! So wie du das hier ausmalst, tauche ich noch unverhofft in Kiel auf!«, drohe ich ihr an.
»Kein Problem! Ich habe nur noch ein Doppelzimmer bekommen, das wir uns teilen können. Wäre schön, wenn du Zeit hast«, erwidert sie gut gelaunt.
Gesagt, getan. Nachdem mir schon meine spontanen Entschlüsse der letzten Tage so schöne Erfahrungen beschert haben, sitze ich zwei Tage später im Flieger nach Hamburg, wo ich mir ein Auto miete und nach Kiel weiterfahre.
Die Regatta ist wirklich traumhaft. Das Wetter ist perfekt, und es sind Segler aus aller Welt angereist, um ihr Können unter Beweis zu stellen. So viele gutaussehende, attraktive Männer mit traumhaft schönen Booten auf einem Haufen habe ich noch nie gesehen. Ein internationaler Wirrwarr an Sprachen schwirrt durch die frische Luft.
Ich stelle fest, dass Segelsport vorwiegend von Männern betrieben wird. Ein ideales Jagdrevier für Frauen ist das hier also! Einen ganzen Vormittag lang sitze ich in der Sonne und schaue mir das Spektakel an. Bis Mittag habe ich zu meiner Freude vier Einladungen zum Mitsegeln bekommen. Ich entscheide mich für das schönste Boot mit den interessantesten Männern. Meine Güte, ist das ein Theater, denke ich, als ich an Bord gehe. Meine Erwartung, dass ich mich gemütlich in das wunderschöne weiße Boot setze und wir leise bei Sonne und Wind über das blaue Meer gleiten, wird gründlich zerstört. Ehe ich auch nur Piep sagen kann, werde ich in eine Rettungsweste gesteckt, mit der ich ohne weiteres dem Pirelli-

männchen Konkurrenz machen könnte. An Bord herrscht immer noch hektisches Treiben. Da wird gerafft, geputzt, repariert, ein Seesack mit Ersatzkleidung verstaut – Ersatzkleidung für vier Stunden?, frage ich mich. Bei der Regelbesprechung verstehe ich kein Wort – alles, was ich vorbehaltlos zusagen kann, ist, dass ich geistig und körperlich in einem guten Zustand bin.

Nach zwei Stunden geht's endlich los, und ich freue mich, dass ich es mir nun auf der Bank gemütlich machen kann. Dachte ich! Bisher bin ich nur ein paar Mal auf dem Bodensee als Gastseglerin dabei gewesen. Sonntags bei bester Wetterlage. Was auf dem Bodensee heißt, die Sonne scheint und wird begleitet von einem angenehm leichten Wind, der das Boot sanft über das blaue, ruhige Wasser gleiten lässt.

Regattasegeln auf dem Meer mit dem Ziel zu gewinnen sieht anders aus. Meine Gastgeber, die ich bislang als liebenswert-charmante Kerle kennengelernt habe, entpuppen sich als absolute Rowdys. Von der Sekunde an, in der das Startsignal ertönt, bin ich nahezu ununterbrochen damit beschäftigt, den Kopf einzuziehen, mich auf den Boden zu werfen, ständig die Sitzposition zu wechseln, um nicht vom Segel erschlagen zu werden, und bei alledem niemals irgendjemandem im Weg zu sitzen, zu stehen oder zu liegen. Nach etwa einer Stunde schwappt eine riesige Welle in unser Boot – prima, jetzt weiß ich auch, warum Ersatzkleidung mitgeführt wird.

Irgendwann erreichen wir das Ziel und belegen den fünften Platz. Ich finde das Ergebnis toll, die anderen nicht.

Weil irgendwer – hoffentlich nicht ich – die Getränke vergessen hat, findet sich zur Belohnung für die Tortur an Bord lediglich eine lauwarme Flasche Martini, die wir uns zu fünft teilen. Nachdem die Herren ihre trockene Kleidung angezogen haben, während ich heftig bibbernd alle fürsorglichen

Fragen, ob mir kalt sei, weit von mir weise, werden wir von einem Begleitboot wieder an Land gezogen. Da lassen die sich doch tatsächlich in den Hafen schleppen, anstatt zurückzusegeln! Das finde ich dekadent. Dabei hatte ich mich so auf einen stressfreien Rückweg gefreut.

Im Hafen steht Angela schon winkend an der Pier. »Na, wie war's? Hat es dir gefallen?«

»Wunderbar! Der lauwarme Martini war phantastisch, und das Bad im hohen Seegang habe ich sehr genossen. Ganz abgesehen davon, dass ich die blauen Flecken, die ich heute davongetragen habe, im Leben nicht zählen kann.«

»Ich besorge jetzt erst einmal eine Plastiktüte für den Autositz, auf die du dich setzen kannst, und fahre dich ins Hotel zum Umziehen. Du siehst aus wie ein begossener Pudel.« Angela amüsiert sich königlich.

Im Hotel angekommen, stelle ich mich erst mal eine Stunde lang zum Aufwärmen unter die Dusche und lege mich anschließend ins Bett, um nicht gleich wieder auszukühlen. Anschließend werfe ich mich in ein schönes Kleidchen für den Seglerball am Abend.

»Meine« Crew ist schon da und begrüßt mich fröhlich. Die Segelrowdys finden, dass ich mich tapfer geschlagen habe. Geschlagen, denke ich, ja, das trifft es. Mein Körper fühlt sich an wie einmal durch die Mangel gedreht.

Der Abend ist dennoch wunderschön. Nach einem hervorragenden Menü tanze, flirte und feiere ich, was mein lädierter Körper hergibt.

Nach drei Tagen ist der Spaß schon wieder vorbei, und ich fliege nach Hause. Ich habe zwei Einladungen zum Segeln in der Tasche und, was noch viel wichtiger ist, eine neue Freundin gewonnen.

KAPITEL 20

Mir geht es gut – auch wenn ich es nicht immer weiß

Kennst du das? Du schlägst morgens verschlafen die Augen auf, und der Tag ist schon gelaufen?
Wenn ich morgens wach werde, lasse ich meist zuerst den Vortag noch einmal Revue passieren. Dann überlege ich, was mir der neue Tag bringen wird. Ich suche ganz bewusst nach etwas Schönem, worauf ich mich freuen kann: einem Geschäftstermin, der besonders interessant zu werden verspricht, einer Verabredung zum Spazierengehen, einer Mittagspause, in der ich mir etwas Neues zum Anziehen kaufen möchte. Ich kann mich auch darüber freuen, dass ich am Vortag in letzter Sekunde daran gedacht habe, mir neuen Kaffee für das Frühstück zu besorgen.
Heute allerdings liege ich unter meiner Bettdecke, grüble und grüble, und mir fällt absolut nichts Schönes für den Tag ein. Nicht mal die Freude auf die erste Tasse Kaffee lässt mich gerne aufstehen. Nein, heute finde ich mein Leben gar nicht schön. Ich fühle mich einsam. Früher war immer so viel Leben im Haus. Da war mein Freund, der morgens sehr früh zur Arbeit ging und sich immer mit einem liebevollen Kuss von mir verabschiedete, während ich noch schlaftrunken im Bett lag.
Etwas später habe ich dann die Kinder geweckt, das Frühstück zubereitet, Schulbrote geschmiert und Max und Madeleine fröhlich winkend auf den Schulweg geschickt. Heute muss ich ohne Kuss wach werden. Ich muss mir selbst ge-

nügen, mir selbst eine gute Stimmung bereiten und wohl oder übel ohne die vielen kleinen, liebevollen Gesten auskommen, die den Tag um so vieles schöner machen.
Tja, so ist es nun mal. Ehe ich vollends in Selbstmitleid versinke, schäle ich mich mühselig aus dem Bett, gehe in die Küche und koche mir einen Kaffee. Am Küchentisch sitzend, denke ich über meine Zukunft nach. Es muss doch möglich sein, nach so einem schönen Leben sich selbst zu genügen. Im Grunde müsste ich glücklich sein. Meine Kinder sind erwachsen und wohlgeraten. Ich hatte einige wunderschöne Beziehungen und habe im Grunde immer Glück gehabt.
Ich stehe auf und gehe ins Bad. Der Blick in den Spiegel trübt meine Laune noch mehr ein. Warum bloß sieht man an solchen schlechten Tagen zusätzlich noch so scheußlich aus? Na ja, weiter darüber zu räsonieren bringt wohl nichts. Also schnell duschen, anziehen und ab ins Büro.
Ein Blick in den Terminkalender zeigt mir, dass ich heute um 11:00 Uhr einen Termin mit einer Frau »mittleren Alters« habe. Der Ausdruck, den ich sicher schon Tausende Male verwendet habe, sticht mir heute besonders ins Auge. »Mittleren Alters« – was ist denn das für eine schreckliche Bezeichnung? O Gott, ich bin ja selbst schon seit geraumer Zeit im mittleren Alter! Diese erschreckende Einsicht trägt nicht gerade dazu bei, meine desolate Stimmung zu heben. Mittleres Alter, sch…!
Die Klientin, die zwei Stunden später mein Büro betritt – nennen wir sie Frau Kohler –, ist eine sehr gepflegte und attraktive Frau Mitte 50, mit einer blonden Pagenfrisur, die ihr herzförmiges Gesicht schön zur Geltung bringt. Beruflich ist sie in einem großen Unternehmen als Finanzbuchhalterin tätig.
»Guten Tag, Frau Klein, ich hoffe, ich bin bei Ihnen an der

richtigen Adresse. Ich habe mir überlegt, meinem Leben eine neue Wende zu geben. Vielleicht können Sie mir dabei helfen?«, begrüßt sie mich freundlich.
»Ja, lassen Sie uns gern sehen, was ich für Sie tun kann. Erzählen Sie mir doch zuerst einmal etwas von sich, Ihren Wünschen und Träumen«, lade ich sie ein und bitte sie mit einer Geste, es sich gemütlich zu machen.
Und sie fängt an, mir ihre unglaubliche Geschichte zu erzählen.

Frau Kohler lebte den größten Teil ihres Lebens allein. Das war nicht ihre freie Entscheidung, sondern es hatte sich einfach nie eine wirklich schöne, dauerhafte Beziehung ergeben. Nachdem sie sich darauf eingestellt hatte, ihr Leben als Single zu verbringen – mittlerweile war sie 40 Jahre alt –, lernte sie auf einer Reise einen Mann kennen. Er war 50 und kinderlos verwitwet.
»Ich war während dieses Urlaubs unglaublich glücklich an der Seite dieses Mannes, fühlte mich grenzenlos begehrt und geliebt«, erzählt sie mir. »Seltsam, ich war felsenfest davon überzeugt, dass es nur bei einem Urlaubsflirt bleiben würde. Am letzten Abend vor meiner Abreise – wir saßen in einem wunderschönen Restaurant direkt am Meer –, machte er mir einen Heiratsantrag. Und wissen Sie was? Ich habe ihn angenommen. Das war so ziemlich das Verrückteste, was ich je in meinem Leben getan habe«, erzählt sie, und ihre Stimme wird dabei ganz fröhlich.
»Auf dem Rückflug kam mir die ganze Situation dann doch unwirklich vor«, sagt sie nachdenklich. »Vier Tage später holte ich ihn wie vereinbart vom Flughafen ab. Ich habe tatsächlich vier Nächte nicht schlafen können. Alles Mögliche habe ich mir ausgemalt: Er kennt mich nicht mehr,

sagt vielleicht Dinge wie: Einem Urlaubsflirt sollte man keine große Bedeutung schenken. Oder: Mein Antrag entstand nur aus der romantischen Situation, wir müssen jetzt wieder realistisch sein. Meine größte Sorge war, dass er vielleicht sogar schon verheiratet sein könnte und im Urlaub einfach nur ein Abenteuer suchte.« Gedankenverloren rührt Frau Kohler in ihrem Kaffee und lächelt mich an. »Als er in der Ankunftshalle auf mich zukam und ich seinen Blick sah, wusste ich, es ist alles gut. Er liebt mich.«

Tatsächlich haben die beiden nach sechs Monaten geheiratet. Nach weiteren zwei Jahren bekamen sie eine Tochter – ein Ereignis, das sie sich kaum mehr erhofft hatte und das sie als Krönung ihrer Liebe empfand.

Ich kann mir sehr gut vorstellen, wie glücklich die beiden gewesen sein mussten. Er, der seine Frau sehr früh verloren hatte, und sie, die schon beschlossen hatte, ihr Leben alleine zu verbringen. Und nun waren sie nicht nur ein glückliches Paar, sondern eine richtige Familie.

»Zum zehnten Geburtstag unserer Tochter beschlossen wir, ihr den Ort zu zeigen, an dem wir uns zum ersten Mal begegneten. Wir hatten uns in einem Strandlokal beim Essen kennengelernt. Jeder hatte allein an einem Tisch gesessen, und die Tische standen sich gegenüber. Während des ganzen Essens waren unsere Blicke sich immer wieder begegnet, und wir hatten einander angelächelt. Nach dem Essen sprach mein späterer Mann mich an und fragte mich, ob ich nicht Lust hätte, ein wenig mit ihm am Strand spazieren zu gehen.

Ja, so war es gewesen, und diesen Strand wollten wir unserer Tochter zeigen. Den Ort, an dem unser Glück und auch ihre Zukunft begann.« Frau Kohler spricht mittlerweile sehr leise und hat dabei Tränen in den Augen. Ich spüre, dass sie

einen Moment braucht, um sich zu sammeln, und frage mich, was wohl geschehen ist.
Um ihr eine Pause zu ermöglichen, stehe ich auf, um ihr ein Glas Wasser zu holen. Sie kann es brauchen, denke ich. Als ich das Glas vor ihr auf den Beistelltisch stelle, holt Frau Kohler tief Luft, richtet sich auf und sagt: »Dann kam ein Tsunami und hat mir meine kleine Familie entrissen. Ich habe sie nie wiedergesehen.«
Jetzt schießen mir auch Tränen in die Augen. Die Frau, die vor mir sitzt, hat unwiederbringlich die beiden Menschen verloren, auf deren Gegenwart und Zukunft ihr Glück gegründet war.
Noch während ich versuche, meine Fassung zurückzugewinnen, lächelt Frau Kohler mich an. »Entschuldigen Sie bitte, manchmal überkommt es mich einfach noch. Ich verdanke diesen beiden Menschen das größte Glück meines Lebens. Ich weiß, dass beide nicht wollen würden, dass ich alleine bleibe. Seit dem Unglück bin ich immer wieder an den Ort gereist, wo alles geschehen ist. Wo es begonnen hat und wieder zu Ende ging. Ich spürte, dass ich dorthin musste, um mit meinem Schicksal zurechtkommen zu lernen. Und seit kurzem habe ich das Gefühl, dass ich bereit sein könnte für einen Neuanfang.«

Nachdem Frau Kohler gegangen ist, denke ich noch eine ganze Weile über mein Leben nach. Dankbar und demütig nehme ich meine momentane Situation an. Wie klein erscheinen meine Sorgen angesichts dessen, was sie durchmachen musste! Nein, ich habe keinen Anlass, mit meinem Leben zu hadern. Und so beschließe ich, meine momentane Situation anzunehmen und dankbar zu sein für alles Gute, das mir das Leben bisher beschert hat und noch bringen wird.

Heute Abend sehe ich Veronica endlich wieder. Aufgeregt und voller Vorfreude fahre ich zu ihr. Wir haben uns bei ihr zu Hause verabredet. Kaum habe ich an ihrer Haustür geklingelt, wird auch schon der Türöffner gedrückt.
Ich stürme die Treppe hoch und sehe sie mit einem breiten Lachen auf ihren knallroten Lippen im Türrahmen stehen. Gleichzeitig lachend und weinend fallen wir uns in die Arme und nehmen uns an den Händen. Nachdem wir uns halbwegs beruhigt haben, gehen wir etwas auseinander, ohne unsere Hände loszulassen, und schauen uns an. Dreizehn Jahre haben wir uns nicht gesehen. Veronica ist noch genauso schön wie früher, stelle ich fest.
Sie führt mich in ihr großes, helles Wohnzimmer. Der Whisky steht schon auf dem Tisch – typisch Veronica –, und wir setzen uns nebeneinander auf die gemütliche Couch. Bisher hat keine von uns etwas gesagt.
»Ich bin so froh, dass du Kontakt mit mir aufgenommen hast. Die ganze Zeit habe ich überlegt, wann ich dich denn mal anrufe«, eröffnet Veronica nun unser Gespräch. »Natürlich hätte ich mich bei dir gemeldet, schließlich sind wir ja dicke Freundinnen gewesen. Aber du kennst das ja: Zuerst wollte ich meine unglückliche Situation regeln, eine neue Wohnung suchen, mit mir selber fertigwerden.«
»Weißt du, das ist der feine Unterschied zu früher«, antwortete ich ihr. »Heute, in unserem fortgeschrittenen Alter, denken wir immer, wir müssten erst alles alleine regeln. Früher, du weißt ja, war das ganz anders. Früher haben wir in schlimmen Situationen unmittelbar die Hilfe der anderen gesucht. Wir haben uns gegenseitig gestützt, beraten und beieinander ausgeheult. Wir haben beschlossen, dass alle Männer doof sind, um uns am nächsten Tag wieder aufs Neue auf sie einzulassen. Was waren das noch Zeiten! Obwohl – wenn ich dich

so anschaue, bist du mir so vertraut wie eh und je. Als hätte ich dich gestern zum letzten Mal gesehen.«

»Abgesehen von den neuen Falten und den fünf Kilo mehr, die wir natürlich nur am Bauch tragen, gebe ich dir recht.« Veronica lacht ihr lautes, heiseres Lachen.

Ich liebe ihr Lachen. Wir quatschen die ganze Nacht durch bis morgens um 5 Uhr. Dann schlafe ich total erschöpft auf ihrer kuschligen Couch ein. Alles wie früher! Kurz vorm Einschlafen freue ich mich schon auf die Diskussion mit ihr, wer die Brötchen fürs Frühstück holt.

Mit einem fürchterlichen Kater wache ich ein paar Stunden später auf. Das Plätschern der Dusche hat mich geweckt. Noch während ich versuche, mich zu sortieren und zu überlegen, wo ich bin, ruft Veronica lauthals aus der Dusche: »Bist du endlich wach geworden? Du, geh doch schon mal runter zum Bäcker und hol Brötchen. Ich kann jetzt nicht. So frisch geduscht erkälte ich mich nur!«

Ich wusste es doch! Es ist genau wir früher: Wir diskutieren, wer frische Brötchen kaufen geht. Wie schön, dass man sich auf die Marotten von alten Freundinnen todsicher verlassen kann. Genau das macht sie so liebenswert und vertraut. Schnell ziehe ich mich an und sause los. Nur heute werde ich die Brötchen ohne Diskussion holen, aber ganz sicher nicht beim nächsten Mal. Damit in dieser Hinsicht alles schön beim Alten bleibt!

Nach dem dritten Kaffee, einer Kopfschmerztablette gegen den Kater und zwei Brötchen kommen wir langsam wieder in die Gänge.

»Was machst du jetzt eigentlich beruflich?«, frage ich sie.

»Ich weiß es noch nicht so genau. Zum Glück hat mich mein Mann finanziell gut versorgt. Wenigstens ein Trost, nachdem er mich so schändlich verlassen hat. Weißt du noch, was wir früher immer gesagt haben? ›Mit Geld weint es sich leichter.‹ Der Spruch hat nichts von seiner Bedeutung verloren. Hast du eine Idee, was ich machen könnte?«, fragt sie und schaut mich dabei verschmitzt an.

»Na jaa – ich könnte eine kompetente Mitarbeiterin wirklich gut gebrauchen. Wann willst du anfangen?«, antworte ich und versuche, dabei so gelangweilt wie möglich zu wirken.

»Du bist ein echter Schatz!« Veronica springt auf und umarmt mich stürmisch.

»Oh-oh, meine Liebe, du wirst alt«, sage ich lachend. »Du hast mich innerhalb der letzten Stunden zweimal in den Arm genommen. Das wäre dir früher nie passiert!«

»Also gut, dann rudere ich hiermit noch einmal zurück und fange nicht gleich an, bei dir zu arbeiten. Ich werde mich noch ein bisschen akklimatisieren, Zeit mit mir verbringen, und dann geht es los. Wie sieht's aus, gehen wir demnächst mal wieder zusammen in die Sauna? Wie früher?«

»Abgemacht, gerne. Ich werde dann jetzt mal nach Hause gehen und versuchen, mich einigermaßen fürs Geschäft herzurichten.«

Wir verabschieden uns so theatralisch, wie das nur zwei gute Freundinnen können. Während ich nach Hause fahre, erinnere ich mich wieder an all das, was ich mit Veronica in unserer »Sturm und Drang«-Zeit erlebt habe. Nein, uns beide kann wirklich nichts so schnell auseinanderbringen.

KAPITEL 21

Ich ernte, was ich gesät habe

Kaum bin ich zu Hause, klingelt mein altes Handy. Wer ruft denn noch darauf an? Ach ja, ich hatte es ja zum Dating-Handy deklariert.
Unbekannte Nummer! Spannend. Ich melde mich mit meiner liebenswürdigsten Stimme, ohne jedoch meinen Namen zu nennen. Ganz schön schwierig, wenn man gewohnt ist, sich immer brav und ordentlich mit Namen und Firma zu melden.
»Hi, hier ist Jacob. Falls du jetzt vor lauter Anrufen nicht weißt, wer ich bin, lege ich wieder auf«, verkündet eine sehr männliche Stimme selbstbewusst.
»Natürlich weiß ich, wer du bist. Du bist der Einzige, dem ich meine Handynummer gegeben habe.« O nein, wie kann ich nur so blöd sein! Jetzt weiß er Bescheid! Na ja, andererseits: Er ist ein Mann. Vielleicht also hat er gar nicht mitgekriegt, was meine Antwort bedeutet.
»Aha, prima, dann war ich der Einzige, der dir gefallen hat. Gut!« War wohl nichts. Genau genommen klingt der Kerl nicht nur selbstbewusst, sondern geradezu arrogant.
Ich weiß nun, dass ich es mit einem Mann zu tun habe, der nichts überhört. Ist das nun gut oder schlecht? Also, eigentlich ja gut. Schlecht vielleicht deshalb, weil ich mir nun genau überlegen muss, was ich sage.
»Es freut mich, dass ich dich sprachlos gemacht habe«, tönt es vom anderen Ende der Leitung. Meine Güte, so ein Lapsus darf mir wirklich nie wieder passieren!
»Ja, ja, schon gut. Wie geht es denn nun weiter?«, gehe ich

zum Angriff über. Also heute bin ich aber so was von einfallslos. Ist ja auch kein Wunder nach der durchgequatschten Nacht mit Veronica. Der gute Jacob hat mich voll auf dem falschen Fuß erwischt. Meine Einsilbigkeit scheint ihn allerdings nicht zu stören.

»Freut mich, dass du mir das weitere Vorgehen überlässt. In diesem Fall schlage ich vor, dass ich Samstagmittag zu dir komme. Damit du auch etwas zu unserem Rendezvous beitragen kannst, überleg dir doch schon mal, wo wir einen Spaziergang am See machen könnten. Und kümmere dich um die Location, in der wir dann schön essen gehen können.«

»Ja, gut. Das mach ich«, antworte ich gehorsam wie ein kleines Mädchen.

»Gib mir deine Adresse, ich hole dich dann ab. Damit wir uns die Rose im Knopfloch als Erkennungszeichen sparen können. Schließlich sind wir keine 20 mehr.«

Brav gebe ich ihm meine Adresse durch. Nach einer weiteren Minute und ein wenig Small Talk ist unser Telefonat beendet. Verwirrt fahre ich mir durch die Haare. Bin ich eigentlich vollkommen durch den Wind? Wie kann ich einem wildfremden Mann einfach meine Adresse geben? Normalerweise lasse ich in meine Wohnung nur Menschen, die ich schon mehrmals getroffen habe. Auch wenn wir in der Tat keine 20 mehr sind – *ich* habe mich auf alle Fälle wie ein Teenager verhalten. Und das bei all den üblen Geschichten, die ich in Sachen Dates mit fremden Männern schon zu hören bekommen habe! Tja, jetzt ist es passiert. Nun bleibt mir eigentlich nur abzuwarten.

Der Samstagmittag kommt schneller, als mir lieb ist. Jacob hat sich nach unserem ersten Telefonat nicht mehr gemeldet, so dass ich gar nicht sicher bin, ob er mich denn nun wirklich treffen möchte. Zudem bin ich unsicher, ob ich überhaupt will, dass er kommt. Ich laufe durch die Wohnung wie ein wild gewordenes Huhn. Was zieht man an, wenn man ein Date mit einem Mann hat, der »im kreativen Bereich« tätig ist?

Madeleine amüsiert sich königlich über meine Aufregung. Nur gut, dass sie da ist. So bin ich erst mal nicht alleine, wenn dieser fremde Kerl meine Wohnung betritt.

Während ich mein drittes Outfit anprobiere – ich hasse diese Aktionen ebenso sehr, wie ich sie liebe –, klingelt mein Dating-Handy. »Also, ich fahre jetzt zum x-ten Mal alle Straßen hier ab. Das Navi sagt mir ständig ›Sie haben Ihr Ziel erreicht‹, aber das stimmt nicht. Wo finde ich dich?« Ich hatte noch nicht einmal Zeit gehabt, mich zu melden, frage Jacob aber nun, wo er gerade ist, und lotse ihn dann zu meiner Wohnung.

»Sag mal, was ist denn das für ein Lärm?«, erkundige ich mich. »Rattert dein Auto?«, frage ich ihn zögernd.

»Mein Auto rattert nicht. Mein Auto ist ein Oldtimer mit einem wunderschönen, satten Motorgeräusch.«

»Gut, jetzt höre ich auch das wunderschöne, satte Motorgeräusch deines Autos«, antworte ich ironisch. Jetzt ist langsam Schluss mit lustig. So ein arroganter Kerl! Am liebsten würde ich ihn gar nicht treffen. Während ich noch darüber nachdenke, ihm zu sagen, er möge doch bleiben, wo der Pfeffer wächst, biegt er schon knatternd um die Ecke.

Ich bin während unseres Telefonats auf den Balkon getreten. Er winkt mir aus seinem offenen Wagenfenster zu, hält an und ruft zu mir hoch: »Du siehst klasse aus. Viel besser als auf den Fotos. Hast Glück gehabt, ich steige aus.«

Also, mir fehlen ja nur selten einfach die Worte, aber das ist doch wirklich die Höhe! Seine Arroganz verschlägt mir die Sprache. Hat er ernsthaft vorgehabt, mich einmal kurz anzu-

gucken und dann zu denken: Meine Güte sieht die scheußlich aus, ich hau gleich wieder ab?
Während ich mich noch aufrege, steigt er schwungvoll aus seinem Auto und kommt lachend auf unser Haus zu.
Ja, ich rege mich auf. Allerdings auch über mich selbst. Kann das denn sein, dass ein Mann einem beim ersten Date schon aus der Entfernung so gut gefällt?
Jacob stellt wirklich eine tolle Ausnahme im Reigen der Männer um die 50 dar. Ich registriere blitzschnell: kein Doppelkinn, Haare auf dem Kopf, schlanke Figur und wirklich durchtrainiert – mit so einem eleganten Sprung aus einem kleinen, niedrigen Auto auszusteigen, würden längst nicht alle 20-Jährigen hinbekommen. Eine tolle Stimme hat er auch, verbunden mit einem unglaublichen Selbstbewusstsein. Ein richtiger Kerl eben! So mag ich es.
Jacob hält sich nicht lang mit Small Talk auf. So sicher, wie er aus seinem Auto gesprungen ist, kommt er auch in meine Wohnung, fragt erst mal nach der Toilette, um sich die Hände zu waschen, und dann nach einem Kaffee.
Madeleine folgt mir in die Küche und schaut mich augenzwinkernd an: »Na, Mama, hat es dir die Sprache verschlagen?«
Ja, hat es tatsächlich. Wir trinken zu dritt Kaffee, wobei Jacob sich bestens mit Madeleine unterhält. – »Mit dir habe ich ja später noch Zeit zu reden«, erklärt er mir. Danach fahren er und ich auf die Insel Reichenau. Ich habe brav ein Programm ganz nach seinen Wünschen ausgearbeitet, mit einem schönen Spaziergang und anschließendem Essen im Restaurant.
Samstagnacht um 3 Uhr werfe ich ihn dann liebevoll aus meiner Wohnung. Das hat er mir nie wirklich verziehen.
Am darauffolgenden Sonntag ist Mädelstreffen. Maggie, Veronica und Angela, die wir mittlerweile in unsere Mitte

aufgenommen haben, erwarten mich schon zum Lunch. Ich komme zu spät, weil ich noch mit Jacob telefoniert habe.
»Und, wie war's?«, fragen mich alle drei fast gleichzeitig und schauen mich erwartungsvoll an.
»Och, es ging so«, antworte ich und bemühe mich um einen gleichgültigen Gesichtsausdruck.
»Ach komm, du grinst doch innerlich wie ein Honigkuchenpferd!« Maggie hat mich erwischt.
Nachdem ich mir etwas zu essen und trinken bestellt habe, berichte ich von unserer Begrüßung und dem Spaziergang.
»Das ist nun wahrlich kein Mann, dem man jedes Wort einzeln aus der Nase ziehen muss. Nee, eigentlich hätte man ihm schon das Maul stopfen müssen, um auch mal zu Wort zu kommen. Ich habe dann beschlossen, einfach mal den Mund zu halten. Ihr wisst ja, wichtig bei jedem ersten Date ist, genau hinzuhören. Und das hab ich dann ausnahmsweise auch mal gemacht. Er ist ein Mann mit unglaublich viel Elan und sprühenden Ideen und ein wunderbarer Erzähler. Tatsächlich habe ich mich nicht eine Sekunde lang gelangweilt.«
»Ja, gut, das interessiert uns natürlich alles brennend«, meint Veronica. »Aber was ist denn mit den harten Fakten: Was macht er beruflich? Hat er Kinder? Und wo wohnt der Typ denn überhaupt?«
»Er ist jünger als ich«, sage ich genüsslich und zwinkere den dreien zu. »Er lebt in München, ist seit vier Jahren geschieden und hat keine Kinder. Beruflich ist er als Regisseur tätig.«
Erwartungsvoll sehe ich meine Freundinnen an. Ich weiß genau, was jetzt kommt: »Bist du sicher, dass der echt ist? Regisseur ist ja nun kein Allerweltsberuf. Stimmt das auch, hast du das kontrolliert? Bist du sicher, dass der keine jüngere Frau will?«, fragen mich alle drei durcheinander.

»Dann hätte er sich doch nicht bei mir gemeldet. Außerdem hat er gesagt, dass er noch nie eine jüngere Frau wollte, weil er es liebt, mit einer Partnerin auf Augenhöhe zu sein.«

Wir plaudern noch eine Weile munter drauflos. Meine Freundinnen – von mir selbst ganz zu schweigen – sind gespannt, wie es weitergeht.

»Es ist einfach köstlich, was ihr alles so erlebt«, sagt Maggie schon fast ein bisschen neidisch. »Mein Leben ist gegen eures fast schon erschreckend langweilig. Maria, erinnerst du dich noch an die Geschichte mit dem Anwalt, die du mal erlebt hast?«

»Ja, genau«, erinnert sich jetzt auch Veronica. »Meine Güte, da ist dir ja vielleicht ein Malheur passiert! Wie lange ist das jetzt eigentlich her?«

»Ewig!«, entgegne ich. »Ich glaube, das war kurz nach meiner Scheidung. Wenn ich daran denke, werde ich allerdings heute noch rot.«

»Jetzt bin ich das dumme Schaf, das die Insidergeschichten nicht kennt«, beschwert sich Angela lauthals. »Das musst du mir jetzt schon auch noch mal erzählen!«

»Ja, komm, zier dich nicht!«, pflichten Veronica und Maggie ihr bei.

»Also gut«, gebe ich nach und trinke noch einen Schluck eiskalte Cola, bevor ich anfange.

»Damals hatte ich einen Termin mit einem Anwalt Mitte 40, der sich gerade beruflich in Zürich niedergelassen hatte und eine Frau suchte. Auf seinen Wunsch hin hatten wir vereinbart, dass ich ihn – sehr diskret natürlich – in seiner Kanzlei besuche.

Nachdem ich mich durch das übliche Verkehrschaos gequält hatte und sechs Treppen zu ihm hochgestiegen war, weil der Lift kaputt war, stand ich vollkommen atemlos vor der Kanzlei. Seine ziemlich arrogante Sekretärin bat mich, erst noch einmal in dem geräumigen Flur Platz zu nehmen, in dem mehrere tiefergelegte Ledersessel und ein Sofa standen. Es könne noch einige Minuten dauern, bis Herr Käger kommen würde, sagte sie, da er noch ein gaaanz wichtiges Telefonat zu führen habe. Während ich wartete, nahm ich die Kanzlei in Augenschein. Sie war schön eingerichtet in einem Mix aus Moderne und Antiquitäten.

Außer Herrn Käger waren noch mehrere Fachanwälte dort tätig. Die Telefone der Sekretärinnen klingelten ununterbrochen, und mittlerweile hatten sich einige Klienten zu mir gesellt.

»Frau Klein, Herr Käger hat sein Telefonat beendet. Er wird Sie nun empfangen«, flötete mir die blöde Sekretärin zu. Ich wollte sie gerade fragen, zu welcher der zur Auswahl stehenden Türen ich mich denn wenden sollte, als eine davon schwungvoll aufgerissen wurde.

»Frau Klein, schön, dass Sie da sind. Kommen Sie doch bitte herein!«

Da stand er in der Tür. Und wie er dastand. Groß, schlank, dunkle, längere Haare – ach was, wilde Locken! –, ein strahlendes Gesicht. Adonis wäre neben ihm vor Scham im Boden versunken, so toll sah er aus. Frisch geschieden und vollkommen unvorbereitet traf ich auf dieses schöne Mannsbild. Mein erster Gedanke war: Na, das wäre mal ein guter Deckel für mich.

»Nun kommen Sie doch«, unterbrach er freundlich meine Träumereien. Ich versuchte meine Fassung zurückzugewinnen und sprang auf. Soweit mir das möglich war. Denn – das müsst ihr euch mal vorstellen – ich stand doch tatsächlich mit einem Bein auf meinem Wickelrock! Und während ich wie von der Tarantel gestochen nach oben schoss, riss ich die einzigen zwei Knöpfe ab, die meinen Wickelrock hielten.«

»Ach du meine Güte!« In Angelas Gesicht steht ehrliches Entsetzen. »Aber mehr ist doch wohl hoffentlich nicht passiert, oder?«
»Tja, was sich löst, geht auf, und was aufgeht, hält nicht, und was nicht hält, fällt runter. Mir rutschte tatsächlich mein Rock herunter. Komplett bis auf den Boden. Und ehrlich, trotz dieses Dramas war mein erster Gedanke: Welche Unterwäsche habe ich heute an? Na ja, da stand ich nun im Höschen, mitten in der Kanzlei, unter all den Menschen, und vor allem: vor ihm!«
Angela schlägt die Hände vors Gesicht und lacht. »Und? Was hast du dann gemacht?«
»Ich hab das Loch gesucht, in das ich mich stürzen kann. Ich versuchte zu retten, was zu retten war. Leider gar nichts. Er, ganz Kavalier, hob meinen Rock auf und gab ihn mir, rief seiner Sekretärin irgendetwas von Nähzeug zu und bat mich in sein Büro, um die Knöpfe, nach denen mittlerweile alle Anwesenden auf dem Boden gesucht hatten, wieder anzunähen. Sobald ich fertig sei, solle ich nach ihm rufen. Er lächelte mich ironisch, amüsiert oder was auch immer an und schloss die Tür.«
Maggie haut begeistert auf den Tisch. »Ich kann mir das so gut vorstellen! Du stehst halbnackt versteinert vor Schreck in dieser edlen Kanzlei. Und dann noch mit Zuschauern um dich herum.«
»Erzähl weiter. Was passierte dann?«, drängt Angela.
»Ja, da stand ich nun in meinem schönen Höschen – Gott sei Dank hatte ich keinen gemütlichen Baumwollslip angezogen –, das so rot wie mein Rock und mein Kopf war. Diesen Termin hatte ich ordentlich vermasselt. Und trotzdem – während ich meine Knöpfe annähte, überkam mich ein Lachanfall nach dem anderen. Ich konnte mich vor Lachen gar nicht

mehr beruhigen. Meine Güte, muss ich komisch ausgesehen haben! Um die ganze Situation nicht noch blamabler für mich zu machen, beschloss ich, das Gespräch mit ihm professionell durchzuziehen und wieder zurückzufahren.«

Aber es kam alles anders. Als ich ihm verabredungsgemäß signalisierte, dass er wieder hereinkommen könne, sah er mich an – ein bisschen zu lange – und fragte charmant: ›Gehen wir raus, spazieren, etwas essen?‹«

Klopfenden Herzens sagte ich zu und stand ganz vorsichtig auf, in der Hoffnung, dass die Knöpfe an meinem Rock halten würden. Es stellte sich heraus, dass er an diesem Nachmittag keine Termine mehr hatte, und so verbrachten wir den Rest des Tages miteinander. Wir redeten, machten eine Bootsfahrt auf dem Zürchersee, unterhielten uns über Gott und die Welt. Es war ein herrlicher Tag, und am Abend war ich bis über beide Ohren verliebt in ihn. Wir würden uns erst drei Wochen später wiedersehen, weil ausgerechnet jetzt sein Urlaub bevorstand.

Zu diesem Treffen – eigentlich ja unser erstes offizielles Date – trug ich vorsichtshalber eine Jeans, Turnschuhe, T-Shirt und einen Blazer. Natürlich hatte er ausgerechnet für diesen Abend in einem gehobenen Restaurant von Zürich einen Tisch reserviert. Also, mit diesem Mann lief alles quer.«

»Wie ist denn die ganze Sache ausgegangen?«, fragt Angela und wischt sich dabei immer noch die Lachtränen ab.

»Die Sache hielt letztlich nicht, was sie versprach. Wir trafen uns ein paar Wochen lang regelmäßig. Er war so pedantisch, dass er sich selbst abends noch im Anzug an den Herd stellte. Anschließend warf er den Anzug in einen Wäschekorb, und seine Haushälterin brachte ihn dann am nächsten Tag in die Reinigung. Außerdem war er nie mehr so einfallsreich wie bei unserer ersten Begegnung. Stattdessen lief alles genau nach

Plan: Um 19:30 Uhr kam er nach Hause, bereitete das Essen vor, schaute um 20:00 Uhr die ›Tagesschau‹ an, kochte anschließend weiter, und ich durfte den Tisch decken. Passend zum Menü. Ich habe nie verstanden, welches Geschirr und welches Besteck für welches Essen richtig waren. Immer musste er noch etwas ändern und korrigieren.
Bei jedem Treffen mit ihm war ich ein bisschen weniger verliebt. Es dauerte eine Weile, bis ich mir dessen bewusst wurde. Eines Abends stand ich auf der traumhaft schönen Terrasse in seinem traumhaft schönen Haus und blickte auf den ebenso traumhaften See hinaus. Plötzlich stellte ich mir vor, wie meine Kinder, die damals vier und sechs Jahre alt waren, im edlen Ambiente dieses Hauses herumtollten – und ich ständig hinterher, damit sie bloß nichts kaputt machten. Da wurde mir schlagartig bewusst, dass meine Beziehung zu ihm nur eine vorübergehende Angelegenheit sein konnte. Ich habe ihm das dann gesagt und bin anschließend nach Hause gefahren. Schön war es trotzdem.«
Meine drei Freundinnen kringeln sich vor Lachen.
»Das ist das Lustigste, was ich seit langem gehört habe«, sagt Angela. »Hast du wirklich vor allem wegen der Kinder Schluss gemacht?«, will sie wissen.
»Nein, es war nicht nur das. Ich hatte übrigens damals ein Au-pair–Mädchen, das auf die Kinder aufpasste. Darum konnte ich ihn besuchen, ohne sie mitzunehmen. Irgendwie habe ich mich die ganze Zeit davor gescheut, ihm meine Kinder vorzustellen. Er war einfach zu pingelig.«

KAPITEL 22

Da muss doch noch mehr sein?

Die Beziehung mit Jacob geht weiter. Wir verabreden uns für das folgende Wochenende, und ab da sehen wir uns jedes Wochenende.

Von ihm lerne ich, wie man richtig Tee zubereitet. Er bekommt dafür von mir die besten Rühreier seines Lebens. Wir gehen viel zusammen spazieren und shoppen (er ist einer der wenigen Männer, die das wirklich gerne machen), und er erzählt mir unzählige aufregende und spannende Geschichten aus seinem Leben.

Allerdings lerne ich bei ihm auch, wie grauenvoll es sein kann, wenn jemand ständig auf Hochtouren läuft. Dieser Mann schlägt morgens die Augen auf, springt aus dem Bett, macht 60 Liegestütze, währenddessen er mir schon Vorträge hält. Dabei bin ich noch nicht einmal richtig wach.

Seither rede ich bei Männern nicht mehr so viel. Ich hatte ja schon häufiger von ihnen gehört, dass sie es unerträglich finden, dass Frauen ununterbrochen reden müssen. Nun habe ich ein lebendes Beispiel vor mir und erkenne selbst, wie schrecklich so ein ständiger Redeschwall sein kann.

An irgendeinem verregneten Wochenende sitzen wir gemütlich in meinem Wohnzimmer. Jacob sieht sich eine Reportage im Fernsehen an, und ich schaue dem Regen zu, wie er an die Fensterscheiben prasselt. Plötzlich spüre ich in meinem Inneren etwas Unbestimmtes, Vages, so als fehlte mir etwas. Aber was könnte das sein?

Jacob und ich haben es gut miteinander. Madeleine und er

kommen seit der ersten Kaffee-Unterhaltung ebenfalls wunderbar miteinander aus. Aber was um alles in der Welt fehlt mir? Innerlich erstelle ich eine Pro-und-Contra-Liste.
Pro überwiegt deutlich. Dennoch: Das unbestimmte Gefühl bleibt mir. Traurigkeit – ja, das ist es: Ich fühle mich auf unerklärliche Weise traurig. Und jetzt merke ich auch, dass ich diese Traurigkeit nicht zum ersten Mal verspüre, sondern dass sie mich immer wieder überkommt, seit ich mit Jacob zusammen bin.
Ich nehme seine Hand und spüre – nichts. Jetzt wird mir schlagartig klar, was ich wirklich vermisse: Mir fehlt die Seele in unserer Beziehung.
Ich liebe Jacob schlicht und ergreifend einfach nicht. Unsere Beziehung ist keine echte Liebesbeziehung. Wir verstehen uns einfach nur gut, und das ist es. Er ist ein Freund, mit dem ich etwas unternehmen kann. Ich bin nicht alleine und habe mit ihm eine lustige, anregende Unterhaltung. Aber kann es das auf Dauer sein? Nein, das ist nicht das, was ich möchte. Ich wünsche mir eine Liebesbeziehung mit einem Mann, bei dem mein Herz anfängt zu klopfen. Erst jetzt fällt mir auf, dass es bisher nie so richtig geklopft hat, wenn Jacob am Wochenende hier ist.
Diese Erkenntnis trifft mich. Sehr sogar. So sehr, dass ich Jacob das auf der Stelle sagen muss. Ich sage ihm, dass ich ihn sehr mag, die Zeit mit ihm genieße und er ein wirklich liebenswerter Freund ist. Aber auch, dass er für mich nie mehr sein wird als das.
Er reagiert ziemlich überrascht und ist auch ein wenig mitgenommen. Seiner Meinung nach braucht Liebe Zeit, um zu reifen wie ein guter Käse. Wenn man sich so gut versteht wie wir beide, meint er, werde sie sich automatisch einstellen.
Bis zu einem gewissen Punkt gebe ich ihm ja recht, aber ich

bin der Meinung, dass eine sechsmonatige »Reifezeit« genügen müsste. (Also mal ganz ehrlich, wenn sich nach sechs Monaten keine Liebe einstellt, ist der Käse nicht reif, sondern verschimmelt.)
Spät am Abend packt Jacob seine Sachen und geht. Bis dahin haben wir noch einige fruchtlose Diskussionen geführt, die uns nicht weiterbrachten. Über Gefühle kann man nicht diskutieren wie über irgendeinen Sachverhalt. Also geht Jacob irgendwann traurig und vielleicht auch ein wenig wütend ins Schlafzimmer und stopft seine Wäsche in seine große Sporttasche. Noch ein langer, fast beschwörender Blick, und die Wohnungstür schließt sich hinter ihm. Wenig später höre ich das inzwischen vertraute Knattern seines Oldtimers.
Ich fühle mich befreit und traurig zugleich. Natürlich überlege ich mir in den nächsten Stunden und Tagen auch, ob ich diese Beziehung nicht vorschnell beendet habe, nur weil nicht gleich der Himmel voller Geigen hing. Letztlich komme ich zu dem Schluss, dass ich eine Beziehung möchte, die sich wirklich neu anfühlt, statt einer, die zu Beginn schon anmutet wie eine dreißigjährige Ehe. Nein, das will ich nicht!
Meine Freundinnen tun sich zunächst schwer mit meiner Trennung von Jacob. Insbesondere Maggie findet, dass ich einem so kultivierten, gutaussehenden und auch noch sportlichen Mann doch etwas mehr Zeit hätte geben können. Doch ich bin mir meiner Entscheidung sicher. Vielleicht sind diese Fragebogen, die die Dating-Portale verwenden, doch nicht so das Wahre, überlege ich. Bei Jacob und mir gab es viele Übereinstimmungen – aber die Liebe hat uns das nicht beschert. Die Tatsache, dass viele meiner Klienten zuvor ebenfalls vergeblich über das Internet versucht haben, einen Partner zu finden, bestärkt mich in meinen Zweifeln.
Es ist Veronica, die mich überredet, es trotzdem noch einmal

online zu versuchen, dieses Mal gemeinsam mit ihr. So können wir uns über unsere jeweiligen Erfahrungen austauschen und vielleicht auch voneinander lernen.

Also, auf ein Neues: Fragebogen ausfüllen, Fotos machen. E-Mails schreiben. Dass Männer speziell Letzteres so gerne tun, überrascht Veronica und mich gleichermaßen. Wir waren bis dahin der Meinung gewesen, dass Männer möglichst schnell zur Sache, das heißt, zu einem ersten Date kommen wollen und nicht gerne lange um den heißen Brei herumreden. Doch nein: Veronica und mir werden Unmengen an Fragen gestellt, es werden gemeinsame Interessen abgeklopft, und natürlich wird auch geflirtet, was die Tastatur hergibt. Außer mailen passiert allerdings nicht viel.

Um die Sache zu beschleunigen, gehen Veronica und ich dazu über, schon nach dem jeweils zweiten Mailkontakt unsere Telefonnummer herzugeben. Das Ergebnis dieser Strategie überrascht uns abermals: 90 Prozent der Männer melden sich daraufhin gar nicht mehr. Haben wir sie verschreckt? Betrachten sie das Hin-und-her-Mailen als Selbstzweck, als Möglichkeit zum unverbindlichen Flirt ohne jedes Risiko? Oder sind sie bereits gebunden und nutzen das Dating-Portal nur, um ihren Marktwert zu testen? Wir wissen es nicht.

Unser Zwischenfazit: Du musst sehr fleißig sein, ein dickes Fell haben und nicht persönlich betroffen sein, wenn der Mann, der sich aufgrund deines Profils meldet, nun gar nicht zu dir passt. Beim Daten im Internet ist das nicht anders als beim Kennenlernen in einer Bar: Du gefällst jemandem, aber er dir nicht. In der Bar musst du es ihm noch persönlich sagen, im Internet reicht eine kurze – bitte immer freundliche – Absage. Das wiederum finden wir sehr praktisch.

Nach einigem Hin und Her habe ich schließlich ein erstes Date. Er hat mehrere Fotos eingestellt, auf dem er allerdings nicht wirklich zu erkennen ist. Auf meine Frage, wie er denn nun aussehe, sagt er: »Ganz einfach, die meisten sagen, ich sehe aus wie Georg Clooney, ehrlich. Also wirst du mich sofort erkennen, wenn ich aus dem Zug steige.«

Zwei Tage später stehe ich am Bahnhof und warte aufgeregt auf mein vermeintlich rattenscharfes Date.

Aus dem Zug steigen vier Männer mit graumelierten Haaren. George Clooney ist leider nicht dabei, und ich will gerade wieder gehen, als einer der grauhaarigen Männer auf mich zukommt.

»Siehst du, du hast mich gleich erkannt.«

Habe ich nicht!

»Die Beschreibung von mir war doch gut, oder?«, fragt er und freut sich wie ein Schneekönig. Darauf kontere ich lakonisch: »Graumelierte Haare machen noch lange keinen Georg Clooney.« Im Grunde ist das Date damit auch schon gelaufen. Tatsächlich ist er zu unserer ersten Verabredung – und er selbst hatte die Idee gehabt, dass wir schön essen gehen – in sehr alten, leicht muffig riechenden Sportklamotten gekommen. Um es schnell hinter mich zu bringen, bugsiere ich ihn in die erstbeste Gaststätte, in der er dann auch in etwa 20 Minuten einen Hauptgang und ein Dessert in sich hineinschaufelt. Das Ganze spült er mit vier Bier hinunter. Es fehlt nur noch der Rülpser. Nein, ich habe definitiv genug von dieser Clooney-Karikatur.

Veronica hat unterdessen ähnliche Erlebnisse. Unabhängig voneinander stellen wir fest: Bei vielen Männern stimmt das im Profil angegebene Alter nicht.

Wenn ich mich mit einem 50-jährigen Mann treffe, bin ich einfach sauer, wenn er 60 ist. Dann könnte ich ja gleich auf einen 60-Jährigen reagieren. Der dann allerdings wahrscheinlich 70 ist.

Viele Männer sind noch so frisch von ihrer vorherigen Partnerin getrennt, dass man sich die ganze Geschichte über die unglaublich dramatische und, seiner Meinung nach, völlig ungerechtfertigte Ehescheidung anhören muss. Ganz schlimm wird es, wenn die Männer dann auch noch Ratschläge haben wollen, so nach dem Motto: »Du bist doch eine Frau, kannst du mir nicht sagen, wie ich meine Ex zurückgewinnen kann?« Auch nicht besonders lustig, wenn sie gleich beim ersten Date erzählen, wie schrecklich all die Frauen waren, die sie vor uns getroffen haben. An dieser Stelle brechen wir jeweils das Treffen rigoros ab.

Nach diesen Erfahrungen ändern wir unseren Blickwinkel beim Lesen der Profile. Und wir ändern unsere Profile – dazu gleich mehr.

Und siehe da: In der Folge gibt es wirklich schöne Begegnungen. Höfliche Männer, die sich für die erste Verabredung richtig Mühe geben und für die es eine Selbstverständlichkeit ist, sich angemessen zu kleiden und der Frau etwas zu bieten. Ich bekomme bei einer dieser Gelegenheiten eine komplette Stadtführung inklusive eines traumhaften Essens.

Als Veronica einem Mann erzählt, dass sie ein neues Auto braucht und keine Ahnung von der Materie hat, läuft ihr Dating-Partner mit ihr einen ganzen Samstag lang durch drei Autohäuser und berät sie. Als er auch noch einen beachtlichen Preisnachlass für sie aushandelt, lädt sie ihn im Gegenzug zu einem selbstgekochten Essen ein. Der Funke springt bei den beiden nicht über, aber es entsteht eine wunderschöne, innige Freundschaft, die bis heute anhält.

Auch ich habe über ein Dating-Portal einen platonischen Freund gefunden. Wir gehen zusammen wandern, Ski fahren, schwimmen und reden stundenlang über Gott und die Welt. Er ist quasi das männliche Pendant zur besten Freundin geworden und hat immer ein offenes Ohr und gute Ratschläge für mich.

Was ich dir sagen möchte

Viele meiner Kundinnen erzählen mir, dass sie in Dating-Portalen keine oder nur sehr wenige Kontaktanfragen bekommen. Die meisten dieser Frauen vermuten, dass ihr Aussehen oder ihr »zu hohes« Alter der Grund dafür ist.
Ich habe daraufhin Profile einiger meiner Kundinnen angeschaut. Dabei sind mir ein paar Dinge aufgefallen, die einer gelingenden Kommunikation bis hin zum ersten Date im Wege stehen dürften: Was ich zu lesen bekam, war alles andere als ansprechend und erklärte auch, warum keiner oder kaum einer auf die Profile reagiert hat. Absolute No-Gos etwa sind Sätze, die beginnen mit »Du musst …«, »Du sollst …«, »Ich brauche …« usw. Wer wird schon gern herumkommandiert, erst recht von einer Person, die er gar nicht kennt?
Mal ehrlich: Würdest du mit einem Mann Kontakt aufnehmen wollen, der von sich schreibt: »Ich habe keine Lust mehr, etwas für eine Frau zu tun. Sie soll mich jetzt auch mal verwöhnen. Ich bin nicht mehr bereit, viel in eine Beziehung zu investieren. Zudem denke ich gar nicht daran, mich für eine Frau zu verbiegen. Für sehr vieles bin ich mir zu schade, schließlich bin ich auch wer. Und dann möchte ich dir noch sagen, dass ich mir selbst am nächsten stehe und eine Frau sich richtig um mich bemühen muss.«
Würdest du auf so einen Kerl reagieren? Der haut dir doch seinen Frust schon um die Ohren, bevor du zu Ende gelesen hast. Keine Romantik, keine liebevollen Worte, kein Humor,

einfach nichts. Mit solchen Formulierungen werden nur Forderungen an den Partner gestellt. Der Frust über vergangene Beziehungen überwiegt. Jetzt soll ein Partner her, der für alles, was im vorherigen Beziehungsleben schiefgelaufen ist, geradesteht. Mal ehrlich, vor so einem Typen würdest du doch schreiend davonlaufen, oder? Formuliere dein Profil so, dass du nicht die Frau bist, die sucht, sondern die, die gesucht wird. Einzigartig, liebevoll, begehrenswert. Sei die Frau, die ein Mann will. Du hast noch keine Vorstellung, wie du das anstellen kannst? Vielleicht hilft dir ja mein »Anlocktext«, den ich bei den Dating-Portalen eingestellt habe:

Herzlich willkommen in meinem Leben!
Mit dir möchte ich im Sommer am See sitzen. Den Picknickkorb habe ich schon vorbereitet. Mit einer schönen Flasche Wein – für dich vielleicht ein kühles Bier? Es gibt Hühnchen, Käse und zum Dessert etwas Süßes.
Wunderschön wird es auch sein, mit dir in aller Frühe einen Berg zu besteigen und gemeinsam die Sonne aufgehen zu sehen. Die Berge mag ich übrigens auch im Winter. Zudem liebe ich Reisen, das Meer, Ausgehen, aber auch mit dir zu Hause bleiben. Und wenn du magst, kochen wir zusammen. Falls du nicht kochen kannst, schaust du mir einfach zu. Danach darfst du die Küche aufräumen ;-)
Ich freue mich auf dich!

Und Veronica hat sich folgendermaßen vorgestellt (und übrigens nie eine anzügliche Antwort bekommen):

Hallo, schöner Fremder,
mein Herz schlägt jetzt schon schneller, wenn ich daran denke, dich endlich kennenzulernen. Mein Leben ist wun-

derschön, ich habe gute Freunde, die ich gerne zu Gast habe und bekoche. Für einen Mann wie dich würde ich sie sogar aus dem Haus werfen – aber nur kurz, denn ich möchte dich ihnen natürlich bald vorstellen, weil ich so stolz auf dich bin. Und nun, schöner fremder Mann, lass mich nicht mehr warten!

Ich nehme an, du weiß jetzt genauer, was ich meine, oder? Formuliere deine Anzeige so, dass der Mann sich auf dich freut. Wecke seine Phantasie.
Sei einzigartig und hebe dich ab von all den frustrierten Frauen, die einen Prinzen erwarten, der ihr Leben bereichern muss. Natürlich suchst du auch einen Prinzen. Ist doch klar, eine liebevolle Prinzessin verdient einen Prinzen.
Bleibt noch die Altersfrage. Dass Männer sich nur für junge Frauen interessieren, ist ein Klischee, das sich hartnäckig hält. Nein, nicht alle Männer wollen eine junge Frau. Veronica und ich waren selbst überrascht, dass die Männer, die auf unser Profil antworteten, im Schnitt fünf Jahre jünger bis höchstens drei Jahre älter waren als wir. Diese Erfahrung mache ich übrigens auch in meiner Partnervermittlung. »Ältere Frauen« ab 45 aufwärts sind unglaublich begehrt. Männer schätzen an uns die freie, unabhängige Frau, die weiß, was sie will, die die Liebe genießen kann und – keine Kinder mehr möchte. Denn ab einem gewissen Alter haben auch Männer ihre Familienplanung abgeschlossen und möchten – gerade wenn sie schon einmal verheiratet waren und selbst »große« Kinder haben – die neugewonnene Freiheit genießen. Mit einer deutlich jüngeren Partnerin stünde wiederum die Familiengründung im Vordergrund.
Also: Befreie dich von dem Gedanken, dass du zu alt für einen gleichaltrigen Mann bist. Egal, wie alt du bist.

KAPITEL 23

Mädelsabend, die zweite

Ich stehe mal wieder grübelnd vor meinem Kleiderschrank. Veronica und ich wollen heute Abend tanzen gehen. Das ist auch dringend mal wieder nötig. Ich kann mich kaum noch an meine letzte durchtanzte Nacht erinnern. Der Mädelsabend mit den anderen Netzwerk-Frauen scheint schon wieder eine Ewigkeit her zu sein.

Wir wollen nach Zürich, zur »Oldie-Nacht«. In Sachen Abtanzen haben Großstädte den Vorteil, dass es dort häufiger spezielle Themenabende gibt, die den Altersdurchschnitt der Gäste erhöhen. Schließlich wollen wir ja nicht mit 16-Jährigen abhängen.

Veronica steht pünktlich um 21 Uhr perfekt gestylt vor der Tür, um mich abzuholen. Ja, ich weiß, wir sind mal wieder viel zu früh dran. Aber wir haben uns das schöngeredet: So haben wir die Möglichkeit, uns den besten Platz mit Blick zum Eingang auszusuchen. Auf diese Weise kann man jeden Neuankömmling bestens unter die Lupe nehmen.

»Und, wie fühlst du dich?« Veronica wirft einen amüsierten Blick auf meine High Heels.

»Wunderbar. Zuerst hatte ich Ballerinas an. Du weißt ja, ich habe immer die Sorge, dass ich zu groß für die Männer bin. Aber dann fiel mir wieder ein, dass Madeleine mal zu mir gesagt hat: ›Was kannst du denn dafür, wenn die Männer zu klein sind?!‹ Also habe ich mich für die High Heels entschieden.« »Super!«, findet Veronica. Gutgelaunt machen wir uns auf den Weg.

Knapp zwei Stunden später ist unsere Laune nicht mehr ganz so strahlend.
»Erstaunlich, dass es um Mitternacht schon so voll ist«, brüllt Veronica gegen die laute Musik an.
»Wundert mich nicht – ist ja eine Oldie-Night!«
»O Gott, wie weit ist es mit uns gekommen? Jetzt stehen wir schon ewig, fast zwei Stunden, hier rum, und was passiert? Nichts! Es wird nicht mal getanzt. Und gesprochen hat auch noch keiner mit uns. Maria, wir sind auf dem absteigenden Ast. Schau dir doch mal die Frauen an, die hier wie die Hühner auf der Stange an der Bar sitzen. Alle haben sie den berühmten Rühr-mich-nicht-an-Blick. Sag mal, sehen wir eigentlich auch so peinlich aus?«
»Ja, sehen wir. Zwar nicht ganz so aufgestylt, aber gelangweilt und irgendwie verkleidet. Ich fühle mich mies. Alt, fett und mit zu viel Make-up im Gesicht.«
»Kein Wunder, mit *dem* Lippenstift!« Nach einem kurzen Seitenblick zu Veronica weiß ich, dass das ein Scherz sein sollte.
Wäre auch noch schöner, wenn wir jetzt auch noch einen Streit anfangen würden. Ich nippe an meinem Drink, weil ich nicht weiß, was ich sonst machen soll.
»Früher«, sinniere ich grimmig vor mich hin, »früher, da sind wir nie an einer Stelle stehen geblieben und haben gewartet, was passiert. Wir sind durch die Disco gelaufen, haben geschaut, welche interessanten Kerle da waren, und uns mit einem fröhlichen ›Hallo!‹ dazugesetzt.«
»Genau. Früher haben wir nie verzweifelt darauf gewartet, dass jemand anfängt zu tanzen. Wir haben einfach getanzt, wenn wir Lust dazu hatten.«
»Stimmt! Meistens haben wir sogar den Tanz eröffnet.«
»Und nach einer Minute war dann die Tanzfläche voll. Ab-

gesehen davon, dass wir durch diese Aktion die ungeteilte Aufmerksamkeit aller Männer auf uns gezogen haben.«
»O ja«, stimme ich zu, »und anschließend hatten wir den ganzen Abend Männer, die uns zum Tanzen aufgefordert haben. Weil wir so cool waren.«
Einen sentimentalen Augenblick später wird unser Lieblingslied gespielt: *We Will Rock You* von Queen. Ohne auch nur eine Sekunde überlegen zu müssen, stürmen Veronica und ich lachend auf die Tanzfläche. Yeah! Wir machen früher zu heute!
Nach kurzer Zeit ist die Tanzfläche voll. Wir haben es mal wieder geschafft. »Give me five«, rufe ich Veronica lachend zu, und unsere Hände klatschen aneinander. Nachdem wir uns ausgetobt haben, gehen wir schwitzend und glücklich an die Bar, holen uns einen Drink und schlendern durch das Lokal. Es dauert keine drei Minuten, bis wir von einer Gruppe Männer angesprochen werden. Sie finden unseren Mut einfach klasse, loben unsere positive Ausstrahlung und die unbeschwerte Lebensfreude, die wir an den Tag legen. Wir haben eine Menge Spaß, flirten, was das Zeug hält, und tanzen beinahe die Schuhsohlen durch.
Um 5 Uhr in der Früh bestellen wir uns ein Taxi und lassen uns erschöpft in die Sitze fallen.
»Gilt unser Spiel von damals eigentlich immer noch?«
»Natürlich! Wie viel hast du?«, fragt Veronica mich verschmitzt. Wir kramen in unseren Taschen herum und suchen die Visitenkarten, die wir an diesem Abend bekommen haben.
»Eine. Und du?«
»Zwei! Gewonnen!«, jubelt sie.
»Oh, du lügst! Zeig her!«
Veronica lacht nur noch mehr.

Zufrieden lächelnd lehnen wir uns zurück.
»Weißt du, was mich richtig glücklich macht?«, überlegt Veronica. »Dass es tatsächlich egal ist, wie alt man ist. Spaß und Freude sind altersunabhängig, solange wir uns nicht einreden, ab irgendeinem Zeitpunkt irgendetwas nicht mehr tun zu dürfen.«
»Ja, du hast recht. Ach, ist das Leben schön!« Müde und zufrieden lächle ich meine Freundin an.
»An diesen Satz werde ich dich morgen erinnern«, lacht Veronica, »wenn du deine Kopfschmerzen pflegst.«
»Ja, so wird es sein. Aber lieber Kopfschmerzen aus Spaß als aus Verzweiflung.«
Der nächste Tag – ein Sonntag glücklicherweise – wird dann tatsächlich heftig. Vormittags um 11 Uhr ist die Nacht für mich zu Ende. Dröhnende Kopfschmerzen wecken mich auf und machen jeden Versuch weiterzuschlafen zunichte. Spontan habe ich den Eindruck, dass ich sogar auf einem Ohr nicht mehr richtig höre. Nach einer ausgiebigen heißen Dusche schleiche ich in die Küche, um mir einen Kaffee zu machen. Madeleine ist auch gerade aufgestanden und offenkundig im selben desolaten Zustand. Sie schaut mich mit zusammengekniffenen Augen an – ihr scheint das helle Licht ebenfalls weh zu tun – und sagt grinsend: »Ihr habt wohl einen tollen Abend gehabt. Du warst ja um einiges später zu Hause als ich.«
Tja, das wird jetzt wohl öfter vorkommen, nehme ich mir vor.

***

Montagmorgen ist mein Kopf wieder in Ordnung, und ich fühle mich fit. Sogar hören kann ich wieder. Ein langer Spaziergang am Bodensee, viel Wasser und jede Menge guter Laune haben mich wieder aufgepeppt.

Um 11 Uhr habe ich einen Termin mit einer neuen Kundin. Sie ist 30 Jahre alt, ledig, und erzählte mir bei unserem ersten Telefongespräch: »Ich bin eine sehr unkomplizierte Frau, beruflich sehr erfolgreich, sehe sehr gut aus und kann mir überhaupt nicht erklären, warum ich noch nie eine feste Beziehung hatte. Durch meinen Beruf bei einer Versicherung habe ich sehr viel mit Männern zu tun. Ich werde auch sehr oft eingeladen, aber das war es dann auch schon.«
Bereits bei diesem Telefonat fiel mir auf, wie oft sie das Wort »sehr« benutzte.
Pünktlich zum Termin betritt die tatsächlich attraktive junge Frau mein Büro. Sie trägt einen eleganten Kurzhaarschnitt, der ihr ovales Gesicht umschmeichelt. Noch bevor ich sie begrüßen kann, plappert sie los: »Wissen Sie, Frau Klein, ich bin immer **sehr** pünktlich.«

Sie erzählt mir dann eine gute Stunde von den unglaublich vielen Dates, die sie bisher hatte. Aufgrund der Vielzahl von Verabredungen ist sie der Meinung, eine überaus begehrte Person zu sein. Mehr noch: Sie ist felsenfest davon überzeugt, dass die Männer Angst vor einer so extrem attraktiven, klugen und charmanten Frau, wie sie es ist, haben. Nun möchte sie von mir Männer vorgestellt bekommen, die ihr standhalten können und ihre ***sehr*** *angenehme Person zu schätzen wissen.*
Bis zu diesem Moment hatte ich gedacht, es könnte kaum schlimmer kommen, sehe jedoch wenige Augenblicke später ein, dass ich mich gründlich getäuscht habe. Als ich sie frage, was denn ihre Vorstellungen von einem zukünftigen Partner seien, dreht sie erst richtig auf: »Also, Frau Klein, ich möchte einen ***sehr*** *attraktiven Mann zwischen 30 und 38 Jahren. Nicht älter und nicht jünger. Auf keinen Fall darf*

er geschieden sein. Ich möchte auch nicht, dass er **sehr** *sportlich ist. Schon gar kein Jogger, die schwitzen dann immer so* **sehr,** *wenn sie vom Laufen zurückkommen. Einen Jäger möchte ich auch nicht.« (Wie kommt sie denn darauf?) »Das ist mir zu blutig. Und musikkreativ muss er auch nicht sein.« (Diesen Ausdruck habe ich auch noch nie gehört.) »Ich mag keine klassische Musik.« (Aha, Musikkreative sind also klassische Musiker – das muss ich mal googeln.) »Ein Anwalt kommt für mich auch nicht in Frage, das ist ein* **sehr** *langweiliger Beruf. Nein, und einen Arzt möchte ich auch nicht, das ist wieder ein* **sehr** *blutiger Beruf. Und von Blut wird mir schlecht.«*

Sie schaut mich mit großen Augen an und fragt: »Haben Sie so was auf Lager?«

Ich zähle im Geiste ruhig bis drei, bevor ich antworte. »Bis jetzt haben Sie mir nur gesagt, was Sie nicht möchten. Vielleicht erzählen Sie mir einmal etwas mehr über sich, damit ich mir eine Vorstellung über Ihre Person machen kann?«

»Also gut. Ich gehe auf gar keinen Fall Skifahren, das ist **sehr** *gefährlich. Außerdem bekomme ich davon immer Schnupfen. Von der kalten Luft, meine ich. Auch Bergwandern finde ich* **sehr** *schrecklich. Was soll das auch? Da quält man sich die Berge rauf, um anschließend vollkommen erschöpft unten wieder anzukommen. Abgesehen davon, dass man nach so einem Tag* **sehr** *schlecht aussieht. Im Gesicht, meine ich.«*

Angesichts von so viel »Das will ich nicht« frage ich sie, was sie einem Partner zu geben hat.

»Ich will mit Interesse und Leidenschaft am Beruf und den Hobbys meines Partners teilnehmen. Ich erwarte dasselbe umgekehrt natürlich auch von ihm.« (Wow, ein Satz ohne **sehr!***) »Zudem will ich* **sehr** *sanft berührt werden, körper-*

lich bin ich nun mal **sehr** *empfindlich.«, erklärt sie mit seltsam beleidigtem Gesichtsausdruck.*

»Also, ich kann Ihnen ganz genau sagen, was ich will. Ich mag **sehr** *gerne große Flugzeuge, zum Beispiel den Airbus 380. Optimal wäre, wenn er eine Fluglizenz dafür hätte. Außerdem sollte er, unabhängig von der Fluglizenz, ein Unternehmer sein.* **Sehr** *reich und unabhängig. Zudem möchte ich bald einen Hund haben, also muss er* **sehr** *tierlieb sein. Natürlich mit einem* **sehr** *großen Haus. Schon allein wegen des Hundes. Er braucht schließlich auch seinen Auslauf, wenn das Wetter* **sehr** *schlecht ist. Und so kann er dann* **sehr** *gut durch das Haus laufen. Haben Sie das alles verstanden?«*

»Ja, danke, ich habe Sie sehr gut verstanden. Das Problem ist nur: Ich habe leider nicht einen einzigen Herrn in meiner Kartei, der eine Pilotenlizenz für den Airbus 380 hat«, antworte ich ihr mit einem Augenzwinkern.

»Dachte ich's mir doch!«

Damit geht sie einfach.

Ohne große Worte steht die **sehr** *erfolgreiche Frau auf und geht mit* **sehr** *schnellen Schritten zur Tür hinaus.*

Etwas irritiert bleibe ich noch ein paar Minuten sitzen und muss einmal mehr feststellen: Humor kann man einfach nicht erlernen.

KAPITEL 24

Ein Jahr nach der Trennung: Zeit für eine erste Bilanz

Dieses Wochenende werde ich bewusst alleine verbringen. Ich möchte das Jahr, das seit der Trennung vergangen ist, in Ruhe Revue passieren lassen. Immerhin habe ich zum ersten Mal nach 13 Jahren Beziehung wieder alleine gelebt beziehungsweise war ohne festen Lebenspartner.
Mein Resümee: Die erste Zeit war verdammt hart. Der abrupte Wechsel von einer, wie ich dachte, guten Beziehung zum plötzlichen Alleinsein war nicht einfach zu verkraften. Manchmal kam ich mir vor wie ein kleines Kind, das das Leben neu lernen muss. Die gemeinsamen Paar-Rituale, die sich im Laufe der Zeit eingespielt hatten, gab es nicht mehr. Kein gemeinsames Einkaufen, keine kuschligen Abende vor dem Fernseher mehr. Kein Gesprächspartner mehr, der immer ein offenes Ohr für mich hatte, mich tröstete, mich beriet. Kein Geliebter mehr, kein Freund.
Da waren auf einmal so viele Lücken in meinem Leben! Es war wirklich so, dass ich mir mein Leben neu aufbauen musste. Dabei habe ich Rückschläge erlebt, Hoffnungslosigkeit und in der ersten Zeit sehr viel Einsamkeit und Verzweiflung. Es gab aber auch eine große neue Liebe, die mir – auch wenn es uns nicht möglich war, zusammenzubleiben – viele intensive Glücksmomente beschert hat.
Außerdem habe ich mit Veronica eine alte Freundin wiedergefunden, mit Maggie den Kontakt neu belebt und in Angela eine wunderbare neue Freundin gefunden.

Mittlerweile bin ich an einem Punkt angelangt, an dem es mir richtig gut, um nicht zu sagen wunderbar geht.
Und mutig bin ich geworden. Ich bin rausgegangen, obwohl mir oft eher danach war, mich zurückzuziehen und es mir alleine kuschlig zu machen. Es hat mich Überwindung gekostet, zu den Vortagsabenden oder auch zum Speed-Dating zu gehen – ganz allein, ohne den Beistand einer Freundin. Aber ich habe mich getraut, und darauf bin ich stolz. Ich habe mir selbst bewiesen, dass ich auf fremde Menschen zugehen kann, dass ich keine Angst vor Unbekanntem habe. Und auf diese Weise habe ich neue interessante Leute kennengelernt.
Mit meiner Tochter Madeleine habe ich eine schöne, wie sie sagt, »Mama-und-Tochter-WG«.
Hätte die Beziehung zu meinem langjährigen Lebensgefährten weiter Bestand gehabt, wäre abzusehen gewesen, wie unser Leben weitergegangen wäre. Es wäre ein schönes, harmonisches Leben gewesen. Aber vieles von dem, was ich im letzten Jahr erleben durfte, hätte ich verpasst. Ist es nicht seltsam, dass ich mich heute jünger und lebendiger fühle als jemals zuvor? Das Leben, das ich jetzt führe, empfinde ich als sehr bereichernd. Nie hätte ich gedacht, dass ich ohne Partner so zufrieden und glücklich sein könnte. Und das Schönste daran ist: Ich fühle mich überhaupt nicht mehr einsam.
Während ich zufrieden am Ufer des Bodensees entlanglaufe und über mein gutes Leben nachdenke, klingelt mein Handy. »Mama, wann kommst du nach Hause?«, höre ich Madeleine aufgeregt fragen.
»In einer Stunde bin ich da. Ist was passiert?«, frage ich besorgt zurück. Madeleines Stimme klingt anders als sonst.
»Du, Mama, ich muss unbedingt mit dir reden. Aber nicht am Telefon, komm doch bitte ganz schnell nach Hause!«, bittet sie mich nun inständig. Tausend Dinge gehen mir durch den

Kopf. Was kann nur passiert sein? Denn dass etwas passiert ist, dessen bin ich mir inzwischen sicher. So gut kenne ich meine Tochter.

Die herrliche Uferlandschaft kann ich nun nicht mehr richtig genießen. Innerlich unruhig mache ich mich im Laufschritt auf den Rückweg.

Noch während ich die Tür aufschließe, rufe ich in den Hausflur: »Was ist los? Dein Anruf hat mir einen Schrecken eingejagt!«

Madeleine kommt mir mit ihrer Freundin entgegen. Beide haben vor Aufregung hochrote Köpfe.

»Okay. Also: Wer von euch beiden ist schwanger?«, frage ich, inzwischen in heller Panik.

»Nein, Mama, reg dich nicht auf!« Jetzt lachen sie beide. »Wir haben uns schon gedacht, dass du das vermuten würdest. Sorry, das ist es nicht. Entschuldige bitte, dass wir dich so erschreckt haben. Aber wir haben heute einen Entschluss gefasst. Einen sehr wichtigen. Wir gehen für ein Jahr nach Australien!«

Beide Mädchen sehen mich erwartungsvoll an.

»Das ist doch toll, oder? Viel besser als schwanger!«, sagt meine Tochter gutgelaunt. »Und außerdem hast du doch noch den Max. Der lebt zwar in Berlin, aber du kannst ihn doch jederzeit besuchen. Und ab und zu kommt er ja auch wieder nach Hause. Also ist doch alles gar nicht so schlimm«, plappert meine Tochter fröhlich los, nicht ohne mich dabei besorgt anzuschauen.

Auch wenn ich sehr erleichtert bin, nicht in Kürze Oma zu werden, macht Madeleines Ankündigung mich ziemlich konfus. Mein »kleines« 22-jähriges Mädchen will alleine in die weite Welt!

Tränen schießen mir in die Augen. Sie geht weg, alleine, ohne

meinen Schutz. Wo ist bloß ihre Kindheit hin? Wie konnte sie nur so schnell erwachsen werden?
Meine große Kleine und ihre Freundin nehmen mich tröstend in den Arm. Sie sind so herzig und liebevoll!
Die nächsten beiden Stunden gebe ich mir alle Mühe, die beiden von ihrem Vorhaben abzubringen. Leider ohne Erfolg. Meine Einwände schmettern sie vehement ab. Mein Argument, sie hätten keine Erfahrung und kein Geld, wird innerhalb weniger Minuten vom Tisch gefegt, ebenso wie alles andere, was ich zu bedenken gebe. Im Grunde beneide ich die beiden um ihre Entscheidung, um die Sorglosigkeit, mit der sie sie treffen, und die Freiheit der Jugend, das tun zu können, wozu sie Lust haben.

Zwei Monate später – für mein Empfinden viel zu bald – ist es dann so weit: Ich fahre meine Tochter nebst Freundin zum Flughafen. Meine krampfhaften Versuche, nicht zu weinen, scheitern kläglich.
»Bitte, Mama, du darfst nicht so traurig sein. Das macht mich ganz fertig. Du hast doch gesagt, dass du dich für mich freust. Dann lach doch bitte auch«, sagt Madeleine mit tränenerstickter Stimme. Dabei streicht sie mir vom Beifahrersitz aus zärtlich über den Arm. Aber das macht das Ganze nur noch schlimmer. Am liebsten würde ich wieder umdrehen. Oder vielleicht könnte ich mich verfahren, so dass wir zu spät kommen? Nein, ich habe keine Chance. Meine Tochter weiß sehr gut, dass ich den Weg zum Zürcher Flughafen notfalls auch blind finden würde. Traurig füge ich mich in mein Schicksal einer vom Kind verlassenen Mutter.
Nachdem die beiden Mädchen ihr Gepäck aufgegeben haben, trinken wir noch einen Kaffee. Keine von uns kann oder will gerade viel sagen, also sitzen wir da, schweigen und rühren in

unseren Tassen. Ich schaue zu meinem Mädchen und denke, wie hübsch sie ist, wie selbstbewusst und intelligent.
Ein unbeschreibliches Gefühl breitet sich in mir aus: Stolz auf die große Tochter, die nun so mutig hinaus in die Welt geht, und Panik, eben weil sie nun so mutig in die Welt geht.
Leider vergehen diese letzten Minuten viel zu schnell, und es wird Zeit zu gehen. Ich bringe die beiden bis zur Passkontrolle und nehme meine Tochter liebevoll in die Arme. Ich streichele über ihren Rücken, sie ist sehr dünn im Moment, und spüre jeden einzelnen Knochen ihrer Wirbelsäule.
Mir bricht es fast das Herz. Der Gedanke, mein Mädchen so allein und ohne meinen Schutz in die weite Welt zu lassen, ist unerträglich. Schweigend lösen wir uns voneinander. Der Kloß in meinem Hals ist so dick, dass ich kein Wort herausbringe. Madeleine und ich halten uns an den Händen, schauen uns aus nassen, geröteten Augen an und drehen uns dann um. Jede geht in ihre Richtung. Keine dreht sich mehr um.
Wie in Trance gehe ich zurück zum Auto, setze mich hinein, starte den Motor. Dann kommen mir endgültig die Tränen. Ich stelle den Motor wieder ab. Ich bin unfähig zu fahren.
Warum setzt mir die Situation so zu? Madeleine geht ja schließlich nicht für immer. Ist es »nur« die Sorge um mein Kind, oder geht es tief in mir drin auch um etwas anderes? Um mich vielleicht?
Ja, ich denke schon.
Meine Tochter in Australien, mein Sohn glücklich in Berlin, und ich …
Ab heute lebe ich zum ersten Mal seit 27 Jahren ganz allein.
Diese Erkenntnis trifft mich wie ein Schlag. Fast drei Jahrzehnte lang lebte immer jemand bei mir. Zuerst mein Mann, dann kamen Max und Madeleine. Nach meiner Scheidung trat ein neuer Lebensgefährte in mein Leben, inklusive seiner

zwei Kinder, die auch sehr oft bei uns waren. Und nach dieser Beziehung hatte ich einen neuen Partner ohne Kinder.
Viele schöne Varianten des Miteinanderlebens haben meine letzten 27 Jahre geprägt. Egal, welcher Wechsel auch stattfand, bei alledem waren meine beiden Kinder immer der unverrückbare Mittelpunkt in meinem Leben.
Und jetzt sind alle weg – die Männer sowieso, aber auch die Kinder. Werde ich jetzt eine der klammernden Gluckenmütter, die ich nie verstanden habe, frage ich mich weiter heulend. Diese Frauen, die ständig jammern: »Oh, meine Kinder sind aus dem Haus. Die Einsamkeit bringt mich noch um. Mein Leben ist traurig und öde geworden. Nutzlos. Keiner braucht mich mehr …«
Hatte ich nicht immer gedacht, dass es toll sein würde, wenn die Kinder erst aus dem Haus wären? Da kann man doch wieder was mit seinem Leben anstellen, fand ich, ist endlich wieder frei und unabhängig.
Ja, so denkt man, wenn die Kinder klein sind und einen ständig brauchen. Und jetzt? Ach, wäre das jetzt schön, wenn ich ihnen noch mal ihre Rotznasen abwischen dürfte!
Nein, wäre es nicht. Ich rufe mich zur Räson. Es ist ja schließlich nicht so, als hätten wir keine Zeit zum Abnabeln gehabt. Je größer die Kinder werden, desto mehr lockert sich das Band zur Mutter. So entsteht im Laufe der Jahre, je erwachsener die Kinder werden, ein liebevolles, freundschaftliches Verhältnis, bei dem jeder seinen Weg schon einen Teil alleine geht. Allmählich höre ich auf zu weinen. Es schneit wie verrückt, und mittlerweile ist es im Auto eiskalt und ungemütlich. Es wird Zeit, mich aufzuwärmen. Ich werde jetzt nach Hause fahren und beschließen, keine Heulsusen-Mutter zu werden.

KAPITEL 25

Sturmfreie Bude!

Die nächsten beiden Wochen sind echt hart. Nicht einmal meine Freundinnen können mich richtig aufheitern. Im Augenblick ist mein Leben, oder besser gesagt: mein Gefühlsleben, eine echte Katastrophe.

Kein fröhliches »Hallo Mama!«, wenn ich nach Hause komme, kein gemeinsames Kaffeetrinken und Erzählen mehr. Allerdings auch – und das ist ein riesiger Vorteil – kein chaotisches Badezimmer mehr, keine Klamotten, die überall herumliegen, keine unaufgeräumte Küche (»Mach ich später Mama, ganz ehrlich.« Es dauerte dann allerdings meist trotzdem zwei Tage, bis die Küche wieder in Ordnung war.).

Wenn ich es recht bedenke, hat die Auszeit von meinen Kindern auch was Gutes. Ab heute werde ich anfangen, mich an dieses Gute zu gewöhnen. Ich werde außerdem von jetzt an tunlichst darauf achten, nicht mehr 15 Vanillejoghurts, kiloweise Obst und Gemüse und drei verschiedene Brotsorten einzukaufen, nur um sie anschließend wegzuwerfen. Schließlich habe ich jetzt einen neuen Status: Ab jetzt habe *ich* sturmfreie Bude. Ich bin in den besten Jahren, unabhängig und kann tun und lassen, was ich will. Ist das nicht herrlich?!

Froh gestimmt schlüpfe ich in meine Pumps, ziehe schwungvoll die Handtasche von der Kommode und mache mich auf den Weg ins Büro. Beschwingt und fröhlich reiße ich die Bürotür auf. »Hallo, liebe Veronica«, rufe ich hinein und strahle übers ganze Gesicht. Wie schön, dass meine liebe alte Freundin und ich nun schon seit einer Weile wieder zusammenarbeiten!

Veronica lacht mich ihrerseits an: »Gott sei Dank! Endlich hast du wieder deinen alten Gesichtsausdruck. Das war ja schrecklich. Ich hab immer gedacht, du bist eine moderne Frau, die sich nicht so anstellt wie unsere Mütter, wenn die Kinder aus dem Haus gehen! Willst du Kaffee?«
»Ja, gerne. Ich habe mich auch schon wieder beruhigt. Na ja, vielleicht noch nicht so ganz, aber ich bin auf einem guten Weg. Erzähl, was hast du am Wochenende gemacht?«
»Ach, ich hab mal versucht, allein ins Kino zu gehen. Abgesehen davon, dass ich Kino schon immer ziemlich öde fand, ist es alleine noch langweiliger. Ich hatte zufälligerweise links und rechts von mir zwei ebenfalls allein sitzende Kerle. Aber egal, was ich zu ihnen gesagt habe – schönes Wetter heute; toller Film; weißt du, wo die Toilette ist; wie findest du den Regisseur –, die haben praktisch nicht reagiert.«
»Du hättest ihnen das Popcorn klauen sollen«, lache ich. »Nein, jetzt mal im Ernst: Vielleicht warst du einfach nicht ihr Typ.«
»Na ja, sie waren auch beide nicht mein Typ.«
»Und warum hast du sie dann versucht anzubaggern?«
»Mir war so langweilig ohne dich.«
Typisch Veronica. Das ist ihre Art, Zuneigung auszudrücken. Spontan nehme ich sie in den Arm.
Damit wir nicht vor Langeweile sterben, beschließen wir, demnächst einmal wieder in die Sauna zu gehen. Ich muss endlich wieder unter Menschen, sonst verlerne ich das noch und werde am Ende zum Eigenbrötler.
Am Abend dieses Tages sehe ich mir im Fernsehen einen Bericht über Indien an. Dabei kommt mir plötzlich der Gedanke: Wer verreist denn jetzt mit mir, wo Madeleine weg ist? Wann bin ich eigentlich das letzte Mal alleine verreist?
Das muss ja ewig her sein. Nein, Moment, nicht ganz so ewig,

wenn ich meinen Kurz-Wandertrip auf dem Jakobsweg mitrechne. Na immerhin. Aber davor? War es tatsächlich das letzte Mal, als ich 20 Jahre alt war? Sofort gehe ich an meinen Schrank und hole meine Fotoalben heraus, in denen chronologisch alle meine Reisen festgehalten sind. Tatsächlich: Die letzte längere Reise allein habe ich tatsächlich mit 20 Jahren gemacht. Meine Güte, ist das lang her. Mutig bin ich damals ganz allein nach Thailand geflogen. Es war sogar meine allererste große Flugreise. Mehr als Gran Canaria hatte ich bis dahin nicht gesehen. Kurz entschlossen beschließe ich, einen weiteren großen, neuen Schritt zu gehen: Ich werde alleine verreisen! Das wird mir bestimmt helfen, mich an meine neue Situation zu gewöhnen.

Angespornt durch den Bericht aus Indien, hole ich meinen Laptop und klicke mich durch mehrere Reiseportale. Bevor ich es mir anders überlegen kann – eine kleine Panikattacke kommt nämlich jetzt schon in mir auf –, buche ich mutig drei Stunden später eine Reise nach Indien. So! Was jetzt? Der Abend ist zwar schon relativ weit fortgeschritten, aber meine Reisepläne haben mich so munter gemacht, dass an Schlafengehen nicht zu denken ist. Die Zeitung habe ich heute Mittag schon ausgelesen, und so mache ich noch einmal den Fernseher an und zappe mich, nebenbei schon von Indien träumend, durchs Late-Night-Programm. Irgendwann bleibe ich bei einer Talkshow hängen, bei der einer der Teilnehmer vollkommen ungeniert über die Brüste seiner ebenfalls anwesenden Kollegin spricht. Nicht nur, dass er darüber spricht, nein, er starrt auch noch in ihren Ausschnitt – der nicht einmal besonders viel sehen lässt. Sie schaut verlegen zu Boden, lächelt peinlich berührt und versucht, sich ein wenig von ihm abzuwenden. Das ist alles? Warum sagt sie diesem ungehobelten Klotz denn nicht mal ordentlich die Meinung?! Die Dame ist mir aus Funk und Fernsehen bekannt und sonst eigentlich nicht auf den Mund gefallen. Tja, aber wir Frauen haben sie alle schon kennengelernt, diese unglaublich dreisten Männer, bei denen man so überrumpelt und perplex ist, dass man all seine Schlagfertigkeit vergisst und sich wie ein braves kleines Mädchen verhält. Anders kann ich mir die Reaktion der Dame nicht erklären.

Verärgert schalte ich den Fernseher aus und beschließe, im Bett noch eine Viertelstunde zu lesen, bevor ich es dann doch mit Schlafen probiere – was mir auch problemlos gelingt.

Tags darauf werde ich allerdings schon wieder mit der Brüste-Thematik konfrontiert. Nachmittags habe ich einen Termin mit einem Kunden, der vollkommen normal beginnt. Ich frage ihn nach seiner Geschichte und seinen Wünschen an eine Partnerschaft, und er erzählt mir ein bisschen was – bis er dann unvermittelt ins Detail geht.

»Wissen Sie, Frau Klein, eine Frau sollte auf jeden Fall große Brüste haben. Sichtbar große. Manchmal muss man die Frauen ja fast schon nach ihrer Oberweite fragen, weil man nicht immer unbedingt sieht, wie es darum bestellt ist. Eine Frau ohne große Brüste finde ich nicht sehr anregend. Wenn Sie verstehen, was ich meine. Da geht einfach nichts bei mir.«

Ich traue meinen Ohren nicht und frage ihn spontan: »Hat Sie schon einmal eine Frau gefragt, wie groß Ihr Penis ist, bevor sie mit Ihnen intim wurde?«

»Nein, natürlich nicht. Solche Fragen dürfen Frauen nicht stellen. Von solchen Fragen können wir Männer impotent werden«, bekomme ich allen Ernstes zur Antwort.

So sieht es also aus. Männer verlieren die Potenz, wenn sie nach ihrem besten Stück gefragt werden, und Frauen wer-

den ungeniert angestarrt und abgecheckt. Ich kann es nicht glauben!
Wir beenden das Gespräch nach etwa eineinhalb Stunden. Der Kunde bittet noch um etwas Bedenkzeit: Er sei sich nicht sicher, ob ich die richtige Agentur für ihn sei. Er fühle sich einfach nicht richtig verstanden.

Ich bin sicher, ihn nie wiederzusehen. Vermutlich hat ihn meine direkte Frage nach der Größe seines bestens Stücks derart verunsichert, dass er in Zukunft Potenzprobleme bekommen wird. Nun, dabei kann ich ihm wirklich nicht helfen.
Ich bin immer noch empört über diese Einstellung des Kunden (und vieler anderer Männer), dass ich unbedingt mit Veronica darüber reden muss.
Das Wochenende steht vor der Tür, und mittlerweile freue ich mich wieder auf diese arbeitsfreie Zeit.
Am Sonntag gehe ich mit Veronica in die Sauna. Es ist ein wunderschöner Tag. Obwohl noch immer Winter ist, locken die wärmenden Sonnenstrahlen einige Saunagäste ins Freie auf die Liegen.
Veronica und ich sitzen nach unserem ersten Saunagang entspannt im heißen Whirlpool, der mitten im Außengelände steht und uns einen guten Überblick über das Terrain verschafft.
Zum ersten Mal schaue ich bewusst die nackten Männer an, die an uns vorbeigehen. So viele Anschauungsexemplare auf einmal gibt es selten. Sinnierend betrachte ich diverse »beste Stücke«, im Laufen und im Liegen, und frage Veronica: »Sag mal, wie wichtig ist für Frauen eigentlich der Penis eines Mannes?«
»Wie kommst du denn auf dieses Thema?«, fragt sie kopfschüttelnd und mit großen Augen zurück.

Ich erzähle ihr von der Talkshow und meinem Erlebnis mit dem Kunden, der ohne große Brüste nicht kann, es aber keinesfalls vorstellbar findet, dass eine Frau ihn nach seinem Penis fragt.

Veronica ist empört! Und steigt nun voll auf das Thema ein: »Stell dir mal vor, du fragst einen Mann: ›Bevor wir intim werden, habe ich eine Frage an Sie. Wie groß ist denn Ihr Penis? Ist er dick oder dünn? Und wie sieht das aus mit Ihrer Vorhaut? Haben Sie eine? Oder sind Sie beschnitten? Was natürlich sehr viel hygienischer ist. Abgesehen davon, dass Sie dann auch länger können.‹«

Sprachlos höre ich ihr zu. Und sie ist noch lange nicht fertig. »Wichtig wäre natürlich auch zu wissen, ob sein Teil einfach nur schlaff herunterhängt, wie bei dem da drüben« – sie deutet auf einen Mann, der gerade in den See steigt –, »oder ob, na ja, schau doch mal bei dem, der da hinten liegt: Sein Teil sieht aus wie tausend tote Schnecken. Oder schau mal bei dem, der gerade aus dem Wasser kommt. Der hat so einen dicken Bauch, dass man seinen Penis gar nicht mehr sieht. Und der Typ daneben, bei dem hängen die Eier wie Uhrengewichte runter. Und dann diese Urwälder da unten. Igitt!«

»Da musst du dich erst einmal durchgraben, bevor du in Goldgräberstimmung kommst«, lache ich. »Und weißt du, was ich mich manchmal frage: Wenn ein Penis so krumm ist, ist er das dann auch noch, wenn er steif ist?«

Mittlerweile haben wir uns in Wallung geredet. Wir schwärmen von Männern mit Sixpack am Bauch, schön rasiert und mit festen Eiern sowie einem geraden, nicht verschrumpelten Penis, der auch beim Laufen nicht zu arg wackelt. Und dann noch die Farbe! Also, die roten, blutwurstartigen gehen gar nicht. Ist »er« zu klein, spürt man ihn nicht. Ist er groß und hart wie ein Knochen, tut es schnell weh. Am schönsten sind

die fleischigen. Nicht zu klein, nicht zu dünn, in schöner Hautfarbe und auch im harten Zustand immer noch ein bisschen weich. Die, ja, die hält man stundenlang aus!
Nachdem wir den Prachtpenis zwischen den vielen freilaufenden Exemplaren auserkoren haben, lehnen wir uns zufrieden lächelnd zurück.
Plötzlich ertönt von der Liegewiese Applaus von zwei ganz offensichtlich erfreuten Schwulen. Sie finden unseren Prachtpenis offensichtlich auch wunderbar und umarmen sich innig. In der Nähe liegt eine Frauengruppe, die das Ganze ebenfalls toll findet und zustimmend ruft und klatscht.
»Ach du meine Güte. Gilt das uns?«, frage ich Veronica entsetzt.
»Ja, sieht so aus. Die Empörung allerdings auch.« Die aber kommt von den Hetero-Männern!
Was war passiert? Ganz einfach: Wir sind in die Whirlpool-Falle geraten. Kennen Sie die? Da sitzt man gemütlich in diesem Whirlpool, und solange er ausgeschaltet ist, kann man sich in normaler Lautstärke unterhalten. Blubbert und sprudelt er aber, ist man gezwungen, etwas lauter zu reden. Genau genommen muss man fast schreien. Das hat zur Folge, dass alle Menschen im Umkreis das Gespräch und unsere Prämierung des schönsten Penis' live miterleben können. Tja …
Hocherhobenen Hauptes – unsere Gesichter sind selbstverständlich nur vom warmen Wasser so rot! –, doch nach wie vor selbstbewusst steigen wir aus dem Whirlpool, holen unsere Handtücher und verziehen uns erst einmal.
Endlich! Die Damen-Umkleide – männerfreie Zone! Veronica und ich schauen uns an, und schon ist es mit unserer Beherrschung vorbei. Ein Blick, und wir prusten los. Veronica findet als Erste die Sprache wieder: »Meine Güte, wie kann man sich als erwachsene Frau so blamieren?«

»Na ja, schließlich haben wir ja nicht gelogen. Es erweist sich doch immer wieder, dass die Sache mit dem lebenslangen Lernen stimmt. Jetzt wissen wir ein für alle Mal: Niemals im blubbernden Whirlpool über Intimes reden!«

Was ich dir sagen möchte

Als ich die Talkshow mit dem Teilnehmer sah, der so indezent über seine Kollegin sprach, und gleich am nächsten Tag diesen Kunden hatte, der so viel Wert auf große Brüste legte, war ich ziemlich angenervt von den Herren der Schöpfung und ihrer Dreistigkeit. Typisch Mann!

Wirklich? Bei näherem Hinsehen und nach einigen Gesprächen mit Freundinnen stellte ich fest: Wir Frauen sind auch nicht besser. Okay: Die meisten von uns sind nicht so plump wie viele Männer. Wir warten zumindest noch ab, bis er sich auszieht (um dann anschließend in Ohnmacht zu fallen). Im Laufe der Jahre entwickeln aber auch wir Frauen unsere Vorstellungen darüber, was wir bei einem Mann körperlich erwarten und welche Abweichungen von dieser Erwartung wir tolerieren oder eben nicht. Hiermit möchte ich bei den Männern Abbitte leisten: Wir Frauen sind auch keine Engel. Auch Frauen schätzen eben gewisse körperliche Reize bei einem Mann, und ich gestehe: Ich liebe Prachtexemplare. So ist es nun mal.

Aber ich verspreche: Wenn ich das nächste Mal »Typisch Mann!« denke, werde ich genauer hinsehen, statt pauschal zu urteilen. Seien wir nicht so hart mit den Männern!

KAPITEL 26

Urlaub allein

Nur ein paar Wochen später ist es endlich so weit: Meine große Reise nach Indien beginnt!
Die letzten Nächte konnte ich vor lauter Reisefieber nicht mehr richtig schlafen. Jetzt bin ich schon so alt geworden, und trotzdem packt mich vor jeder Reise die große Aufregung, sogar dann, wenn ich nicht allein in den Urlaub fahre. Zum x-ten Mal gehe ich Koffer und Handtasche durch: Habe ich wirklich alles dabei? Pass, Kreditkarten, Bargeld, Flugunterlagen, Bikini, ein schickes Kleid für abends, Leinenblusen und -hosen für tagsüber, bequeme, sehr hässliche Sandalen, die kleinen goldenen für die schönen Gelegenheiten, drei Bücher, den Laptop und mich. Irgendwie ist mir ziemlich unwohl. Was ist, wenn ich zwei Wochen lang ganz alleine herumlaufen muss? Na gut, dafür habe ich die drei Bücher mitgenommen. Und Ruhe soll ja bekanntlich wohltuend sein, rede ich mir ein.
Es klingelt. Endlich! Das ist Veronica, die mich zum Flughafen bringen wird, worüber ich sehr froh bin.
»Na, bist du reiseklar? Meine Güte, wie siehst du denn aus? Hast du heute Nacht nicht geschlafen? Deine Koffer sind ja immer noch nicht fertiggepackt. Beeil dich, sonst verpasst du noch den Flieger«, lacht sie.
Als wir endlich im Auto sitzen, fühle ich mich besser. Jetzt geht es einfach los, und ich fange an, mich zu freuen. Ganz besonders freue ich mich auf die Business-Class im Flieger, die ich mir gegönnt habe. Als ich mich auf der Suche nach

einem Reiseziel durch diverse Reiseportale klickte, kam es mir komisch vor, wie günstig all die angebotenen Reisen waren. Da musste doch was faul sein! Irgendwann fiel mir ein, dass ja meine Kinder nicht mitkommen. Die damit verbundene Ersparnis habe ich dann gleich dafür genutzt, endlich einmal im vorderen Teil des Fliegers sitzen zu dürfen.
Schon das Einchecken und das gemütliche Warten in der Business-Lounge empfinde ich als sehr komfortabel. Noch besser wird es dann im Flugzeug. Die breiten Sitze, der eigene Fernseher, und … der unglaublich nette Sitznachbar neben mir.
Noch während unser Flugzeug auf der Startbahn steht, bekommen wir Getränke serviert. Als dem Herrn auffällt, dass mein Glas leer ist, fragt er mich freundlich, ob er noch eins für mich ordern darf.
»Ja, gerne, das ist der beste Sekt, den ich bisher getrunken habe.«
Er lächelt mich belustigt an: »Das ist Champagner.«
Okay. Das erste Fettnäpfchen habe ich damit auch sofort gefunden.
Freundlicherweise erklärt mein Nachbar mir dann noch die Handhabung der Sitze, wie der Fernseher funktioniert und was ich noch alles zusätzlich ordern kann. Später gehen wir gemeinsam die Speisekarte durch und überlegen, welches der drei angebotenen Menüs das beste ist. Die Wahl der Getränke überlasse ich großzügig ihm.
Irgendwann bin ich dann pappsatt und sehr, sehr müde. Nachdem wir gegessen und noch mehr Champagner getrunken haben, du kannst dir vorstellen, wie es mir ging, legen wir »uns schlafen«. Vorher bekomme ich von ihm allerdings noch einen liebevollen Gute-Nacht-Kuss. Meine Reise fängt ja gut an, denke ich!

Nach elf Stunden Flug kommen wir in Indien an. Mein Sitznachbar und ich verabschieden uns herzlich voneinander, und er wünscht mir ein schönes weiteres Leben. Unsere so wohltuende Zufallsbegegnung empfinde ich als liebevolle Begleitung auf meiner ersten Reise und als gutes Omen für alles, was ich unterwegs noch erleben werde.
Auf dem Weg zum Hotel denke ich an meine früheren Reisen zurück. Als ich noch mit Partner unterwegs war, haben wir selten andere, neue Menschen kennengelernt. Liegt das daran, dass man mehr aufeinander konzentriert ist oder dass man einfach nicht so schnell auf Gleichgesinnte trifft, wenn man als Paar unterwegs ist?
Nachdem ich im Hotel mein Zimmer bezogen und meine dem deutschen Wetter angepassten Jeans gegen ein leichtes Kleidchen getauscht habe, gehe ich als Erstes an den Strand. Der ist traumhaft. Es sind kaum Leute da, und ein zarter, warmer Wind streichelt meine Haut. Ich vergnüge mich eine halbe Stunde lang im Wasser und mache es mir dann unter einem Sonnenschirm gemütlich. Kurz darauf legt sich eine freundlich aussehende Frau neben mich. Ich begrüße sie mit einem etwas zaghaften »Hello«, und sie antwortet mir in schönstem Schweizerdeutsch.
Von da an bin ich nicht mehr allein. In Windeseile lerne ich viele andere Menschen kennen, die ebenfalls ohne Begleitung reisen. Wir essen zusammen, machen Ausflüge und sitzen bis spät in die Nacht am Meer und reden über Gott und die Welt. Das Hotel ist wunderbar, das Einzige, was mir etwas zusetzt, ist das Essen – ich habe eine Ayurveda-Reise gebucht. Rein vegetarisch, ohne Fisch, und zum Trinken Wasser und Fruchtsäfte. Ich als fleischfressende und fischliebende Pflanze, die feines Essen auch gerne einmal mit einem Glas Wein herunterspült, vermisse das »Komplettmenü« sehr. Zum Glück bin

ich nicht die Einzige, der es so geht. So verabrede ich mich mit einigen anderen Gästen am fünften Tag zu einem Abendessen auswärts. Mit »Tuk Tuks«, motorisierten Rikschas, fahren wir nach Kovalam. Hier gibt es wunderbare Fischrestaurants. Ich bestelle mir eine doppelte Portion Gambas mit Knoblauch. Was für ein Festessen! Wir freuen uns wie die kleinen Kinder über diese traumhaft leckere Mahlzeit.

Am nächsten Morgen, als wir noch beim Frühstück von diesem leckeren Mahl schwärmen, fallen die Ayurveda-Hardcore-Damen mit ihren Vorwürfen wie die Heuschrecken über uns her. »Das könnt ihr doch nicht machen! Ihr bringt das ganze System durcheinander! Ihr müsst euch an die Regeln halten!« Und so weiter und so fort. Als sich Brigitte daraufhin genüsslich eine Zigarette ansteckt, und ich darüber klage, dass mir die Stirngüsse auf den Wecker gehen, und ich ständig das Gefühl habe, wie eine Speckschwarte herumzulaufen, sind wir gänzlich unten durch. Nach dem Motto »Ist der Ruf erst ruiniert, lebt sich's völlig ungeniert« bestellen wir uns daraufhin am Abend zu viert à la carte eine große Fischplatte und gegrilltes Hühnchen. Zwei Damen aus München, die unser unbotmäßiges Benehmen vom Nebentisch aus beobachtet haben, schließen sich uns spontan an. Unserem Gaumen und unserer Seele tut dieser verbotene Ausflug ins Reich der kulinarischen Genüsse sehr gut.

Die zwei Wochen sind ruckzuck um. Am letzten Nachmittag mache ich noch einmal meinen liebgewonnenen Spaziergang, der mich auf einem von Palmen gesäumten Trampelpfad über eine Steinklippe oberhalb des Strandes führt. Ich liebe diesen Weg. Man sieht aus sicherer Entfernung die imposanten Wellen, die lautstark und mit unglaublicher Wucht gegen die Felsen schlagen. Ab und zu begegnet man Einheimischen, mit denen man problemlos einen liebevollen Plausch halten kann. Einige von ihnen haben mich in den letzten beiden Wochen auf die Besonderheiten aufmerksam gemacht, die es hier zu sehen gibt: große Greifvögel, Raben, die sich mit Ziegen streiten, und Fischer, die auf ihren Einbaumbooten mit den Wellen kämpfen.

Ich klettere hinunter zum Strand und setze mich unter einem Felsvorsprung in den Schatten. Meine Gedanken ziehen an mir vorüber wie die Wolken am Himmel. Mein Leben hat sich verändert. Ich bin allein, aber nicht mehr einsam. Natürlich wäre es auch schön gewesen, diese wunderschönen Stimmungen mit einem Partner zu teilen. In seinen Armen dem Sonnenuntergang zuzuschauen, am Abend nicht alleine einschlafen zu müssen, morgens zärtlich von ihm geweckt zu werden. Dennoch habe ich in diesen zwei Wochen nie das Gefühl gehabt, dass mir etwas fehlt. Ich bin wieder um eine große Erfahrung reicher geworden: Auch ein Urlaub allein ist eine bereichernde Zeit, schenkt Erholung und neue Eindrücke. Zufrieden klettere ich die Klippen wieder hinauf. Bei aller Wehmut darüber, dass der Urlaub nun fast schon wieder hinter mir liegt, freue ich mich doch auch auf zu Hause, meine alten Freunde und eine wunderbar mürbe Rinderroulade.

Von meinen drei mitgebrachten Büchern habe ich nur eines zur Hälfte gelesen. Nach zwei Wochen fliege ich gut gelaunt nach Hause. Im Reisegepäck habe ich neben den üblichen Souvenirs auch einige Visitenkarten und neugewonnene Freundschaften.

Was ich dir sagen möchte

Es ist wirklich nicht schlimm, allein in den Urlaub zu fahren. Schlimm ist immer nur, dass wir denken, das sei schrecklich. Warum tun wir uns das eigentlich an? Warum lassen wir uns lähmen von Angst und Sorgen, die uns schlimmstenfalls jede Lust rauben, es einfach mal auszuprobieren?

Ich habe auf meiner Indien-Reise eine Feststellung gemacht, die mich sehr beruhigt hat: Wenn du alleine reist, gehst du mit offeneren Augen und aufgeschlossenerem Herzen durch die Welt als zu zweit. Du beobachtest mehr, schaust, wer allein am Tisch sitzt, und fragst, ob du dich dazusetzen darfst (so etwas würdest du dir zu Hause vermutlich dreimal überlegen). Auf diese Weise entwickelt sich eine Eigendynamik, denn andere Menschen spiegeln dir die Offenheit und positive Neugier, die du mitbringst, zurück. Also auf zur nächsten Reise! Einer Reise ganz mit dir allein, die dich mutig macht und dir neue Seiten der Welt eröffnet. »Die Welt« kann dabei übrigens das Nachbarland ebenso sein wie die Nordsee oder jeder andere Ort, an den du immer schon einmal wolltest.

KAPITEL 27

Plädoyer für den »Übergangsmann«

Zurück am Bodensee, erzähle ich den Freundinnen, was ich alles erlebt habe und wie schön es in Kerala ist. Angela bestätigt mir gleich, dass das Allein-Reisen eine besondere Qualität hat, und Veronica überlegt daraufhin, wohin sie allein fahren könnte. Maggie, als einziger Nicht-Single, schaut schon wieder fast ein bisschen neidisch.

Ich genieße es, wieder im eigenen Bett zu schlafen, und freue mich an den Farben des Herbstes. Doch, auch Mitteleuropa hat einiges zu bieten!

Nur eines fehlt mir, während die Tage spürbar kürzer und kühler werden: Zärtlichkeit, Lust und Leidenschaft. Während ich noch darüber nachdenke, wie ich dieses Manko ausgleichen könnte, klingelt mein Telefon. Martin ist am anderen Ende der Leitung, der Mann, den ich im Frühjahr in der Sauna kennengelernt habe. Stimmt, er hatte ja gesagt, dass er mich »bei Gelegenheit« anrufen wolle. Nachdem wir ein bisschen Small Talk gemacht haben, verabreden wir uns zum Schwimmen. Lustiges Date, denke ich für mich. Schwimmen gehen, na gut, mal was anderes. Darüber hinaus hat die Verabredung mit Martin für mich von vornherein zwei deutliche Pluspunkte. Erstens: Was immer ich anziehen würde, ob meine Haare gut liegen würden oder nicht, ob ich müde sein würde oder fit – ich würde in jedem Fall besser aussehen als nach einem Saunagang. Zweitens: Zum Schwimmen zu gehen ist unkomplizierter, als am Abend essen zu gehen. Keine Kleiderordnung, kein aufwendiges Make-up, einfach man selbst

sein. (An dieser Stelle muss ich zugeben, dass ich mir dann doch noch neue, süße Schwimm-Shorts gekauft habe.)
Martin holt mich von der Arbeit ab. Als ich aus der Tür trete, sehe ich ihn mit verschränkten Armen an seinem Auto lehnen. Er wirkt entspannt und lächelt mich geradezu zärtlich an. Gut sieht er aus, so in Jeans und lässigem Hemd. Besser als in der Sauna.
»Du siehst phantastisch aus!«, sagt er zur Begrüßung und gibt mir einen zarten Kuss auf die Lippen.
»Danke, das Kompliment kann ich zurückgeben«, lache ich ihn an. Er hat zwar nicht mehr sehr viele Haare auf dem Kopf, aber das tut seinem guten Aussehen keinen Abbruch. Zudem fällt mir wieder auf, wie männlich und warmherzig seine Stimme klingt.
Es wird ein wunderbarer Nachmittag und Abend. Nach dem Schwimmen gehen wir unkompliziert noch etwas essen und dann zu mir. Martin bricht erst nach dem Frühstück wieder auf. Wir haben eine sehr schöne, zärtliche, sinnliche Nacht miteinander verbracht.
Von diesem Tag an treffen wir uns regelmäßig in unregelmäßigen Abständen. Wir können wunderbar miteinander reden, unternehmen gerne etwas, verbringen gemeinsam unsere Freizeit, und … lieben uns nicht.
Uns verbindet eine sehr schöne, erotische Affäre.
Ja, und das brauche ich heute. Ein paar schöne Stunden, reden, schweigen, Kuscheleinheiten mit allem, was dazugehört.

Was ich dir sagen möchte

Wir hätten ihn ja am liebsten sofort – den einen und einzigen festen Partner, der uns liebt, der mit uns leben will, der uns glücklich macht. Den Richtigen eben. Nur: Dieser Mann steht nicht gleich an der nächsten Ecke, wenn wir uns auf den Weg zu ihm machen. Manchmal versteckt er sich auch, und zwar so gut, dass wir uns resigniert zurückziehen. Wir hören auf, nach ihm zu suchen.

Von vielen meiner Kundinnen bekomme ich zu hören, dass sie den Bezug zu sich selbst, zu ihrem Körper und auch zur Leidenschaft verloren haben. Sie haben aufgehört, an sich und die Liebe zu glauben.

Warum? Könnte es nicht hilfreich sein, auf der Suche nach dem Traummann ein wenig nachsichtiger mit sich selbst und geduldiger zu sein? Wer sagt eigentlich, dass die Zeit, bis wir ihm begegnen, eine Zeit der Entbehrung sein muss – auch in erotischer Hinsicht? Warum sollten wir es uns bis dahin nicht einfach auch schön machen dürfen?

Nicht jeder Mann, der dir auf deinem Lebensweg begegnet und näherkommt, gefällt dir so richtig rundum. Aber was spricht dagegen, an solchen Männern eben genau das zu lieben, was liebenswert ist? Und wenn einer ein guter Liebhaber ist, warum dies nicht auskosten? Ein Liebhaber ist ein Mann, der dich so begehrt, dass er sich dir nie für immer zumuten würde. Aber die Zeit, die ihr zusammen verbringt, darfst und solltest du in vollen Zügen genießen.

***

Martin ist ein wirklich sehr guter Liebhaber. Und ein liebenswerter Mann. Mit ihm zu leben oder auch nur eine feste Beziehung zu haben wäre dennoch unmöglich. Unsere Meinungen von Gott und der Welt, Kindererziehung, Geld und wofür man es ausgibt, Reisen und Ausgehen sind nicht unter einen Hut zu bekommen. Nicht einmal beim Fernsehprogramm können wir uns einigen. Von unseren verschiedenen Kleidungsstilen möchte ich gar nicht erst sprechen.

Schon nach kurzer Zeit beschließen wir, keine Beziehung einzugehen. Das Gespräch darüber schmerzt keinen von uns beiden. Ich schaue Martin an und frage ihn mutig: »Möchtest du ab heute der Liebhaber in meinem Leben sein?«

»Sehr gerne, meine Liebe. Ich hätte mich nie getraut, dir diese Frage zu stellen. Aber wirklich sehr gerne. Ist mir ein Vergnügen«, gibt er lächelnd zurück.

So komme ich zu einem wunderbaren Liebhaber. Martin ist mein »offizieller Übergangsmann«. Nun ist es natürlich nicht so, dass wir seit unserem Agreement nicht mehr miteinander reden, aber unsere verschiedenen Temperamente führen meist zu lebhaften Diskussionen. Wären wir ein Liebespaar, würden wir sicher dauernd streiten. Aber wir wissen eben beide, dass wir nicht die große Liebe füreinander sind. Dass es trotzdem funktioniert, ein so schönes Verhältnis zueinander (und miteinander) zu haben, überrascht uns immer wieder.

KAPITEL 28

Improvisieren ist alles

Nach der ersten Nacht mit Martin betrete ich am nächsten Morgen gut gelaunt und entspannt mein Büro. »Hallo! Guten Morgen! Schon jemand da?«, rufe ich schon in der Tür.
Veronica steckt den Kopf aus ihrem Zimmer. »Deine gute Laune ist ja nicht auszuhalten.« Sie wirkt müde, und ihre Stimme klingt noch rauchiger als sonst. »Du musst gar nichts sagen. Man sieht es dir schon von weitem an. Martin?«, fragt sie dann doch liebevoll.
Ich lächle einfach nur, lasse mir einen Kaffee aus der Maschine und frage, was heute ansteht.
»Na, dein Vortrag inklusive Lesung in Zürich beispielsweise. Hast du daran gedacht?«
»Wie? Ich dachte, das ist erst am Donnerstag!«
»Heute ist Donnerstag, mein Schatz.«
»Ja, schon, aber das ist doch erst nächste Woche – oder?«
Veronicas Miene sehe ich an, dass ich da wohl etwas ziemlich durcheinandergebracht habe.

Also stürze ich panisch in mein Zimmer und hoffe, dass ich mich in der kurzen Zeit noch einigermaßen gut vorbereiten kann. Im Moment fehlt mir noch der richtige Zugang zu meinem Vortrag. Wie konnte ich das nur so vergessen!
»Was ist, kommst du mit heute Abend?«, frage ich Veronica zwei Stunden später. Ich bin noch nicht wirklich weitergekommen und mittlerweile leicht verzweifelt.
»Na klar komme ich mit. Maggie und Angela auch.«

Das beruhigt mich ungemein. Vorträge zu halten fällt mir nicht schwer, solange ich liebe Freunde um mich herum habe, die mich moralisch unterstützen.
Gegen 17:00 Uhr starten wir nach Zürich. Pünktlich um 19:00 Uhr soll die Veranstaltung losgehen, und ich komme nicht gerne zu spät – schon gar nicht, wenn ich die Vortragende bin. Leider stehen wir nach zehnminütiger Fahrt bereits zum ersten Mal im Stau.
»Wieso steht denn hier alles? Das ist doch sonst nie so.« Ich spüre, wie Panik in mir hochsteigt.
»O doch, um diese Uhrzeit immer«, antwortet Maggie lakonisch. »Du kannst dir gar nicht vorstellen, wie viele Flugzeuge ich deswegen schon beinahe verpasst hätte. Mach dir nichts draus, du musst ja nicht fliegen«, plappert sie fröhlich weiter.
Ach, Maggie. Das stimmt schon, fliegen muss ich nicht. Trotzdem wäre ich gerne pünktlich und noch vor den Zuhörern da.
Um irgendetwas Sinnvolles zu tun, öffne ich meinen Aktenkoffer: Ich werde mein Vortragsmanuskript noch einmal durchlesen. Bloß – wo ist es? Panisch wühle ich in dem Koffer herum. Nichts! Ich bin ohne Manuskript unterwegs. Das kann doch nicht sein! Ich bin mir sicher, es eingepackt zu haben. In meiner Magengegend bildet sich ein heißer, harter Klumpen.
»Sag nicht, du hast dein Manuskript vergessen!«, sagt Maggie.
Anscheinend ist sie mit hellseherischen Fähigkeiten ausgestattet.
»Veronica, hast du zufällig gesehen, ob ich die Unterlagen eingepackt habe? Weißt du noch, welchen Vortrag ich heute halten wollte? Den über die Männergruppe oder den über den Single in unserer Zeit?«
»Nee, weiß ich nicht. Ich dachte, da du den Aktenkoffer einpackst, hast du alles dabei. Warum solltest du ihn sonst auch mitnehmen?«

»Logisch«, konzediert Maggie. »Na gut, da musst du halt improvisieren. Kannst du doch!«
»Zwei Stunden improvisieren! O Gott, mir wird schlecht.« Ich bin jetzt richtig verzweifelt.
Unser Navi leitet uns »auf kürzestem Weg« einmal um die ganze Stadt herum zu der Buchhandlung, in der die Veranstaltung stattfinden soll. Wenigstens haben wir die Adresse nicht auch noch im Büro liegen gelassen.
Ich versuche so zu tun, als ginge mich die ganze Situation überhaupt nichts an. Das ist meine Art, meine Nerven zu beruhigen. Immerhin ist bis zum Beginn der Veranstaltung locker noch eine halbe Stunde Zeit. Ich unterhalte mich noch ein wenig mit dem Buchhändler, der sich, wie er sagt, sehr auf meinen Auftritt freut.
Er bietet uns netterweise etwas zu trinken an. Dankbar nehme ich ein Glas Sekt, kann ja nicht schaden. Noch geht es sowieso nicht los. In einer Ecke stehen nur sechs Stühle. Vier davon sind schon durch uns besetzt, es kommen also höchstens noch zwei Gäste, die sich für das interessieren, was ich zu sagen habe. Diese beiden Leute werde ich mir anschauen und dann entscheiden, welchen meiner Vorträge ich aus dem Kopf heraus halte.
Veronica kommt von der Toilette zurück und ist ganz aufgeregt. »Kannst du bitte mal schnell kommen?«
»Nein, ich bleibe hier bei den sechs Stühlen stehen.« Ich habe einfach keine Lust, mich jetzt zu bewegen, frustriert über nur zwei Gäste, die meinen Vortag hören wollen.
Der Buchhändler wirkt inzwischen auch deutlich nervöser als noch vor einer Viertelstunde: »Frau Klein, falls Sie sich noch kurz frischmachen möchten – die Toiletten sind oben.«
Scherzkeks, denke ich für mich. Mich frischmachen? Für die paar Leute?

Warum Veronica so einen Stress macht, wüsste ich auch mal gern. Sie steht hinter dem Buchhändler, zeigt hektisch nach oben und reckt immer wieder alle zehn Finger in die Höhe.

»Also, wenn Sie mir jetzt folgen möchten, Frau Klein? Wir sollten noch kurz eine Mikrofon-Probe machen. Was darf ich Ihnen denn auf die Bühne zu trinken bringen?«, fragt er und schaut mich dabei erwartungsvoll an.

»Danke, ich hätte gerne einen Apfelsaft. Welche Bühne und welches Mikrofon meinen Sie eigentlich?«

»Ja, oben natürlich, im großen Saal der Buchhandlung. Hier unten ist nur der kleine Lesebereich. Oben haben 180 Leute Platz, und wir sind ausverkauft«, strahlt er mich an.

»Von wegen nur sechs Stühle«, grummelt Maggie, die bislang offensichtlich in eine ähnliche Richtung gedacht hat wie ich. Angela reißt einfach nur erschrocken die Augen auf.

Veronica hat sich inzwischen am Buchhändler vorbei zu mir durchgedrängt. »Ich versuch dir die ganze Zeit schon zu erklären, dass es oben weitergeht und 180 Leute dort sitzen!«

Da stehe ich nun in einer ausverkauften Buchhandlung, ohne jedes Konzept! Aber Hauptsache, ich habe einen Apfelsaft, ein Mikrofon und ein Pult mit einer schönen hellen Lampe, die nur auf mich und mein ungeschminktes Gesicht scheint und es grausam ausleuchtet. Das alles ist so schrecklich, dass es schon fast wieder lustig ist. Ich bitte den Buchhändler, mir noch ein Glas Wein zum Apfelsaft dazuzustellen.

Äußerlich ruhig gehe ich mit flinken Schritten auf die Bühne und versuche in Windeseile einen Blick aufs Publikum zu werfen und zu erfassen, wie es zusammengesetzt ist. Oft sind es Frauen, die solche Veranstaltungen besuchen. Das Gros meiner Zuhörerinnen ist meist im mittleren Alter, so wie Veronica, Maggie und ich.

Aber was ist denn heute los? Die Stuhlreihen sind zu zwei

Dritteln mit Männern gefüllt, und zwar im Alter von 30 bis 60 Jahren. Was mich genauso sehr erstaunt, ist der hohe Anteil junger Frauen. Nachdem der Buchhändler mich mit einigen freundlichen Worten vorgestellt hat, wird es im Saal mucksmäuschenstill. Mindestens 360 Augen schauen mich an. So langsam wird mir am Haaransatz warm.
Um die Stimmung ein wenig aufzulockern, beginne ich mit einer lustigen Frage: »Erstaunlich viele Männer hier heute. Welcher Männerverein hat denn heute Ausgang?«
Ich sehe, wie Veronica verzweifelt die Hände vors Gesicht hält. Maggie schaut zu Boden und schüttelt den Kopf. Dann sieht sie mich an und zuckt mit den Schultern, als wolle sie sagen: Tja, nicht dein Tag heute. Angela fällt vor Schreck der Stuhl um, auf den sie sich stellen wollte, um mich mit der mitgebrachten Kamera besser filmen zu können.
Das Publikum schaut mich einfach nur erwartungsvoll an. Kein Laut kommt aus der Menge, was sehr ungewöhnlich ist. Normalerweise ruft nach einer Eröffnungsfrage immer irgendein Mensch irgendetwas zurück. Tja, dann hilft jetzt nur noch die Flucht nach vorn.
»Liebe Gäste, darf ich fragen, welcher Männerverein hier heute so zahlreich vertreten ist?« Ich finde meine Frage eigentlich immer noch lustig.
Ein wirklich richtig netter Typ steht auf und stellt sich vor: »Wir sind ein Verein zur Erhaltung der Männlichkeit.« (Hilfe! Also tatsächlich ein Männerverein.) »Wir möchten den Mann in uns wieder zulassen.« (Bin ich bei *Verstehen Sie Spaß?* gelandet? Ist hier irgendwo eine versteckte Kamera?) »In diesem Sinne würde uns interessieren, was sich im Laufe der Zeit bei den Singles verändert hat. Uns interessiert, wer sie sind, wo und wie sie suchen, und vor allem, was sie dabei falsch machen.«

Der Rest des Publikums, auch die Frauen, nickt zustimmend, während Herr Männerverein seine Wünsche zur Thematik äußert. Aber im Ernst: Dieser nette Mann ist für mich natürlich ein großer Glücksfall. Er hat mir nämlich ein Thema vorgegeben, mit dem alle einverstanden sind und zu dem ich mich äußern kann: Der Single im Wandel der Zeit.
Ich nehme einen großen Schluck Apfelsaft – ups, das war ja das Weinglas! – und verstehe nun endgültig nicht mehr, warum Maggie, Veronica und Angela immer noch so wirken, als stünden sie kurz vor einem Nervenzusammenbruch. Na ja, was soll's. Ich fange jetzt jedenfalls an.
Zuerst einmal frage ich meine Zuhörer, wer von ihnen Single ist. Wie vermutet hebt eine deutliche Mehrheit den Finger.
Nachdem ich meine Adressaten nun schon ein bisschen besser kenne, beginne ich meinen Vortrag:
»Ich arbeite seit fünfundzwanzig Jahren als Partnervermittlerin und stelle immer wieder fest: Heutzutage gibt es so viele Singles wie noch nie. Als ich angefangen habe, diesen Beruf auszuüben, waren die Menschen, die eine Agentur für die Partnersuche beauftragten, in genau zwei Gruppen aufzuteilen:
Die erste umfasste die jungen Leute vom Land, ungefähr 20 bis 28 Jahre alt. Sie hatten häufig echte Probleme, einen Mann oder eine Frau zu finden. Solange sie noch bei ihren Eltern lebten und noch einige Bekannte hatten, die nicht verheiratet waren, war ihr Leben noch recht erträglich. Schlimm wurde es erst dann, wenn auch der letzte Bekannte oder Freund geheiratet hatte. Männer kamen sogar oft erst dann zu uns, wenn die Mutter gestorben war und kein unmittelbarer Ansprechpartner mehr mit im Haus lebte. Also erst dann, wenn die Wäsche sich stapelte, der Kühlschrank leer war und der Ofen kalt blieb.

Zur zweiten Gruppe zählten verwitwete Männer und Frauen in der Altersgruppe 50+. Sie hatten praktisch keine Chance, einen neuen Lebenspartner zu finden. Als verwitweter Mensch hatte man zu trauern und das Schicksal klaglos hinzunehmen. Öffentlich auf Partnersuche zu gehen war total verpönt und galt als sehr unschicklich. Oft ergaben sich diese Menschen ihrem Schicksal und blieben allein.
Geschiedene Menschen gab es früher, als ich anfing, für eine Partnervermittlung zu arbeiten, praktisch gar nicht.
Im Laufe der Jahre aber entwickelte sich ein ganz neuer Typ Single. Und zwar der, der sich bewusst für das Alleinleben entschieden hatte. Denn die Vorteile lagen auf der Hand: Als Single kann man tun, was man will, ohne auf andere Rücksicht zu nehmen. Man kann Urlaub machen, wo man will, sein Geld für sich alleine ausgeben. Und vor allem: Man muss sich nicht rechtfertigen.
Neidvoll schauten immer mehr Paare auf ihre scheinbar immer ach so glücklichen Single-Freunde. Und auf einmal trennten sich die Menschen schneller von ihren Partnern. Es wurde ihnen ja tausendfach vorgelebt, wie unglaublich glücklich man auch alleine leben kann. Moralische Einwände gegen Scheidungen gab es nicht mehr: Die Frauen verdienten ihr eigenes Geld, das machte sie unabhängiger, als sie es jemals waren.
Diese ›Freiheitsbewegung‹ dauerte einige Jahre an, bis dann jedoch ein Wandel einsetzte. Es gab immer mehr Singles, die unglücklich waren und es nicht mehr als Bereicherung empfanden, allein zu leben. Schließlich gab es sogar mutige Singles, die offen zugaben, dass sie gerne wieder eine Beziehung hätten.
Nach Jahren des ›Hurra, ich lebe allein‹-Gefühls versuchten nun plötzlich Zigtausende Menschen, wieder einen Partner

zu finden. Ist doch alles ganz einfach, dachte der Single. Genau so, wie er beschlossen hatte, alleine zu bleiben, beschloss er nun, einen Partner zu suchen. Also ging er hinaus in die weite Welt, manchmal auch nur in die nächste Kneipe oder in ein Internetportal und fragte sich nach ein paar Wochen verzweifelt: Warum ist es heutzutage so schwer geworden, den richtigen Partner zu finden?

Mittlerweile kann man keinen Fernseher mehr einschalten, keine Zeitung mehr aufklappen, kein Radio mehr hören, ohne nicht umgehend auf das Thema ›Das Leben als Single‹ zu stoßen. Riesige Industriezweige inklusive Psychiater, Psychologen und Coachs haben sich mittlerweile auf den armen, einsamen Single gestürzt.

Dabei sind die Möglichkeiten heutzutage so vielfältig wie noch nie, um auf potenzielle Partner zu treffen: Single-Reisen, Single-Stammtische, Single-Events, Kochkurse, Partnervermittlungen, und natürlich nicht zu vergessen: die unglaublich große Anzahl von Onlinedating-Portalen.

Und da fängt es an, schwierig zu werden. Der Grund ist das Problem des Überangebotes. Nehmen wir doch zum Beispiel die Partnerbörsen im Internet. Dort tummeln sich im deutschsprachigen Raum mehrere Millionen Menschen. Studien besagen, dass mittlerweile 80 Prozent aller Mitglieder Fakes sind, also Menschen, die für eine wirkliche Beziehung gar nicht zur Verfügung stehen. Viele melden sich doppelt und dreifach mit verschiedenen Fotos und unter verschiedenen Namen an. Oftmals sind sie verheiratet, leben in einer Beziehung oder wollen nur einmal ihren Marktwert testen.

In diesen Portalen kann sich jeder selbst beschreiben. Im Grunde praktisch, aber mal ehrlich: Wer beschreibt sich schon, ohne zu schummeln? Oder haben Sie schon einmal so eine Personenbeschreibung gelesen:

›Bin nicht besonders attraktiv, und schaue sehr gerne Fernsehen. Wenn ich heimkomme, ziehe ich sofort meinen gemütlichen Trainingsanzug an, den ich allerdings nur benutze, um es mir gemütlich zu machen. Am Wochenende schlafe ich gerne viel. Schließlich muß ich mich von der anstrengenden Woche ausruhen. Samstagnachmittag gehe ich noch schnell Lebensmittel für die ganze Woche kaufen. Frische Produkte verwende ich nicht. Die werden zu schnell schlecht. Ab Sonntagmittag ärgere ich mich, da morgen schon wieder Montag ist.‹

Jeder von uns erkennt sich in dieser Beschreibung teilweise wieder. Aber würden Sie es auch so formulieren?

Die meisten Menschen beschreiben sich, und das ist gar nicht böse gemeint, automatisch so, wie sie gerne sein möchten.

Männer und Frauen melden sich bei einem Dating-Portal an, geben sich einen bescheuerten Namen, und dann passiert unter Umständen Folgendes:

Drück-dich-ganz-fest63 führt mit *Liebesmäuschen68* einen sehr ausgeprägten Mailaustausch. Sie schreiben über ihr Leben, ihre Hobbys, die Arbeit, Vorlieben und über alles, was sie mögen oder auch nicht. Und wenn sie sich dann näher kennen – und das kann schon nach zehn Mal Hin-und-her-Schreiben sein –, auch über sexuelle Vorlieben. Schließlich will man ja nichts dem Zufall überlassen.

Wenn *Drück-dich-ganz-fest63* nicht innerhalb kürzester Zeit auch an einem ganz normalen Arbeitstag nicht ziemlich umgehend antwortet, fühlt sich *Liebesmäuschen68* total vernachlässigt.

Sie schaut ununterbrochen, auch während der Arbeit, in ihrem Mail-Account nach und fühlt sich mal wieder in ihrer Meinung bestätigt: Männer wollen nur das Eine – Sex.«

An dieser Stelle gibt es Szenenapplaus. Schon einige Minuten vorher habe ich gesehen, dass sich auf den Gesichtern meiner Zuhörer Zustimmung abzeichnet.
Derart motiviert fahre ich fort: »Nachdem sie ihm also verärgert geschrieben hat, dass sie keine Frau für eine Nacht ist, sitzt er abends nach einem langen Arbeitstag verzweifelt vor dem PC und überlegt krampfhaft: Hab ich mich denn mit *Liebesmäuschen68* überhaupt schon einmal getroffen?
Nein, hat er nicht! Macht ja auch nichts. Männer sind eh alle gleich. Und die aus dem Internet sowieso.«

Spontaner Applaus kommt aus dem Publikum. Ich scheine den Nagel auf den Kopf getroffen zu haben. Mir fällt ein großer Stein vom Herzen. Ich nehme einen großen Schluck. Diesmal hab ich den Apfelsaft erwischt. Veronica streckt bestätigend den Daumen nach oben, Angela hat die Kamera wieder in Gang gebracht und steht nun vorsichtshalber auf einem Tisch. Maggie sieht so erleichtert aus, wie ich es bin. Glücklich führe ich meinen Vortrag weiter:
»Es gibt noch andere Phänomene, die hauptsächlich im Netz anzutreffen sind. Zum Beispiel: die Überschätzung der eigenen Person.
Sagen wir mal, Lieschen Müller meldet sich im Internet an und bekommt zehn E-Mails von richtig tollen Männern. Unternehmer, Manager, und sogar ein Arzt ist dabei! Sie freut sich, dass sich auch diese Männer von ihrem Profil angezogen fühlen. Das animiert sie dazu, ihr Profil doch noch ein wenig mehr aufzurüschen. Sie macht sich noch ein wenig schlauer, hübscher und schreibt ganz klar, dass sie nur Männer aus entsprechenden Berufsgruppen kennenlernen möchte. Kann sie ja einfordern! Sonst hätten sich ja nicht so viele dieser Männer bei ihr gemeldet.

Dass der Kontakt meistens nicht über ein Telefonat hinausgeht, liegt natürlich auf der Hand. Die Unterschiede zwischen ihr und den Männern sind einfach zu groß.
Lieschen Müller ist enttäuscht. Aber sie ändert ihr Profil nicht und hofft weiter auf den intelligenten, vermögenden Mann, der ihr ein berauschendes Leben bieten soll. Dieser hat die Nase mittlerweile auch voll von Frauen mit falschen Profilen und ist nur noch mit halbem Herzen bei der Sache.
Sie sehen, einen neuen Partner zu suchen hat sich mittlerweile zu einer Art Volkssport entwickelt.«

Der Applaus zeigt mir, dass ich dem Publikum gerecht geworden bin. Nachdem der Buchhändler zu mir auf die Bühne gekommen ist und eine viertelstündige Pause verkündet hat, gehe ich erleichtert zu meinen Freundinnen hinüber.
»Sag mal, wie viele Vorträge hast du eigentlich in deinem Kopf?«, fragt mich Maggie. »Gut hast du das gemacht! Es war wirklich interessant.«
Veronica ist noch nicht ganz so entspannt. »Nach deinen ersten holprigen Sätzen dachte ich: Die ist geliefert. Unvorbereitet vor so vielen Menschen einen Vortrag zu halten … ich habe ernsthaft überlegt rauszugehen, weil ich dachte, ich halte es nicht aus, dich verzweifelt stotternd auf der Bühne zu sehen.«
»Was? Ich habe gestottert und sah verzweifelt aus?«
»Nein, natürlich nicht. Beruhige dich wieder. Ich hatte nur Angst, dass es so kommen würde. Alles in Ordnung!«, beschwichtigt Veronica.
Der Buchhändler kommt freundlich lächelnd auf mich zu und bringt mir den Kaffee, um den ich ihn vor ein paar Minuten gebeten habe. Ich rühre meine üblichen zwei Löffel Zucker hinein und sehe gedankenverloren zu, wie die Milch auf dem

Kaffeeschaum ein schönes Muster bildet. Dann trinke ich genüsslich den ersten Schluck. Aah, ist das gut! Schweizer Kaffee ist immer ein besonderes Geschmackserlebnis. Das liegt einfach daran, dass nicht an den Kaffeebohnen gespart wird. Und so wird der Kaffee, wie er sein soll: heiß, schwarz, stark.

Während ich noch still genieße, kommt mir eine Idee: Genau, das ist es! Es wird gespart, nicht nur beim Geld und bei den Kaffeebohnen, sondern auch bei Emotionen, Ehrlichkeit, Zuverlässigkeit und der zwischenmenschlichen Kommunikation. Lässt sich das überhaupt noch ändern? Kann ich etwas dazu beitragen, und vielleicht gleich jetzt?

Die Pause ist zu Ende, die Teilnehmer sitzen wieder auf ihren Plätzen und schauen mich erwartungsvoll an.

»Wer von Ihnen hat schon mit seinem Sitznachbarn gesprochen, und zwar nicht dem Menschen, mit dem Sie gekommen sind, sondern demjenigen, den Sie nicht kennen?«, frage ich.

Keine Hand geht hoch. Dachte ich's mir doch.

»Wer findet seinen Sitznachbarn, den er noch nicht kennt, sympathisch?«

Ja, nun wird es schon kniffliger. Zögerlich heben ein paar Leute die Hand – und ziehen sie dann ganz schnell wieder runter.

»Nun möchte ich Sie bitten, sich Ihrem unbekannten Nachbarn vorzustellen.«

Ein kurzer Moment Stille, dann wird es laut im Raum. Es wird gelacht, erzählt, Hände werden geschüttelt. Ich sehe Veronica wild gestikulieren. Moment, sie meint mich! Was versucht sie mir in Zeitsprache zu erklären? Sie zeigt hinter sich, hebt drei Finger hoch, macht einen Kussmund, deutet wuschelige Haare an, schließt genussvoll die Augen … ah, jetzt hab ich's! Sie findet den Typ mit den wuscheligen Haaren süß, der drei Reihen hinter ihr sitzt. Okay, ich kann ihr helfen.

»Und nun, liebe Damen und Herren, möchte ich Sie bitten, Ihre Plätze so zu ändern, dass sie nur noch neben jemandem sitzen, den Sie nicht kennen. Ihren Freund oder Ihre Freundin sehen Sie dann ja nachher wieder«, fordere ich mein Publikum lächelnd auf.
Veronica springt fast etwas zu schnell auf, um neben ihrem Traumtyp zu sitzen zu kommen, aber sie schafft es. Angela tut so, als müsste sie etwas an der Kamera richten. Ich erinnere mich, dass sie mir mal erzählt hat, dass sie solche Aktionen nicht mag. Maggie macht gar nichts und wartet, was auf sie zukommt. Klar, glücklich verheiratet, wie sie ist.
Ups, stimmt ja! Ich habe vergessen, dass es hier außer Maggie noch ein paar Leute geben dürfte, die verheiratet sind.
»Noch etwas: Alle Verheirateten, die keine neue Beziehung suchen, setzen sich bitte in die ersten drei Reihen«, rufe ich ins Mikrofon
Jetzt kommt richtig Bewegung in den Raum. Die Menschen sind gelöst, reden miteinander, und ich sitze auf der Bühne, werde von niemandem mehr groß beachtet und bin – glücklich.
Da kann man doch mal sehen, wie einfach es ist, einen neuen Menschen kennenzulernen. Ich warte noch ein paar Minuten und sehe, wie im Publikum die ersten Visitenkarten ausgetauscht werden. Weitere zwei Minuten später stelle ich fest, dass ich jetzt eigentlich gehen könnte.
Der Buchhändler denkt wohl Ähnliches und kommt zu mir auf die Bühne. »So eine gelungene Lesung ohne Lesung habe ich noch nie erlebt. Ich würde den Abend jetzt gern mit dieser guten Stimmung beenden. Darf ich Sie noch um ein Schlusswort bitten?«
»Ja, das mach ich doch gerne.«
Mittlerweile bin ich schon fast heiser vom Reden und weiß

gar nicht recht, wie ich die fröhlich schwatzenden und gestikulierenden Menschen dazu bekommen soll, mir noch einmal kurz zuzuhören.
»Meine lieben Zuhörer«, rufe ich in den Saal, »der schöne Abend ist beendet und ich wünsche und hoffe, dass Sie einiges mit auf den Weg nehmen können – im besten Fall sogar eine neue Bekanntschaft! Kommen Sie gut nach Hause, schlafen Sie gut und träumen Sie nicht nur von Ihrem neuen Lebenspartner. Finden Sie sich!«
Noch einmal applaudieren mir die Leute, und meine Seele fühlt sich gestreichelt. Die Anspannung fällt nun endgültig von mir ab und macht einer wohligen Müdigkeit Platz.
Nachdem wir uns von dem netten Buchhändler verabschiedet haben, machen meine Freundinnen und ich uns auf den Heimweg. Spät ist es geworden! Aber Müdigkeit hin oder her: Jetzt muss noch besprochen werden, was das für ein Typ war, der Veronica so gut gefallen hat.
Sie strahlt mich von der Seite an. »Wir treffen uns Samstag zum Essen, mehr weiß ich nicht.«
Das reicht ja auch für den Anfang, finde ich.
Anderntags quillt mein E-Mail-Posteingang fast über. Meine Zuhörer von gestern haben noch jede Menge Fragen und – glücklicherweise – auch viel Lob parat. Im Nachhinein wird mir immer noch ganz flau im Magen, wenn ich daran denke, dass ich diesen Abend um ein Haar vergeigt hätte. Ich atme noch einmal durch, lehne mich zurück und beschließe, die Fragen meiner Zuhörer in meinem Newsletter zu beantworten.

Was ich dir sagen möchte

Mittlerweile habe ich mich an das »Alleinsein« gewöhnt. Wobei, wirklich allein ist man nicht, solange man gute Freundinnen und Freunde hat.

Es ist eigentlich schon erstaunlich, wie die innere Einstellung hilft, Hürden zu überwinden. Ich habe mich zunächst so schrecklich gefühlt, nachdem mein Freund mich verlassen hatte. Es ist ein Riesenglück, dass ich mich jetzt so wohl fühle in meinem Leben als Single. Oder nein, es ist nicht nur Glück. Hinter meiner veränderten inneren Einstellung steckt auch eine Menge Arbeit.

Es hat mich Mühe gekostet, den Frust zu überwinden, den ich nach der Trennung empfand und der mich so sehr blockierte, dass mir zunächst nichts mehr gelingen wollte. Ich schätze, ich bin schon mit dem »Hilfe, ich bin allein, rettet mich!«-Gesicht durch die Gegend gelaufen. Ich erinnere mich noch, dass ich in jener Zeit auf die Frage einer Freundin, wie es mir gehe, spontan geantwortet habe: »Im Grunde fehlt mir nicht viel – aber davon einiges!«

Inzwischen habe ich lange über diese Antwort nachgedacht. Heute weiß ich, dass ich mein inneres Augenmerk damals vor allem auf den Mangel gerichtet habe, den ich empfand.

Leiden ist erst einmal leichter als Lösen. Wenn du leidest, kannst du dich gemütlich zu Hause vergraben, alte Klamotten anziehen, dick werden und deswegen schon gar nicht mehr ausgehen. Du musst dich nicht mehr anstrengen, kannst dir die Decke auf den Kopf fallen lassen, bis du Migräne hast, und fernsehen, bis du ohnmächtig wirst. Aber ist das Leben? Macht das Sichhängenlassen glücklich und zufrieden?

Für mich ging es erst wieder bergauf, als ich mich nicht mehr sosehr auf meinen Verlust konzentrierte, sondern über die neuen Möglichkeiten nachzudenken begann, die sich mir eröffneten. So konnte ich mich dem Leben und der Liebe wieder öffnen. »Sich öffnen« hieß für mich aber nicht, dass ich so schnell wie möglich wieder einen Mann finden musste. Es hieß vor allem, wieder mit mir selbst und meinem Leben ins Reine zu kommen.

KAPITEL 29

Wie Frauen sich selbst im Weg stehen

Heute ist Dienstag. Dienstag ist immer der Tag, an dem wir unseren Klienten neue Partnervorschläge unterbreiten. Das Feedback unserer Kunden, die sich am vorhergegangenen Wochenende kennengelernt haben, ist dienstags in der Regel abgeschlossen. Diejenigen unter ihnen, bei denen beim Rendezvous kein Funke übergesprungen ist, möchten nun einen neuen Partnervorschlag von uns haben.

Als Veronica und ich ins Büro kommen, sitzt Patrizia, unsere Perle, schon am Schreibtisch und hat alles vorbereitet.

Wie üblich fangen wir mit unseren »schwierigen« Kunden an. Unsere Künstlerin Soraya Müller ist so ein Fall. Nicht, dass *sie* schwierig wäre – nein, es sind die Männer, die schwierig sind. Sie möchten zwar einerseits eine tolle Frau, haben andererseits aber auch Angst davor.

Schweigend sieht jede von uns dreien erst einmal für sich die Kartei auf mögliche Partnervorschläge hin durch. Veronica meldet sich als Erste zu Wort: »Letzte Woche hatte ich ein Gespräch mit Bernhard, einem Beamten im Ruhestand. Der wäre genau der Richtige für Soraya. Er hat Zeit, reist gerne und hatte ein ziemlich langweiliges Leben. Er sucht nun eine Frau, mit der er die restlichen 30 Jahre, wie er sagt, fröhlich und unkonventionell verbringen kann. Was meinst du, Maria?«

Ich schaue mir Bernhards Foto an und stimme spontan zu: »Genau der Richtige. Volltreffer, würde ich sagen.«

Patrizia hat Bedenken: »Also, ich weiß nicht – eine Frau, die so ein verrücktes Leben geführt hat, soll nun ausgerechnet mit einem Beamten glücklich werden?«

»Aber beide stellen genau das dar, was der andere möchte. Sie sucht einen Partner, an den sie sich anlehnen kann und der ihr nach ihrem verrückten Leben Sicherheit bietet. Und er möchte gern sein langweiliges Leben mit einer lebensfrohen Frau aufpeppen.«

Wir diskutieren noch eine Weile miteinander und beschließen dann, die beiden miteinander bekannt zu machen.

»Und sonst?«, frage ich Patrizia. »Gibt es Neues? Hat sich jemand verliebt?«

»Ja, du hast einen Volltreffer gelandet«, antwortet sie mir. »Gestern hat Frau Kohler angerufen – du erinnerst dich, die Dame, deren Mann und Tochter beim Tsunami umgekommen sind. Sie trifft sich seit einer Weile mit Herrn Weishaupt. Das ist der Witwer mit den zwei Kindern. Die beiden waren mit seinen Kindern eine Woche im Urlaub, und es hat wunderbar funktioniert. Sie liebt die Kinder, die Kinder lieben sie, er liebt sie, und sie liebt ihn.«

»Hat sie das so gesagt?«, frage ich überrascht. Ich kann mir Frau Kohler gar nicht so euphorisch vorstellen.

Wortlos schiebt Patrizia uns ein Foto über den Schreibtisch. Es zeigt vier Menschen, die sich umarmen und strahlend und glücklich in die Kamera schauen. Okay – bei so viel Glück braucht es keine weiteren Worte mehr.

Nach drei Stunden sind wir fertig. Veronica hat die ganze Zeit gelächelt, nicht herumgenörgelt, und auch auf ihre liebevoll-ironischen Kommentare hat sie heute verzichtet. Würde sie nicht so glücklich aussehen, müsste ich mir ernsthaft Sorgen um sie machen.

»Also, jetzt erzähl schon. Was ist mit dir los?«, frage ich sie irgendwann ungeduldig.

»Na, der Typ bei deinem Vortrag, weißt du, zu dem ich mich hingesetzt habe, nachdem du endlich verstanden hast, was ich wollte, also, mit dem hab ich mich doch gestern getroffen«, erklärt Veronica mit verklärtem Blick. »Er ist genau mein Typ. Gleichaltrig, getrennt lebend, selbständiger Unternehmer. Er sieht toll aus, und ich habe die ganze Nacht nicht schlafen können!«
»Hast du etwa mit dem Rauchen aufgehört?«
»Noch nicht, aber so wie es aussieht, könnte ich es mir vorstellen, mit diesem Laster aufzuhören. Er ist einfach phantastisch. Ich mag diese Ruhe, die er ausströmt. Das hat was.«
»Ich bin vollkommen hin und weg. Das ist ja wunderbar. Ich freue mich so für dich! Wie gut, dass du mit zu dem Vortrag gekommen bist. Ich sag's ja immer: Man muss unter die Leute gehen. Zu Hause passiert gar nichts.«
Es ist ein schönes Gefühl, Veronica so glücklich zu sehen. Auch wenn ich mir die nächsten drei Stunden anhören muss, dass ihr neuer Bekannter der beste, schönste, aufregendste, liebevollste Mann der Welt ist. So ist es nun mal. Haben wir uns verliebt, steht uns das Tor zur Welt offen. Dann scheint alles möglich.

Das Tor zur Männerwelt will auch eine neue Kundin von mir aufstoßen. Aber so, wie sie sich das vorgestellt hat, kann ich gleich sagen, wird das nie klappen!

Frau Auer sieht man ihre 45 Jahre nicht an. Sie wirkt sehr charmant und ist der Typ Frau, der Männern gefällt: ein wenig zurückhaltend in ihrer Art, große Augen, schöne, mahagonibraune, leicht gewellte Haare, schlanke Figur, gut gekleidet.
Zehn Jahre nach ihrer Scheidung hat sie noch keinen

neuen Lebenspartner gefunden, und ihr Beruf als Stationsschwester füllt sie zwar aus, kann ihr jedoch den Partner auf Dauer nicht ersetzen.
Als ich sie so ansehe, kommt mir gleich ein Gedanke voller Klischees: Warum ist sie in all den Jahren noch von keinem Arzt geheiratet worden? Ich weiß, der Gedanke ist nicht gerade nett, aber er drängt sich mir einfach auf. Nachdem ich meine übliche Frage nach ihren Vorstellungen von einem Partner gestellt habe, äußert sie ihre Wünsche: »Im Grunde bin ich gar nicht so anspruchsvoll. Er kann bis zu zehn Jahre älter sein. Ob geschieden, verwitwet oder ledig, ist mir nicht so wichtig. Gerne darf er auch Kinder haben. Da ich ja keine habe, wäre das eine echte Bereicherung für mich. Bei Hobbys und Interessen passe ich mich gerne an. Ich finde es schön, wenn ein Mann andere Interessen und Hobbys hat als ich. Das beflügelt doch das Leben. Sein Aussehen ist mir nicht so wichtig. Worauf es mir ankommt, ist, dass er auf seine Erscheinung achtet und gepflegt ist. Ortsgebunden bin ich auch nicht, weil ich mit meiner Qualifikation als Stationsschwester recht bald eine neue Stelle finden würde. Weil ich sehr kontaktfreudig bin, würde ich mich wohl auch schnell in einem neuen Freundeskreis zurechtfinden.«
Das klingt, als müsse es sehr leicht sein, den richtigen Partner für sie zu finden. Merkwürdig, dass sie über all die Jahre niemanden gefunden hat. Ich entschließe mich, diese Frage an sie weiterzugeben: »Sie sind eine wirklich bezaubernde, liebenswerte Frau. Was denken Sie, warum Sie den richtigen Partner noch nicht gefunden haben?«
Frau Auer überlegt kurz. »Kennengelernt habe ich in den letzten Jahren viele Männer. Ich habe wirklich keinen Mangel an Verabredungen gehabt. Aber im Grunde ist es doch

immer das Gleiche. Man trifft sich zwei-, dreimal mit einem Mann, und schon steht man vor der Frage, ob man mit ihm ins Bett gehen will oder nicht. Mir ist das zu früh. Ich will auch nicht, dass die Männer mich hinterher für ein billiges Flittchen halten, das leicht zu haben ist.« Sie sagte das voll Temperament, sehr bestimmend, und ihre gesamte vorher lockere Erscheinung versteifte sich. »Ich finde, wenn ein Mann mich will, muss er das wirklich beweisen. Er muss sich um mich bemühen, mir Sicherheit und Bestätigung geben. Ich bin sogar überzeugt davon, dass man zumindest verlobt sein sollte, bevor man miteinander schläft.«

»Haben Sie schon einmal die Erfahrung gemacht, dass ein Mann Sie verlassen hat, nachdem Sie mit ihm geschlafen haben?«

»Nein, so weit lasse ich es gar nicht erst kommen. Ein Mann, der mich wirklich will, muss warten können, bis ich bereit bin. Das ist doch ganz normal, oder?«

Nachdenklich schaue ich Frau Auer an. Ich kann nicht so recht glauben, dass sie nicht doch irgendeine negative Erfahrung gemacht hat, die ihr Verhalten bis heute prägt. Doch natürlich kann ich sie nicht zwingen, darüber zu sprechen, wenn sie das nicht will.

Ich wähle einen anderen Ansatz: »Haben Sie darüber je mit einem der Männer gesprochen, mit denen Sie sich in den letzten Jahren getroffen haben?«

»Nein. Ich finde, darüber muss man auch gar nicht reden. Der Mann muss doch spüren, wie es mir geht.«

Ich lehne mich zurück. Da haben wir sie wieder, die weibliche Erwartung, dass Männer hellsehen können. »Mein Partner muss von selber wissen, was ich brauche« – ein Beziehungsirrtum, der nach meiner Erfahrung vielfach selbst langjährige Partnerschaften belastet.

»Und wie lief das dann jeweils mit den Männern, die Sie kennengelernt haben?«, frage ich Frau Auer.
»Na, ich sagte doch schon: Nach zwei oder drei Treffen war da jeweils diese unausgesprochene Erwartung im Raum. Das fand ich immer so unangenehm! Wie unsensibel diese Männer waren! Ich habe dann immer das Gespräch abgebrochen, indem ich einen Termin vorgeschoben habe, und mich nie wieder bei dem betreffenden Mann gemeldet.«
Aha. Lieber flüchten als reden. Ich spüre, dass ich hier vorsichtig sein muss. »Und hatten Sie nie das Gefühl, dass Sie den betreffenden Mann gern noch besser kennengelernt hätten?«
»Ja, doch ... es waren schon nette Männer dabei ... ich weiß auch nicht ...« Frau Auer stockt und sieht mich ratlos an.
»Aber dann haben Sie sich durch Ihren Kontaktabbruch doch eigentlich selbst um die Möglichkeit gebracht, mit den Männern, die Sie wirklich nett fanden, die Sicherheit zu bekommen, die Sie brauchen, um Sex zu haben – oder?«
»Hmmm. Ja – vielleicht. Da mag was dran sein.«
»Und was wäre, wenn Sie den Männern einfach sagen, was Sache ist?«
Frau Auer macht große Augen, wirkt aber nicht verärgert. Ich beschließe, mich weiter vorzuwagen: »Wir Frauen wissen doch, dass Männer sich nicht so leicht tun mit derart sensiblen Themen. Da ist es dann schon an uns, das Gespräch zu eröffnen, meine ich. Außerdem ist für einen Mann, der Sie erst zwei- oder dreimal getroffen hat, ziemlich schwierig, zu erraten, was in Ihrem Inneren vor sich geht. Warum also nicht ihm auf die Sprünge helfen? Ich bin sicher, dass Sie an seiner Reaktion dann schon rasch mer-

ken würden, ob Sie es tatsächlich mit einem unsensiblen Mann zu tun haben. Lässt er Sie stehen, wissen Sie, woran Sie sind. Aber es könnte doch auch sein, dass Sie mit ihm in ein offenes, vertrauensvolles Gespräch kommen. Und dann haben Sie vielleicht schon die Sicherheit, die Sie brauchen, um einen Schritt weiter zu gehen.«

Ich muss an meine eigene jüngere Vergangenheit denken. In der Beziehung mit Bernd, dem Fernsehmann, habe ich ja selbst die Erfahrung gemacht, dass ich die Lust an der Lust, die Fähigkeit, sich mit dem Partner einfach fallenzulassen und zu genießen, erst wieder lernen musste. Dennoch war es für mich immer so, dass, wenn mir ein Mann gefiel, ich ihm schnell auch körperlich näherkommen wollte.

Offensichtlich sind die Geschmäcker in diesem Punkt verschieden. Trotzdem – ich will Frau Auer noch etwas sagen: »Ich glaube, für viele Menschen ist die körperliche Nähe gar nicht so sehr von der geistigen zu trennen. Viele Männer fühlen sich rundweg – auch als Persönlichkeit – abgelehnt, wenn sie das Gefühl haben, dass eine Frau ihre körperliche Nähe meidet. Sie brauchen Zärtlichkeit und Sexualität, um tiefe Gefühle zu entwickeln. Und wir Frauen wiederum treffen uns doch in aller Regel auch nicht nur mit einem Mann, weil wir seinen Geist so toll finden. Er muss uns schon auch körperlich gefallen, oder?«

»Ja … stimmt schon. Sie haben recht.« Frau Auer wirkt nachdenklich. »Und Sie meinen, ich muss mir keine Sorgen machen, dass ein Mann mich nicht mehr respektiert, wenn ich zu bald mit ihm ins Bett gehe?«

»›Zu bald‹ gibt es nicht. Es gibt nur den richtigen Zeitpunkt, dieses Knistern, an dem Sie beide erkennen, dass Sie mehr miteinander erleben wollen. Um Leute, die genau zu wis-

sen glauben, wann es angemessen ist, mit einem Mann intim zu werden und wann nicht, würde ich mich an Ihrer Stelle nicht scheren. Die Zeiten haben wir hinter uns. Nein, noch einmal: Wenn Sie das Thema offen ansprechen, werden Sie sehr wahrscheinlich eher früher als später auf einen Mann treffen, mit dem Sie vertrauensvoll reden können. Und es würde mich wundern, wenn Sie dann nicht Ihrerseits mehr von ihm wollten. Sagen Sie doch mal …« – ich lächle sie an, und sie erwidert mein Lächeln –, »wie müsste der Mann denn aussehen, der Ihnen so richtig Appetit macht?«

Jetzt grinst sie bis über beide Ohren. Wusste ich's doch!

Nachdem Frau Auer mein Büro verlassen hat, notiere ich mir unser Gespräch in ein paar Stichworten für den Fall, dass sie sich entscheidet, unsere Dienste in Anspruch zu nehmen und einen weiteren Termin zu vereinbaren. Ich bin gespannt, ob ich noch einmal von ihr hören werde. Und ich muss lächeln bei dem Gedanken, wie vielfältig und kompliziert wir Menschen doch beschaffen sind. Wie oft schon habe ich von empörten Kundinnen oder Bekannten zu hören bekommen: »Jetzt war ich mit ihm schon dreimal aus. Außer einem Küsschen links und rechts ist nichts passiert. Da stimmt doch was nicht mit dem Typ!«

Wie es scheint, können die armen Männer bei uns nur alles falsch machen. Will ein Mann mit einer Frau ins Bett, ist sie beleidigt. Will er nicht mit ihr ins Bett, ist sie auch beleidigt. Kein Wunder, dass viele Männer uns Frauen kompliziert finden!

Was ich dir sagen möchte

Wir schaffen es immer wieder, uns selbst ein Bein zu stellen, wenn es darum geht, eine schöne, sinnliche Beziehung einzugehen. Es gibt unglaublich viele Frauen, die teilweise jahrelang keinen Sex mehr hatten. Und mal ganz ehrlich: Wie schade ist das eigentlich? Da sind wir noch in einem echt akzeptablen körperlichen Zustand, fühlen uns gut, ziehen uns schicke Klamotten an, werden fast verrückt, wenn der Frühling beginnt, versuchen, das Leben zu genießen – klammern aber die Erotik aus. Begegnet uns dann der Traummann, sind wir verklemmt, weil wir nicht mehr wissen, wie es geht. (Okay, nach den ersten unsicheren Schritten kommen wir schon wieder drauf.)

Wann hast du dich zuletzt nach einer Frau umgedreht? Ja, du hörst richtig: Ich meine eine dieser Frauen, die so viel Ausstrahlung haben, dass ihnen alle hinterherschauen – nicht nur die Männer. In aller Regel sind es Frauen, die ausstrahlen, dass sie das Leben und die Liebe lieben – rundum erotische Frauen eben.

Keine Sorge: Du musst dich nun nicht gleich dem nächstbesten Kerl an den Hals werfen, um auch solch eine Ausstrahlung zu bekommen (obwohl es dir natürlich freisteht, das zu tun). Wenn du das nächste Mal aus dem Haus gehst, probiere doch mal Folgendes aus: Erinnere dich an eine schöne, erotische Begebenheit in deinem Leben. Spüre sie in dir. Male sie dir aus – mit allen Einzelheiten, die dich daran fasziniert haben. Die Gedanken und Gefühle, die nun deinen Körper und deine Seele durchströmen, werden deine Ausstrahlung verändern. Wetten?

Sei stolz auf dich! Auf dich und auf die Kraft deiner Gefühle. Schöne Gedanken sorgen für eine schöne Ausstrahlung.

KAPITEL 30

Mädelsabend, die dritte

Wie in der Zeit nach meiner Scheidung treffe ich mich inzwischen wieder regelmäßig samstagmittags zum gemeinsamen Essen mit Freunden und Bekannten in lockerer Runde. Eigentlich unverzeihlich, dass ich dieses schöne Ritual so lange aufgegeben habe.

Jeder weiß doch, wie es ist, samstags nach Erledigung aller Einkäufe mit müden Beinen in der Innenstadt zu stehen. Zum Zu-Hause-Kochen hat man keine Lust, aber allein im Restaurant oder Café sitzen will man auch nicht. Und das Dämlichste dabei: Soundsovielen Bekannten geht es genauso. Sie stehen nur ratlos an einem anderen Fleck in der Innenstadt.

Veronica und ich haben beschlossen, dem ein Ende zu setzen. Samstag, 14:00 Uhr, beim Italiener – so lautet seit einiger Zeit unsere Devise zum Start ins Wochenende. Inzwischen sind es um die 20 Freunde und Bekannte, die sich in wechselnder Zusammensetzung bei unserem Italiener einfinden. Es ist alles dabei: Paare, Alleinstehende, Befreundete, aktuelle und ehemalige Partner, aber auch immer wieder neue Gesichter.

An diesem Samstag beschließen wir Frauen beim Essen, am Abend mal wieder bei guter Musik so richtig abzutanzen.

»Soso«, grinst Klaus, mein Speed-Dating-Bekannter, den ich in die Runde eingeführt habe, »und glaubt ihr, dass auch nur ein einziger Mann sich traut, sechs Frauen von eurem Kaliber anzusprechen?«

Wir protestieren heftig. Sollen wir jetzt etwa auch noch die Männer zum Tanz bitten? Mittlerweile gehen wir sowieso

nicht mehr tanzen, in der Hoffnung, dort jemanden kennenzulernen. Es sind eh alles Weicheier. Seid doch froh, dass wir Frauen so unabhängig sind.
Wir kommen ins Diskutieren. Am Ende stellt sich die Frage: Was war zuerst da? Die Emanzipation der Frauen, die die Männer den Schwanz einziehen ließ, oder die Schwäche der Männer, die erst zur Emanzipation der Frauen führte? Wir reden uns die Köpfe heiß – und stellen irgendwann fest: Es ist wie mit der Henne und dem Ei. Eine Antwort finden wir bis an unser Lebensende nicht. Zu verschieden sind die Meinungen. Jeder hat ein Stück weit recht, aber eben nicht vollständig. Daher beschließen wir, unsere eigenen Feldstudien anzustellen.
Wie sollte so ein Abend zu Forschungszwecken am besten gestaltet sein? Sechs oder mehr Frauen auf einmal würden jedes potenzielle Studienobjekt vermutlich von vornherein in die Flucht schlagen – da lag Klaus mit seiner Vermutung wohl richtig.
Maggies Mann Hans macht uns einen Vorschlag: »Maria, du sagst doch immer, Frauen müssten alleine losziehen.« Riesenprotest vonseiten der Frauen. Wir wollen nicht alleine ausgehen! »Versucht es doch mal so: Ihr geht zusammen aus und trotzdem allein. Jede von euch betritt das Lokal alleine, setzt sich alleine irgendwo an die Bar, und selbst wenn ihr durch Zufall zusammensitzen solltet« (wir grinsen), »natürlich nicht alle sechs auf einmal« (erwischt!), »sprecht ihr einfach nicht miteinander. Wartet eine Stunde lang ab, was passiert. Das Schöne dabei ist doch: Wenn's blödläuft, ist keine von euch allein. Die Freundinnen sind in der Nähe.« Maggie ist gleich voll in ihrem Element: »Oh, das ist eine wunderbare Idee! Da mache ich mit. Ich will auch mal wieder wissen, wie sich das anfühlt, auf die Pirsch zu gehen. Hans, jetzt sieh mich nicht so

an. Du kannst auch mitkommen, darfst aber nicht neben mir sitzen«, lacht sie und küsst ihren Mann zärtlich auf den Mund.
Wieder entsteht eine lebhafte Diskussion, an deren Ende wir beschließen: Eine gute Idee, das machen wir so! Treffpunkt: 22 Uhr bis 22:30 Uhr im vereinbarten Lokal.
Nachdem alles festgezurrt ist, lösen wir die Essensrunde auf. Schließlich stehen jeder von uns noch einige Stunden im Bad und vor dem Kleiderschrank bevor.
Seltsamerweise bin ich aufgeregt wie vor einem ersten Date, als ich kurz vor 22 Uhr das Lokal betrete. Ja, ich weiß, ich bin wieder früh dran. Aber was soll's. So kann ich mir einen schönen Platz aussuchen und beobachten, wie meine Freundinnen »allein« den Schauplatz betreten.
Maggie, die einzige Verheiratete unter uns, sitzt natürlich schon auf einem der Barhocker, als ich reinkomme. Wie vereinbart lasse ich mir nicht anmerken, dass ich sie kenne und setze mich ein paar Meter weiter an die Bar. Von dort habe ich einen guten Überblick über den Eingang und die Tanzfläche. Kurz darauf bekomme ich eine SMS: »Huhu, du siehst gut aus. Wie fühlst du dich? Mein Kerl sitzt hinten in der Ecke. Hast du ihn schon gesehen? Er sieht cool aus.« Maggie natürlich.
Ich antworte ihr, dass ich jetzt mein Handy ausschalten werde, damit nicht sechs Frauen den Abend damit verbringen, sich gegenseitig SMS zu schreiben.
Innerhalb von 15 Minuten sind dann tatsächlich alle da. Und ich muss sagen, Hans' Idee hat was. Die vertrauten Gesichter um mich herum lassen mich kaum spüren, dass ich »alleine« ausgehe. Und doch sind wir alle voneinander getrennt auf der Piste. Interessant und prickelnd fühlt sich das an.
Allmählich beginnt sich der Laden zu füllen. Männer wie

Frauen versuchen, möglichst cool und lässig zu wirkend und gleichzeitig die Lage zu checken. Während die Frauen sich meist relativ schnell einen Platz suchen, stehen Männer gerne an Wände oder Säulen gelehnt. (Jetzt weiß ich endlich, warum Diskotheken und Tanzbars immer so viele Säulen haben.)
Männer schauen sich relativ offensichtlich um. Haben sie dann ein Objekt ihrer Begierde ausgemacht, das im günstigsten Fall an der Bar sitzt, schlendern sie lässig auf die betreffende Dame zu und bestellen sich einen Drink. Innerhalb kürzester Zeit haben meine Freundinnen und ich so alle einen Gesprächspartner. Die Männer beginnen das Gespräch betont unverfänglich und eher wie zufällig: »Darf ich Sie kurz stören, um mir einen Drink zu bestellen? Oh, Sie sind alleine hier?« Darauf folgen der übliche Small Talk, gegenseitiges Beschnuppern, und – falls wir einen Tänzer vor uns haben (leider eine Seltenheit) – die Aufforderung zum Tanz.
Wir amüsieren uns großartig. Keine von uns hält es für notwendig, unser Experiment bereits um 1 Uhr zu beenden. So ist es 3 Uhr in der Früh, als sich unsere Frauenclique bei McDonald's um die Ecke trifft.
»Das war ja mal ein echt cooler Abend«, meint Angela. »Erst recht, wenn ich mir überlege, wie viele Wochenenden ich alleine zu Hause geblieben bin, nur weil niemand Zeit hatte, mit mir wegzugehen. Ich habe so oft Frust geschoben. Ab heute trau ich mich, allein auszugehen.«
»Visitenkarten vorzeigen!«, ruft Veronica fröhlich dazwischen. Das große Kramen in den Handtaschen beginnt – warum schleppen wir Frauen eigentlich immer unser ganzes Leben in einer Tasche mit uns herum? –, und jede von uns legt ihre Trophäen auf den Tisch. Kleine Zettelchen, Bierdeckel, Servietten, Visitenkarten und Rechnungen, versehen mit Namen und Telefonnummer. Es kommt ordentlich was

zusammen. Unsere einhellige Meinung: Selten war ein Abend so erfolgreich.

Was ich dir sagen möchte

Organisiere einen festen Treffpunkt für dich, deine Freunde und Bekannten. Achte dabei auf Folgendes: Ort und Uhrzeit sollten immer gleich bleiben, und es sollte für niemanden eine feste Verpflichtung geben, an jedem Treffen teilzunehmen. Darüber hinaus sollte jeder mitbringen dürfen, wen er möchte.

Bei unseren Treffs hat es schon Samstage gegeben, an denen wir nach dem Essen noch miteinander zu anderen Unternehmungen loszogen und erst in der Nacht zu Hause waren. Spannend ist immer auch zu sehen, welche neuen Menschen dazustoßen. Manchmal ergeben sich neue »Mitglieder« aus Gästen des Lokals, die uns fragen, was für ein Verein wir sind. Auf diese Weise haben sich schon etliche Bekanntschaften und auch echte Freundschaften entwickelt.

KAPITEL 31

Midlife Crisis, oder was?

Manchmal ist mir langweilig, obwohl ich viel zu tun habe. Heute ist so ein Tag. Mir ist so langweilig! Ich verspüre keinerlei Antrieb, das zu tun, was ich tun sollte: Telefonate erledigen, Briefe schreiben, die Steuererklärung machen, zum Friseur gehen, die Wohnung putzen, meine Sachen aus der Reinigung holen. Was ist los mit mir? Ist diese Antriebslosigkeit womöglich Anzeichen einer beginnenden Depression? Wie kann man nur so gelangweilt sein?

Ich beschließe, Michael anzurufen – das ist der Mann, den ich vor einiger Zeit beim Mittagessen kennengelernt habe. Wir haben uns seither immer mal wieder montags zum Essen getroffen. Michael ist ein guter Erzähler – beim Essen mit ihm wird mir die Langeweile schnell vergehen. Und ich muss selbst nicht viel reden. Super, nichts wie anrufen!

»Hallo Micha! Du, ich habe heute so viel zu tun, dabei ist mir so langweilig. Würdest du mit mir essen gehen, auch wenn heute nicht Montag ist?«

»Das verstehe ich jetzt nicht. Willst du jetzt essen gehen, weil dir langweilig ist? Aber eigentlich hast du doch gar keine Zeit, wenn du so viel zu tun hast.«

Oh, ich vergaß, dass ich mit einem Mann spreche. Mehrere widersprüchliche Aussagen in einem Satz versteht er nicht. Also das Ganze nochmal kurz und knackig: »Gehen wir heute um 13 Uhr zu Mittag essen?«

»Ja, gerne, am üblichen Ort? Alles klar, wir sehen uns dann gleich.«

Na also, geht doch!
Michael ist der gewohnt charmante Unterhalter, das Essen ist gut, und ich vergesse zeitweise meine Langeweile. Wenn mir heute nur nicht so heiß wäre!
Nachdem wir noch einen Kaffee getrunken und uns dann verabschiedet haben, stelle ich fest: Die Unterhaltung mit Michael war eine nette Abwechslung – aber wirklich besser ist der Tag davon nicht geworden. Na ja, immerhin habe ich vorher noch die Energie aufgebracht, mich halbherzig durch einige der dringend notwendigen Erledigungen zu quälen. Damit will ich jetzt gleich noch ein bisschen weitermachen.
Um 17 Uhr entscheide ich, dass für heute Schluss ist mit Arbeiten. Wie wär's mit einem Spaziergang am See? Das wird meinem immer noch heißen Kopf etwas Abkühlung verschaffen. Und weil heute ein sehr milder Herbsttag ist, kann ich sogar mit dem Fahrrad zum See fahren. Ist ja schließlich nicht weit. Nachdem ich eine Weile den Uferweg entlanggeschlendert bin, entscheide ich mich spontan, mich in eines der Seerestaurants zu setzen, den Ausblick zu genießen und ein kühles Getränk zu bestellen. Aber irgendwie klappt das mit dem Genießen nicht so richtig. Grrr. Was ist denn bloß los? In wilder Reihenfolge schießen mir Gedanken über das Geschäft, Beziehung, Freundschaften, Reisen, Autokäufe und weitere Banalitäten durch den Kopf.
Zu allem Überfluss fällt mir jetzt auch noch ein Ex-Freund aus ewig vergangenen Zeiten ein. So ein Typ, dem es Spaß machte, Frauen erst anzulocken, um sie anschließend mit einem kalten Grinsen fallenzulassen. Ich erinnere mich noch genau, wie ich ihm bei unserer letzten Begegnung an den Kopf warf: »Du hältst mir immer wieder ein Zuckerstückchen hin. In dem Moment, wenn ich anfange, es genüsslich

abzulecken und kurz davor bin, es zu essen, nimmst du es mir wieder weg.«

Ein kurzer, verächtlicher Blick auf sein erstauntes Gesicht. Dann ließ ich ihn einfach stehen und ging mit Würde von der Bühne, die er aufgebaut hatte. Während ich ging, spürte ich seinen sprachlosen Ausdruck im Nacken. Damals war ich richtig stolz auf mich. Ich habe mich nie wieder auf ihn eingelassen. Und auch nicht auf andere Männer seiner Couleur.

Einer Freundin von mir ging es damals mit ihrem Ex-Freund auch nicht besonders gut. Die Männer, die sie immer wieder anzog, waren sehr aggressiv. Sie wurde zwar nicht geschlagen, aber es war diese verbale Aggressivität, die immer wieder zum Ausbruch kam.

Nach ihrer zweiten Beziehung mit einem sehr aggressiven Mann überlegte ich, warum sie immer wieder an diesen Männertyp geriet. In einem unserer vielen Gespräche fiel ein bedeutungsschwerer Satz von ihr: »Möchte ich etwas ausdiskutieren, wird er wütend und fängt gleich an zu schreien. Dann ist jedes weitere Gespräch unmöglich.«

In dem Moment, als sie das aussprach, hatte ich die Erklärung für ihre Misere.

Alle ihre Freunde konnten ihr intellektuell nicht das Wasser reichen. Keiner war in der Lage, ihrer Argumentation und ihrem Denkmuster zu folgen, geschweige denn, eigene Worte entsprechend zu formulieren. Sie kamen sich unterlegen und minderwertig vor. Und was passiert bei Männern, die sich minderwertig fühlen? Sie meinen, ihre Männlichkeit auf andere Art und Weise beweisen zu müssen und schlagen dann um sich. Verbal oder tatsächlich.

Das Fazit, dass meine Freundin aus unseren Gesprächen zog, war, dass sie in den folgenden Beziehungen darauf achtete, einen intellektuell passenden Mann an ihrer Seite zu haben.

Eine andere Freundin von mir hatte immer Freunde, die sie ständig belehrten.

»Liebling, das solltest du nicht essen, da ist Farbstoff enthalten. Nein, solche Filme schaust du dir nicht an, die tun dir nicht gut und du schläfst wieder schlecht (vielleicht lag das an etwas anderem?). Solche Freundinnen hast du? Die passen doch gar nicht zu deinem Stil. Schatz, geh doch mal bitte ins Training, das wird dir guttun (ihm noch mehr).«

So ging es ständig. Sie fühlte sich trotz dieser Anmaßungen durch diese Art von Mann in ihrer Person bestätigt. Er wollte ja schließlich nur ihr Bestes. So empfand sie das lange Zeit – oder redete sie es sich ein?

Irgendwann spürte sie, dass sie durch diese Art der Bevormundung vollkommen fremdbestimmt war.

Auslöser dafür war das Ergebnis eines Friseurbesuchs: Er hatte ihr ein riesiges Theater gemacht, weil sie es gewagt hatte, sich die Haare abschneiden zu lassen, ohne ihn vorher um Rat zu fragen.

Er brüllte und tobte. Dabei ging es ihm nicht um die kurzen Haare. Es ging ihm einzig und allein um den Machtverlust, das Ignorieren seiner Autorität über sie. Er hatte die völlige Kontrolle durch das »eigenmächtige« Verhalten meiner Freundin in diesem Moment verloren. Dieses Ereignis und viele heimliche Gespräche mit uns öffneten ihr die Augen, wie sehr dieser Mann sie im Laufe der Jahre entmündigt und aus ihr ein willenloses Werkzeug gemacht hatte. Mit großen Problemen konnte sie sich dann aus dieser Beziehung lösen und lebt heute, nach einigen Jahren ohne Partner, wieder in einer glücklichen Beziehung.

Aber wieso ziehe ich mich jetzt selbst herunter, indem ich in den alten und vor allem negativen Ex-Beziehungen von meinen Freundinnen und mir herumgrabe? Warum lasse ich das nicht endlich sein? Wo ist der Aus-Knopf für meinen Kopf? Ich beschließe, diesen imaginären Knopf zu drücken und an nichts mehr zu denken. Gedankenverloren lasse ich meinen Blick wieder ins Grüne schweifen. Im Garten des Restaurants gibt es einen Kiosk, der noch geöffnet ist. Gerade lehnt eine sehr ausladend gebaute Frau am Ausschank und gibt mit ebenso fröhlicher wie lautstarker Stimme ihre Bestellung durch: »Ich hätte gerne einen Coffee to go! Zum Mitnehmen!«

Ich brauche ein paar Sekunden, um die Kuriosität des Satzes zu begreifen. Und dann merke ich: Na und? Coffee to go zum Mitnehmen – besser doppelt gemoppelt als gar kein Kaffee. Jeder von uns hat ein Recht auf Fehler. Und auf schlechte Tage. Lieber einen Fehler zu viel als sich die Chance auf eine glückliche Liebe zu nehmen. Lieber mal schlecht drauf sein als auf Dauer gar nichts mehr empfinden.

Noch während ich das denke, merke ich, wie meine Stimmung sich bessert. Jetzt ist in mir auch Raum für ein kleines bisschen Vorfreude auf den Abend. Da bekomme ich nämlich Besuch – von Klaus, meinem Speed-Dating-Bekannten.

Klaus verdanke ich übrigens einen der nettesten Nachmittage des letzten Sommers. Er hatte mich irgendwann angerufen und gefragt, ob ich spontan Lust auf eine zünftige Vesper hätte. Hatte ich.

Allein schon deshalb, weil mein geschrumpfter Freundeskreis damals sowieso nicht viel hergab. (Im Nachhinein habe ich mich für diesen Gedanken geschämt.) Klaus bat mich, mit dem Fahrrad zu einer bestimmten Stelle in der Nähe des Sees zu kommen. Er schaffte es, mich richtig neugierig zu machen, zumal mir dort in der Nähe beim besten Willen kein Restaurant einfiel, in dem man eine zünftige Vesper hätte bestellen können. Ich beschloss, mich überraschen zu lassen.

Klaus war schon da, als ich um die Ecke geradelt kam, und winkte mir fröhlich zu. Es war unser erstes Wiedersehen nach dem reichlich missglückten Speed-Dating, und er wirkte völlig anders als damals. Lockerer und auch attraktiver. (Was meine Theorie unterstreicht, dass man interessante, liebenswerte Menschen auf jeden Fall zweimal treffen sollte.) Unsere Begrüßung fiel ein wenig schüchtern aus, aber das war mir nicht unlieb. Lieber so als ein großes Mundwerk und nichts dahinter.
Vertrauensvoll radelte ich Klaus hinterher. Nach kurzer Zeit hatten wir offensichtlich unser Ziel erreicht, denn er hielt an und schloss sein Fahrrad ab. Nachdem ich es ihm gleichgetan hatte, gingen wir durch ein kleines Dickicht hinunter an den See.
Überraschung!
Klaus hatte dort ein wunderschönes Picknick vorbereitet. Eine riesige Decke, Kerzen, Wein – einfach alles, was man braucht, um ein paar romantische Stunden am See zu verbringen.
Seit diesem Abend treffen wir uns in unregelmäßigen Abständen. Wir verstehen uns sehr gut, haben den gleichen Humor und eine ähnliche Lebenseinstellung.
Verliebt haben wir uns nicht ineinander. Im Laufe der Monate haben wir jedoch eine sehr gute, intensive Freundschaft aufgebaut. Wir sind uns Ratgeber, Tröster und auch füreinander da, wenn dem anderen schlicht und einfach mal nur langweilig ist. So wie mir heute.
Klaus kommt – wie immer pünktlich und ebenfalls wie immer – mit einer schönen Flasche Wein unter dem Arm. Seine Weinkenntnisse sind einfach göttlich. Er wäre ein toller Sommelier.
»Na, Süße«, begrüßt er mich zärtlich und drückt mich kurz.

»Was ist mit dir los? Du hast am Telefon den Eindruck gemacht, als kämst du frisch von einer Beerdigung.«
Ich schaue ihm zu, wie er die Weinflasche fachmännisch öffnet. Dann sehe ich, dass er auch noch einen Korb voller Leckereien mitgebracht hat. Käse, frisches Baguette, Oliven, Schinken. Wie lecker!
»Hättest doch nichts mitbringen brauchen. Ich hab doch was da. Obwohl, eigentlich nicht so wirklich. Aber wir könnten essen gehen.«
Er schaut mich ernst an: »Du hast dich gestern nicht so angehört, als würdest du fröhlich in einem Restaurant über deine Probleme reden wollen.«
»Welche Probleme denn? Mir ist eigentlich nur seltsam langweilig, ich schlafe nicht mehr so gut … ich fühle mich im Moment einfach komisch. Ständig denke ich an irgendwelche Sachen von früher. Außerdem glaube ich, dass ich alt werde. Ständig vergesse ich irgendetwas, und wenn das so weitergeht, werde ich noch depressiv.«
Klaus reicht mir ein Glas Wein, und wir trinken einen Schluck. Nun, *er* trinkt einen Schluck – ich trinke das halbe Glas aus.
»Wenn ich geahnt hätte, mit welcher Ignoranz du den guten Wein runterstürzt, hätte ich einen billigeren mitgebracht!«, scherzt Klaus. Oje, und ich kann nicht einmal darüber lachen. Mit einem Grinsen schenkt er mir nach. Mit dem Weinglas in der Hand schlendern wir zur Couch und kuscheln uns tief in die weichen Polster.
»Na, dann erzähl mal, was bei dir los ist«, ermuntert er mich. Ich berichte, welch diffuse Gefühle mich seit einiger Zeit plagen. Klaus hört mir zu, ohne mich zu unterbrechen. Nach einer kurzen Pause sagt er: »Du bist in einer Midlife-Crisis.«
»Und du bist viel zu jung und außerdem ein Mann. Wie willst du das beurteilen können?«, antworte ich leicht irritiert.

Klaus lässt sich jedoch nicht beirren – das mag ich so an ihm – und redet einfach weiter: »Schau mal, du hast den größten Teil deines Lebens Menschen um dich herum gehabt, um die du dich gekümmert hast und die auch für dich da waren. Dann bist du durch die doch recht plötzlichen Trennungen von dir wichtigen Menschen in ein ziemlich tiefes Loch gefallen. Aus diesem Loch hast du dich mit viel Optimismus und Lebensfreude selber wieder herausgeholt. Jetzt bist du einfach down, erschöpft und vielleicht auch ein bisschen perspektivlos. Schaffe dir ein neues Ziel, eine neue Perspektive, ändere bestimmte Rahmenbedingungen in deinem Leben.«

Ich ziehe die Stirn kraus. Was soll ich denn jetzt noch ändern? Es hat sich doch schon so viel in meinem Leben geändert. Jetzt habe ich mich fast komplett in meinem neuen Leben eingerichtet, mich erholt und soll schon wieder was ändern?

Noch bevor ich meine Einwände loswerde, legt Klaus einen Finger auf meine Lippen. »Psst – erst nachdenken, nicht gleich losreden. Ich weiß genau, was du sagen willst. Aber die letzten Änderungsentscheidungen in deinem Leben wurden nicht von dir bestimmt. Andere haben sie für dich getroffen. Ich spreche von Entscheidungen, die *du* triffst und die dir wirklich guttun.«

Während ich, diesmal in ganz kleinen Schlückchen, an dem teuren Wein nippe, spüre ich so etwas wie – Leblosigkeit. Nicht unbedingt in mir, aber mein Wohnzimmer, der Flur, die leeren Schlafzimmer, überhaupt dieser kleine, dörfliche Vorort, in dem ich lebe, kommt mir mit einem Mal trist und grau vor. Eigentlich ist es ein schönes Dorf, mit viel Raum für Kinder. Alle kennen sich – und alle sind verheiratet. Aber, es ist nicht mehr mein Dorf. Es ist nicht mehr unsere Wohnung. Es ist nicht mehr unser Zuhause! Es gibt kein UNSER mehr. Ich bin heimatlos. Heimatlos in meiner eige-

nen Wohnung, meinem Dorf. Die Erkenntnis trifft mich wie ein Schlag.
»Ich ziehe um. Ich verlasse dieses Dorf und diese Wohnung. Die Wohnung, in der ich alt werden wollte, in der mich meine Enkelkinder besuchen sollten und die ich meinen Kindern vererben wollte.« Entschlossen klingt das noch nicht. Eher klagend.
Klaus verdreht die Augen. »Meine Güte, heute benimmst du dich, als ob du mindestens 70 wärst. Wenn ich dann noch bedenke, dass du diese Gedanken wahrscheinlich schon mit 40 hattest …!«
Jetzt muss ich doch lachen. Klaus hat recht. In dieser Wohnung habe ich mit meinem langjährigen Lebensgefährten und den Kindern gelebt. Aber diese Zeiten sind vorbei. Wenn ich schon VON VORNE anfangen muss, sollte ich mich auch von der alten Umgebung befreien, die ich mittlerweile als Ballast empfinde. Sonderbar, dass mir das erst jetzt auffällt, wo doch nahezu alles in meinem Leben einmal umgekrempelt ist. Wie kann ich wirklich von vorne anfangen, wenn ich Tag und Nacht die allzu vertrauten Gerüche um mich habe? Die leeren Zimmer, den jetzt viel zu großen Kühlschrank? Jeder Blumentopf, jedes Steinchen, jedes Bild erinnert mich an – früher.
»Deine Katze darfst du behalten.« Klaus lächelt, als hätte er meine Gedanken erraten. Meine Katze ist auch so ein Relikt aus Familienzeiten, aber immerhin ist sie ein Familienmitglied, das mir geblieben ist.
»Okay. Ich werde die Wohnung verkaufen und umziehen.« Das klingt schon besser als vorhin, finde ich. Jetzt habe ich direkt eine Vision von meinem neuen Zuhause. Nicht mit vielen kleinen Räumen wie jetzt. Auch kein Garten mehr. Sondern große, lichtdurchflutete Räume in offener Bauweise

und eine schöne große Terrasse für meine Blumen. Und mitten im Leben, sprich: in der Stadt.

Klaus ist sehr zufrieden mit mir. »Ich habe schon seit längerem überlegt, ob dir ein Umzug nicht guttun würde. Für einen Neuanfang ist es das Beste, Altes hinter sich zu lassen. Und zwar ohne Kompromisse. Um wirklich innerlich frei zu werden, musst du endgültig den kleinsten Hauch der Hoffnung aufgeben, dass alles wieder so wird wie früher. Es wird nicht mehr wie früher. Du hast die große Chance auf ein neues Leben. Nutze sie ganz.«

Ja, nun weine ich doch wieder. Klaus nimmt mich in den Arm, und ich heule, was das Zeug hält. Immer diese Abschiede!

Wir sitzen noch einige Minuten ruhig da. Dann hole ich mir einen Stapel Taschentücher, tupfe mein Gesicht ab und versuche ein Lächeln. Klaus lächelt zurück. »Das war jetzt ein ganz schöner Brocken, oder? Wie wäre es, wenn wir den Abend hier beschließen, damit du noch Zeit hast, zur Ruhe zu kommen?«

Ich nicke, dankbar für sein Verständnis und Einfühlungsvermögen. »Du hast mich auf eine wunderbare Idee gebracht. Ein neuer Ort, eine neue Wohnung, die ich einrichten kann: Das ist genau das, was ich jetzt brauche.«

Ich bringe Klaus zur Tür, wo er mich zum Abschied noch einmal fest drückt. Nachdem wir uns herzlich verabschiedet haben, lege ich mich wieder auf die Couch, um meine vom Weinen verquollenen Augen mit zwei kleinen Flaschen Cola zu kühlen. Gleich morgen will ich anfangen, meinen neuen Plan in die Tat umzusetzen. Da möchte ich nicht so fertig aussehen, wie ich mich heute Abend fühle.

KAPITEL 32

Überraschungen Schlag auf Schlag

Am nächsten Morgen werde ich ganz früh wach. Meine immer noch leicht brennenden Augen erinnern mich an meinen gestrigen Entschluss. Immer diese Heulerei!
Ich denke an gestern und daran, was heute sein wird. Heute ist ein neuer Tag, und ein schöner Gedanke, der mich in den Tag trägt, breitet sich wohlig in mir aus: Ab heute werde ich meine persönliche Umgebung verändern. Ich brauche genau zwei Minuten, um den Entschluss zu fassen: Ich werde in die Schweiz ziehen. Nach weiteren zwei Minuten beschließe ich: Ich werde alles Unnötige verkaufen, das sich im Laufe der letzten gefühlten 100 Jahre angesammelt hat. Weitere zwei Minuten später stehe ich schwungvoll auf, um damit zu beginnen, meine Entschlüsse in die Tat umzusetzen.
Der erste Schritt: Kaffee kochen, die Freundinnen anrufen. Maggie zuerst, dann Angela. Veronica würde mich umbringen, wenn ich sie um 6:30 Uhr, also mitten in der Nacht, aus dem Bett klingeln würde.
Maggie hingegen ist sofort am Telefon, und ich sprudle los: »Meine Güte, sitzt du direkt neben dem Telefon, so schnell wie du dran warst? Hallo Maggie, ich muss dir was erzählen. Also …«
Hallo, jemand dran? Maggie sagt gar nichts. Hier kann etwas nicht stimmen.
»Maggie? Was ist los?«, frage ich besorgt. Am anderen Ende der Leitung wieder kein Wort, nur Schluchzen. »Maggie, bitte, ich setze mich jetzt ins Auto und komme sofort zu dir.

Was auch immer los ist, du rührst dich nicht von der Stelle, bis ich da bin. Hast du mich verstanden?«

Ich höre nur ein gehauchtes Ja von ihr und lege rasch auf. Meine Sorge wird von Sekunde zu Sekunde größer. Ich kann mich nicht erinnern, Maggie in all den Jahren, die wir uns jetzt kennen, je weinen gesehen zu haben. So schnell ich kann, putze ich mir die Zähne, fahre einmal durch meine Haare, schlüpfe in Jeans, Pulli und meine warme Jacke und mache mich auf den Weg.

Beim ersten Ampel-Stopp rufe ich Angela an: »Bei Maggie stimmt irgendetwas ganz und gar nicht. Sie weint, und ich bin schon unterwegs zu ihr. Ich glaube, das ist ein echter Notfall.«

Angela ist genauso erschrocken wie ich und kündigt an, dass sie sich ebenfalls so schnell wie möglich auf den Weg zu Maggie macht.

Ich parke mein Auto direkt vor Maggies Haus. Auf mein Klingeln öffnet sie mir rasch. Sie wirkt verloren, wie sie da im Flur an der Wand lehnt, die Augen vollkommen verquollen. Ich muss ihr das mit den Cola-Flaschen zum Abkühlen sagen.

»Maggie?! Was ist passiert?«

»Ich hab meinen Mann verlassen.«

»Ja, aber warum denn?« Mehr fällt mir dazu vor lauter Schreck nicht ein.

»Was hab ich noch vom Leben? Immer das Gleiche. Er geht zur Arbeit, kommt nach Hause, ist müde. Es gibt keinen Sex mehr (das ist echt schlimm), von Zärtlichkeit ganz zu schweigen. Er hat zu nichts mehr Lust, will weder essen gehen noch ins Kino oder sonstwas. Außerdem kommt er immer später nach Hause. Und als ich ihn gestern gefragt habe, ob er eine Affäre hat, ist er total ausgerastet. Aber so schlimm, dass ich ihn gleich aus dem Haus geworfen habe!«

»Maggie, ich hab dich noch nie weinen sehen.«

»Also, das ist ja mal wieder typisch. Ist das das Einzige, was du jetzt gerade zu sagen hast?«
Ich schlucke. Es ist wirklich erschreckend, meine sonst immer fröhliche Freundin so weinen zu sehen. Und dennoch fühle ich mich erleichtert. Ich hatte schon befürchtet, Maggies Mann sei gestorben.
»Entschuldige, Maggie, aber … was hast du eben gesagt?«
Maggie schaut mich vollkommen entgeistert an. »Du willst jetzt nicht wirklich, dass ich dir das alles noch mal erzähle, oder?! Und überhaupt, wo sind die frischen Croissants?«
Während ich zum Bäcker renne und Veronica anrufe, kocht Maggie Kaffee. Als ich zurückkomme, ist der Frühstückstisch gedeckt, und Maggie hat aufgehört zu heulen.
Zwei Stunden später sind Angela, Veronica und ich über das gesamte Ausmaß der Tragödie im Bilde. Maggie fühlte sich von ihrem – wie wir finden, ausgesprochen liebenswerten – Mann tatsächlich vollkommen alleingelassen. Dabei macht er nur das, was fast alle Männer tun: Er geht morgens zur Arbeit und ist logischerweise am Abend müde – schließlich ist er auch keine 20 mehr. Hans hat sich nach dem Neustart in Deutschland mit viel Engagement ein neues Geschäft aufgebaut und tut alles, um Maggie ein schönes, sorgenfreies Leben zu bereiten. Sie selbst ist nicht berufstätig. Hans fordert von ihr nicht, dass sie ihren Teil zum Lebensunterhalt beisteuert. Er möchte einfach nur, dass sie da ist und glücklich. In Südafrika hatte sie dieses Leben immer genossen. Klar, es war auch wärmer, schöner, und es gab viele Frauen in ihrem Umfeld, denen es ebenso ging wie ihr: viel Zeit, viel Geld, viel Muße. Wenn Maggie uns von ihrem Leben in Kapstadt erzählte, kamen wir aus dem Staunen gar nicht heraus. Hätten wir sie nicht so gerne, wären wir wahrscheinlich vor Neid erblasst.
In Deutschland kam Maggie in ein anderes soziales Umfeld.

Uns war gar nicht klar gewesen, wie groß die Umstellung auch für sie war. Wir ahnten nicht, dass sie es ist, die uns beneidet: um die Freiheit, das zu tun, was wir wollen (was allerdings voraussetzt, dass man weiß, was man will), um unsere Berufstätigkeit und Selbstbestimmtheit. Jetzt sitzt sie tatsächlich am Frühstückstisch und sagt: »Ich beneide euch darum, dass ihr anziehen könnt, was ihr wollt, ohne dass einer meckert.«

Wir sagen erst einmal nichts. Aber ich wette, dass ich nicht die Einzige von uns dreien bin, die im Stillen denkt: Na, und ich würde mir gerne mal kaufen können, was ich will, ohne aufs Geld schauen zu müssen. Mindestens ich hätte mir dafür schrecklich gerne auch ein paar Meckereien angehört.

Nachdem Sie uns über die weiteren »Grausamkeiten einer Ehe« informiert hat, trifft Veronica den Nagel auf den Kopf: »Und dafür weckt ihr mich morgens um 7 Uhr? Maggie, bist du von allen guten Geistern verlassen? Du hast einen phantastischen Mann, keine finanziellen Sorgen, bist nie allein – na gut, tagsüber, aber damit lässt es sich leben –, und diesen Mann verlässt du einfach so?! Siehst du nicht an uns, wie kompliziert es sein kann, einen Menschen zu finden, den man lieben kann?«

»Nein, sehe ich nicht«, antwortete Maggie, die inzwischen wieder einigermaßen auf dem Damm zu sein schien, trotzig. »Ich sehe etwas anderes. Ich sehe drei Frauen, die begehrt sind, ständig neue Menschen (ich glaube, sie meinte Männer) kennenlernen und fröhlich ihr Leben leben. Und bei alledem könnt ihr machen, was ihr wollt.«

So langsam platzt auch mir der Kragen: »Maggie, das kannst du doch auch. Du machst doch auch, was du willst. Hans lässt dich doch machen, was du möchtest. Das Einzige, was er von dir erwartet, ist, dass du für ihn da bist. Und das ist doch nicht

zu viel verlangt, das ist doch schön. Also, ich würde sofort mit dir tauschen.«
Maggie lässt sich nicht umstimmen. Sie scheint wild entschlossen, ihre Ehe einfach nur noch schrecklich zu finden. Gegen Mittag verabschieden wir uns ziemlich ratlos von ihr. Wir drei verstehen nach wie vor nicht, warum Maggie diesen Schritt getan hat. »Wenn Maggie ihren Hans nicht mehr will, können wir ihn doch unter uns aufteilen«, versucht Veronica einen Witz, als wir vor Maggies Haus stehen. »Genau: Jede von uns kriegt ihn zwei Tage«, fügt Angela lachend hinzu.
»Nö, was will ich mit einem Drittel Mann? Ich schlage vor, wir knobeln aus, welche von uns ihn ganz bekommt«, gebe ich zurück. Während wir noch ein bisschen weiterflachsen, stellen wir fest, dass wir fast mehr Mitleid mit Hans haben als mit Maggie. Dabei ist sie doch unsere Freundin! Betroffen schauen wir uns an. »Jetzt mal langsam«, meint Veronica schließlich. »Wir müssen das Ganze auch erst mal sacken lassen. Also, um ehrlich zu sein – ich bin schon ganz schön geschockt.«
»Ja, stimmt«, pflichte ich ihr bei. »Ich kann das nicht richtig glauben. Aber wenn es wirklich hart auf hart kommt, lassen wir Maggie natürlich nicht im Regen stehen.«
»Nein, natürlich nicht. Aber ich hoffe wirklich, dass Maggie sich das alles noch mal gut überlegt.«
Angela schaltet sich ein, etwas kleinlaut. »Bevor wir jetzt wieder in alle Himmelsrichtungen fahren, ich hab eigentlich noch eine gute Nachricht für euch. Ich weiß nur nicht, ob das jetzt fehl am Platz ist?«
»Och, du armes Schätzchen, erzähl ruhig«, tröstet Veronica sie mit liebevoller Ironie und legt den Arm um sie.
»Es gibt was zu feiern. Ich habe eine Einladung von meinem Bruder für die nächste Segelregatta bekommen. Stellt euch

vor, in zwei Wochen fliege ich nach Südafrika. Für vier Wochen! Kommst du mit, Maria? Die Typen, mit denen du in Kiel gesegelt bist, sind auch wieder mit von der Partie.«
»Ach nee, lass mal«, sage ich lachend. »Einmal nass werden reicht mir.«
Wir beglückwünschen Angela für diese tolle Einladung und freuen uns mit ihr. Auf diese Auszeit hat sie schon sehr lange gewartet.
Ich beschließe, den Freundinnen heute nichts von meinen Umzugsplänen zu erzählen. Fürs Erste gibt es genug Neuigkeiten.
Zu Hause gehe ich erst einmal unter die Dusche – ich war ja heute früh in aller Eile zu Maggie aufgebrochen – und ziehe mich um. Darüber wird es 13 Uhr … ich verspüre schon wieder leichten Hunger und entscheide mich, auswärts zu essen und dabei den Immobilienteil der Samstagszeitung zu studieren.
Nachdem ich mir eine Saftschorle bestellt habe, schlage ich die erste Zeitung auf. »Das ist ja der helle Wahnsinn!«, entfährt es mir, und ich spüre, wie mein Herz schneller schlägt.
»Oh, interessant. Lassen sie mich an Ihrem hellen Wahnsinn teilnehmen?«, fragt eine tolle Männerstimme hinter mir.
»Wer fragt das?«, will ich wissen und drehe mich um. Wow, nicht nur die Stimme ist toll! (Das habe ich jetzt hoffentlich nicht laut gesagt …) Na prima, jetzt werde ich auch noch rot. Heute bleibt mir aber auch gar nichts erspart.
»Ludwig Arden fragt, ob er an Ihrem hellen Wahnsinn teilnehmen darf. Es war herrlich anzusehen, wie Sie die Zeitung aufschlugen und im nächsten Moment ganz aufgeregt wurden.«
Okay. Ich habe jetzt genau zwei Möglichkeiten. Erstens: Ich ignoriere Herrn Arden und bin beleidigt, weil er mich be-

lauscht hat. Das macht »Mann« nicht. Oder zweitens: Ich stelle mich brav meinerseits vor – immerhin ist er ein interessanter Mann – und zicke nicht rum. Ich entscheide mich für zweitens. »Ich bin Maria Klein. Und ich habe gerade meine Traumwohnung gefunden. Das ist doch der helle Wahnsinn. Das müssen Sie sich mal vorstellen. Gestern Abend beschließe ich, eine neue Wohnung zu beziehen, stelle sie mir genau vor, schlage eben die Zeitung auf, und schon steht sie da. Sehen Sie, das ist sie.« Ich halte meinem Gegenüber die Zeitung unter die Nase und ziehe sie weg, bevor er hineinschauen kann.

»Mensch, habe ich ein Glück. Und das, obwohl der Tag so chaotisch anfing. Meine Freundin hat nämlich beschlossen, sich von ihrem Ehemann zu trennen. Das hat mich total erschüttert. Puh, Achterbahn der Gefühle. Manche Tage sind ganz schön anstrengend. Finden Sie nicht auch?«

Ludwig Arden schaut mich amüsiert an. Da erst merke ich, dass ich gerade einem wildfremden Mann – wie eine Dauerquasselmaschine – mein halbes Leben der letzten 24 Stunden erzählt habe. Wie peinlich ist das denn schon wieder!

Dabei mögen Männer doch gar keine Frauen, die so viel reden. Aber was interessiert es mich eigentlich, ob der mich mag oder nicht?

Oje, jetzt quassel ich mich schon selber zu. Ich sag jetzt nichts mehr.

»Haben Sie jetzt mit sich selbst oder mit mir gesprochen?«

»Was hab ich gesagt?«, frage ich entsetzt.

»Sie sagten ›Ich sage jetzt nichts mehr.‹«

»Jetzt bin ich aber froh, dass ich nur den letzten Satz laut ausgesprochen habe«, gestehe ich lächelnd ein. Meine Güte, ich werde jetzt doch wohl nicht auch noch anfangen, diesen Herrn Arden anzuhimmeln! Obwohl: Wundern würde es

mich nicht. Denn das, was ich von ihm sehe, ist nicht schlecht, um nicht zu sagen: Es ist der Hammer!
Etwa gleich groß wie ich, das macht mich immer schon ganz glücklich. Dunkelblond, frecher Kurzhaarschnitt, schöne Lachfältchen rund um die Augen. Sein jungenhaftes Lachen könnte einem fast den Verstand rauben.
Stopp. Jetzt muss ich mal schnell versuchen, mich zu sortieren. Ich sitze in einem Lokal, habe eine Zeitung aufgeschlagen, mit mir selbst gesprochen. Ein Mann hat geantwortet, er sieht gut aus, er ist charmant, er hat schon gegessen, er wird gleich gehen, und das war's. Also: Warum sitze ich hier wie ein verstörter Teenager?
»Sie haben die Zeitung so schnell weggezogen. Zeigen Sie mir noch mal die Wohnung, die Ihnen so gefällt?«, fragt Ludwig Arden mich so freundlich, dass ich den Anzeigenteil wieder aufschlage und ihm das Foto meiner zukünftigen Wohnung zeige. Mein Bauchgefühl sagt mir eindeutig: Das ist sie!
Nach einem genauen Blick auf das Foto und die Daten zu Größe und Raumaufteilung stimmt er mir zu: »Wirklich eine sehr schöne Wohnung. Wenn es tatsächlich genau das ist, was Sie suchen, sollten Sie nicht zögern, sondern den Verkäufer gleich per Handy anrufen. Der Tag ist noch lang, auch wenn Sie heute schon so viel erlebt haben, und die Zeitung ist immerhin schon von gestern. Wenn Sie zu lange warten, schnappt Ihnen vielleicht noch jemand die Wohnung vor der Nase weg«, warnt er mich lachend.
Ach, ich mag Männer, die klar und energisch sind. Also rufe ich brav unter der im Inserat angegebenen Nummer an. Wenige Minuten später habe ich einen Besichtigungstermin für den heutigen Nachmittag, und Ludwig, meine neue Bekanntschaft, hat meine Handynummer. Ein sehr bewegter Tag, in der Tat!

Am Abend bin ich vollkommen erledigt. Die letzten 24 Stunden waren unglaublich ereignisreich und emotional. Die Wohnung ist ein Traum, und ich habe gleich den Vertrag unterschrieben. Einfach so. Wenn ich so darüber nachdenke, war das die erste Entscheidung meines Lebens, die ich vollkommen ohne zu überlegen traf und ohne den Rat von Eltern, Geschwistern, Freunden, Bekannten, Fachleuten usw. eingeholt zu haben. Mittlerweile bin ich so erschöpft, dass ich nicht einmal mehr Klaus anrufen möchte, um ihm zu erzählen, dass ich seinen Rat umzuziehen ruckzuck ein Stück weit in die Tat umgesetzt habe.
Ja, und wenn ich dann noch an Ludwig denke, wird mir ganz warm ums Herz. Um nicht zu sagen, mir wird unerträglich heiß. (Ob das wirklich nur an ihm liegt?) Mit seiner souveränen Art hat er wirklich einen bleibenden Eindruck bei mir hinterlassen.
Ich bin jetzt schon gespannt, wann er sich bei mir meldet. Oder ob überhaupt. Vielleicht war er einfach nur freundlich. Möglicherweise habe ich ihn auch mit meinen Selbstgesprächen amüsiert. Dass ich mit mir selber rede, wundert mich gar nicht – machen das nicht früher oder später alle Menschen, die alleine leben? Oje, jetzt fange ich schon wieder an, mich selbst zu deprimieren. Warum machen wir Frauen das bloß immer wieder?!
Ich nehme eine heiße Dusche, kuschle mich ins Bett und – kann nicht schlafen. Immer wieder schrecke ich aus dem Halbschlaf hoch, dann wieder ist mir zu warm, und Tausende von Gedanken kreisen in meinem Kopf. So kann das doch nicht weitergehen! Vielleicht ist es das Beste, wenn ich wieder aufstehe?
Ich versuche es mit gutem Zureden, beruhige mich damit, dass ich einen wirklich sehr ereignisreichen Tag hinter mir

habe und deshalb nicht zur Ruhe komme. Ja, das wird es sein. Also werde ich gemütlich im Bett die Ruhe genießen und ein wenig vor mich hin träumen, statt auf Tiefschlaf zu hoffen. Aaah, ich merke schon, wie der bloße Entschluss mich ruhiger werden lässt ...

Zack! Wieder schrecke ich kurz vor dem Einschlafen hoch und bin schlagartig hellwach. Ich habe an Ludwig gedacht. Dagegen ist ja grundsätzlich nichts einzuwenden, aber muss es gerade jetzt sein? Hab ich mich etwa verliebt? Mein Gott, ich benehme mich wie ein Teenager! Aber ist es nicht so, dass das Verliebtsein und die Liebe überhaupt zu jeder Zeit und in jedem Alter zuschlagen können? Ja, es ist so. Man ist nun mal in keinem Alter davor gefeit, sich neu zu verlieben, einen interessanten Mann – oder eine Frau – kennenzulernen, die berühmten Schmetterlinge im Bauch zu spüren. Und genau das scheint bei mir gerade zu passieren. Denke ich an Ludwig, bekomme ich ein Kribbeln im Bauch, wie ich es schon lange nicht mehr verspürt habe. Dabei weiß ich doch gar nicht, wie er für mich empfindet oder ob er überhaupt noch »frei« ist. Freudig und unruhig zugleich kuschle ich mich noch tiefer in mein Bett und schlafe irgendwann tatsächlich doch mit einem Lächeln ein.

Was ich dir sagen möchte

Manchmal lernt man jemanden kennen und erlebt die Magie des Augenblicks. Man fühlt sich durch den anderen im Inneren berührt oder empfindet eine seltsame Nähe zu einem Menschen, den man doch erst vor wenigen Minuten zum ersten Mal gesehen hat. Einfach so, ganz unerklärlich.

Im Idealfall geht es dem anderen genauso, und er zeigt dies

durch Blicke und Gesten. So eine Begegnung kann uns mit einem Mal in den siebten Himmel katapultieren.
Doch weil wir lebenserfahren sind, sind wir auch vorsichtig. Auch wenn der Augenblick noch so besonders sein mag: Wir warten lieber ab, schauen und hören genau hin. Auch bereits gebundene Menschen können sich ernsthaft verlieben. Nur. Wollen wir das? Nein. Was wir wollen, ist ein Mann, der wirklich frei für uns ist.

KAPITEL 33

Sind die »neuen Männer« wirklich besser?

Heute habe ich schon sehr früh einen Kundentermin.

Herr Astra ist beruflich im mittleren Management tätig, 53 Jahre alt und seit zehn Jahren geschieden. Er hat zwei Kinder im Alter von 20 und 21 Jahren. Ein ausgesprochen sympathischer, sehr gepflegter Mann. Wir kommen recht schnell auf sein Anliegen zu sprechen: »Frau Klein, ich möchte gerne eine schöne Beziehung eingehen. Die Trennung von meiner Frau liegt mittlerweile zwölf Jahre zurück. Wir haben die Kinder gemeinsam erzogen, denn zum Zeitpunkt unserer Trennung waren sie ja noch relativ klein. Sie waren im Wechsel eine Woche bei meiner Frau und eine Woche bei mir. Meine Frau und ich fanden die Lösung so für alle Beteiligten am besten. Wir wollten beide den Kontakt zu unseren Kindern nicht verlieren und ihnen trotz unserer Trennung ermöglichen, sich bei beiden Elternteilen gleich wohl zu fühlen. Außerdem ist es für die Kinder ja auch wichtig, den Vater nicht zu verlieren, wie es leider bei den meisten Trennungen der Fall ist.«

Ausführlich erzählt er mir von seinem Leben mit den Kindern – wo sie ihre Urlaube verbracht haben, dass beide seit zwei Jahren an einem anderen Ort studieren und er sie deshalb nur noch selten sieht.

Bei alledem vermisse ich etwas. Ich höre kein einziges Wort von einer Beziehung, die er in dieser Zeit hatte, und frage ihn schließlich danach. Herr Astra schaut mich über-

rascht an: »Seit ich von meiner Frau getrennt bin, war ich nicht mehr mit einer anderen Frau zusammen. Es war mir unmöglich. Von dem Moment an, als meine Frau mich verließ, hoffte ich, dass sie zurückkommt. Ganz ehrlich: Ich war der Meinung, wenn ich alles tue, was sie möchte, wenn ich weiterhin einfach liebenswürdig bin, dann wird sie schon irgendwann merken, dass sie mich vermisst. Ich habe diese Frau über alles geliebt. Und wenn sie mir gesagt hätte, ich solle 20 Jahre auf sie warten, hätte ich es getan.«

»Sie haben also all die Jahre alleine gelebt – ohne Partnerin?«

»Ja. Ich hatte mir vorgenommen, auf sie zu warten, bis sie wieder zu mir zurückfindet«, sagt er traurig. »Und nun hat sie ihren Lebensgefährten geheiratet. Jetzt weiß ich sicher, dass es für uns keine Hoffnung mehr gibt.«

»Wie lange ist Ihre Frau schon mit dem neuen Partner liiert?«

»Seit elf Jahren.«

Unglaublich! Da hofft ein Mann elf Jahre lang, dass seine Frau zu ihm zurückkommt, und erst angesichts ihrer neuen Ehe zieht er einen Schlussstrich. Vielmehr: Sein Verstand zieht den Schlussstrich. Seine Emotionen aber hängen immer noch hinterher.

Herr Astra kann mir nicht einmal sagen, welche Vorstellungen er von seiner zukünftigen Partnerin hat. Ein weiteres Anzeichen dafür, dass er die Trennung von seiner Frau innerlich nicht vollzogen hat. Ich schlage ihm vor, eine Gesprächstherapie zu machen, bevor er sich auf Partnersuche begibt. Die Erfahrung hat mich gelehrt, dass selbst die liebste, schönste und beste Frau der Welt, die ich Herrn Astra vorstellen würde, für ihn nicht interessant wäre. Er wird sich in seinem innerlich blockierten Zustand nicht verlieben können. Herr Astra ist über meinen Vorschlag zunächst überrascht, entscheidet sich aber dann, darüber nachzudenken. Er bedankt sich bei mir für meine Aufrichtigkeit, und wir verabschieden uns herzlich.

Nachdem er gegangen ist, unterhalte ich mich noch mit Patrizia und Veronica über diese Art »neuen Mann«. Mittlerweile habe ich eine Feststellung gemacht: Früher, und ich weiß gar nicht, wann das Früher angefangen hat, haben die Männer sich nach dem Ende einer Beziehung sofort eine neue Partnerin gesucht. Sie haben sich, ohne groß zu klagen oder nachzudenken, gleich wieder in das Wagnis Liebe gestürzt.
»Stimmt genau«, bestätigt Patrizia. »Nachdem ich meinen Mann verlassen hatte, hat er auch gleich eine Neue gehabt. Nach nur fünf Monaten zog sie bei ihm ein, und nur einen Monat nach unserer Scheidung hat er meine Nachfolgerin geheiratet.«
»Bei mir war es ähnlich«, pflichte ich ihr bei. »Als ich meinem Mann gesagt habe, dass ich ihn nicht mehr so liebe wie früher, hat er sich, anstatt mit mir darüber zu reden, gleich eine neue Freundin gesucht.«
Während Patrizia und ich darüber sprechen, ob es eher ein Vorteil oder ein Nachteil ist, dass zumindest manche Männer sich in Sachen einer neuen Liebe mehr Zeit lassen als früher, sagt Veronica gar nichts, sondern stößt nur von Zeit zu Zeit einen tiefen Seufzer aus.
»Was ist los? Hast du zu dem Thema nichts zu sagen?«, versuche ich sie zu animieren, sich an unserem Gespräch zu beteiligen.
»O doch, und ob!« Veronicas Gesichtsausdruck wirkt leicht gequält, wie mir jetzt auffällt. »Ich fürchte, ich habe auch einen dieser ›neuen Männer‹ an der Angel. Du weißt doch,

dieser nette Typ, den ich bei deinem Vortrag kennengelernt habe. Dass er in Trennung lebt, hat mich bisher nicht gestört. Es dauert halt eine Weile, bis jemand geschieden ist. Aber neulich hat er mir gesagt, dass er schon seit drei Jahren von seiner Frau getrennt ist und immer noch nicht die Scheidung eingereicht hat. Da wurde ich dann doch stutzig. Zumal es seine Frau war, die sich von ihm getrennt hat. Sie hat ihn regelrecht aus dem Haus geworfen. Und was macht dieser Kerl? Er trauert ihr immer noch nach! Sobald sie anruft, steht er Gewehr bei Fuß. Stellt euch vor: Sie schleift ihn immer noch zu Familienfeiern mit, so nach dem Motto: Die Oma freut sich doch so, wenn du dabei bist. Anschließend schickt sie ihn wieder in die Wüste.«

Veronica ist jetzt nicht mehr zu stoppen. Mit inzwischen leicht gerötetem Gesicht berichtet sie weiter: »Für mich verstreichen diese Wochenenden, in denen er bei der Familie seiner Ex ist, ungenutzt. Nie können wir irgendetwas zusammen planen und einfach mal für zwei, drei Tage wegfahren. Es könnte ja sein, dass Madame anruft. Und wenn die mal persönlich nichts von ihm will, hütet er die Kinder. Und die bekommt er auch nur, wenn sie es will.«

»Ach, Veronica, das wusste –«

»Letzte Woche habe ich ihn gefragt, wie er sich unser gemeinsames Leben so vorstellt und an welcher Stelle seiner familiären Verpflichtungen ich stehe«, unterbricht Veronica mich. »Und wisst ihr, was er geantwortet hat?«

Sie schaut uns mit unverhohlener Wut an. Patrizia und ich sagen erst einmal nichts.

»›Ich muss mich erst einmal emotional von meiner Frau lösen.‹ Der hat sie doch nicht mehr alle! Ich hatte mich in den letzten Wochen total in ihn verliebt. Seine ruhige Art gefiel mir. Ihr wisst ja, dass wir schon Zukunftspläne geschmiedet haben.

Und dieser Kerl trifft sich mit mir, geht mit mir ins Bett, erzählt mir, dass er schon lange nicht mehr so glücklich war und was wir für ein unglaubliches Glück gehabt haben, dass wir uns bei deinem Vortrag über den Weg gelaufen sind. Da schwebst du doch als Frau irgendwann im siebten Himmel. Das sind doch Liebeserklärungen, oder etwa nicht? Und dann dieses bescheuerte ›Ich muss mich erst von meiner Frau lösen‹!«
Veronica beendet ihren zornigen Redeschwall und schaut uns mit finsteren Augen an. »So, und ihr habt scheinbar auch nichts dazu zu sagen. Auf wessen Seite steht ihr eigentlich?!«
»Also, jetzt verrennst du dich aber«, entgegnet Patrizia resolut. »Wir haben dich einfach nur ausreden lassen.«
»Wieder so ein RA!« (Das ist unsere firmeninterne Abkürzung für Riesen-Arschloch.) Auch ich bin jetzt wütend: »Ist über dieses Thema überhaupt schon einmal etwas publiziert worden? Da schleicht sich im Laufe der Jahre ein neuer Typ Mann ein, und keiner merkt es. Je länger ich darüber nachdenke, desto mehr Männer fallen mir ein, die ihrer Ex-Frau jahrelang hinterhertrauern und sich nicht lösen können. Jetzt stellt sich nur die Frage: Waren die Frauen so gut, oder hat das etwas mit der neuen ›Weiblichkeit‹ der Herren zu tun?«
Veronicas Miene hat sich wieder aufgehellt: »Der Gedanke ist gar nicht mal so abwegig. Maria, du hast doch schon einmal einen Artikel darüber geschrieben. Es ging darum, dass wir uns die Männer durch unser Emanzipationsgehabe auf die Gattung ›Weichei‹ reduziert haben. Vom Macho zur Windeln wechselnden Heulsuse. Und als dann diese ›neuen Männer‹ vor uns standen, waren wir entsetzt darüber, Türen wieder selbst öffnen zu müssen, die Wasserflaschen eigenhändig hochtragen und die Nägel für unsere Bilder selbst in die Wände schlagen zu müssen.«
»Wahrscheinlich war das dann die Epoche, in der der Besuch

eines Beate-Uhse-Ladens zum samstäglichen Einkaufsritual der Frauen gehörte. Es musste schließlich mal wieder was Hartes mit ins Bett. Als Gegenpol zum Weichei«, fügt Patrizia lachend hinzu. »Ach, übrigens, seit ich mit einer Frau verheiratet bin, gehört dieser Laden auch zu unserem Einkaufsritual. Aus demselben Grund. Ab und an was Hartes im Bett kann nicht schaden.« Während sie uns dergestalt aufklärt, malträtiert Patrizia ungerührt die Tastatur ihres Computers. Veronica prustet los und verschluckt sich beinahe vor Lachen. Es geht doch nichts über die unabhängige Sicht einer Frau, die beide Seiten des Liebeszirkus' kennengelernt hat.
»Was machst du jetzt mit dieser neuen Erkenntnis über den Typ?«, frage ich sie.
»Die Sache hat sich schon erledigt. Wir haben uns getrennt. Vielmehr, um ehrlich zu sein: Er hat sich von mir getrennt. Das müsst ihr euch mal vorstellen: Da kommt ihm der leiseste Hauch eines Gegenwindes von mir ins Gesicht, und schon zieht er den Schwanz ein. Und nein, bevor ihr fragt: Ich bin nicht mehr traurig. Im Gegenteil: Ich bin froh, so früh gemerkt zu haben, was Sache ist. Übrigens: Heute ist Freitag. Gehen wir am Samstagabend aus?«

Was ich dir sagen möchte

Es ist unmöglich, pauschal etwas darüber zu sagen, wie sich ein Mann nach einer Trennung fühlt.
Es gibt Männer, die nach einer Trennung rasch wieder emotional frei sind. Wenn einer der Partner aus der gemeinsamen Wohnung auszieht, ist meistens die Liebe schon vorher ausgezogen.
Natürlich gibt es auch viele Männer, die längere Zeit brau-

chen, um eine beendete Beziehung zu verarbeiten. Und dann gibt es die, die glücklich sind, wieder frei zu sein, und sich voller Freude in eine neue Liebe stürzen.
Wenn du einen Mann kennenlernst, gibt er dir sehr schnell zu verstehen, wo er emotional steht (du magst es kaum glauben, aber auch Männer reden gern). Erzählt er sehr viel von seiner Ex (egal, ob gut oder schlecht), dann hat er das Thema noch nicht ganz durch. Am besten fragst du ihn ganz direkt, ob er seine Partnerin noch liebt. Je vehementer er das verneint und vielleicht sogar noch großartig ausschmückt, warum nicht, ist es ratsam, vorsichtig zu sein. Ich möchte dir einen Satz mit auf den Weg geben, der sich nicht nur in Bezug auf Männer anwenden lässt:

Hör genau hin!

Jeder Mensch, außer er ist ein potenzieller, berufsmäßiger Betrüger, sagt, was er denkt und fühlt. Aber eben: Hör genau hin, auch auf die Worte zwischen den Zeilen.
Und da wir Frauen absolute Weltmeister darin sind, Aussagen der Männer falsch zu deuten, werde ich dir gleich ein paar Beispiele geben, die darauf hindeuten, dass ein Mann mit einer zurückliegenden Trennung noch nicht ganz im Reinen ist: Er sagt: »Die Trennung von meiner Frau vor einem Jahr hat mir sehr zugesetzt. Es ist schwer für mich, darüber hinwegzukommen.«
Er meint: Eigentlich liebe ich meine Frau immer noch und suche nur jemanden, um nicht allein zu sein.
Wir denken: Wie schön, so einen emotionalen Mann kennenzulernen. Er hat nur darauf gewartet, eine Frau wie mich kennenzulernen. Jetzt fängt mein neues Leben an.
Er sagt: »Ich möchte so schnell keine neue Bindung.«

Er meint: Ich habe Angst, mich zu binden und suche nur eine unverbindliche Beziehung zum gemeinsamen Ausgehen und um Sex zu haben.
Wir denken: Endlich ein ehrlicher Mann. Sicher gefalle ich ihm so sehr, dass er sich mit mir eine Beziehung vorstellen könnte. Sonst hätte er das Wort Bindung doch gar nicht erst in den Mund genommen.
Er sagt: »Wir können uns gerne einmal wieder treffen, aber nur auf freundschaftlicher Basis.«
Er meint damit: »Nur keine Verpflichtung eingehen, sonst bekomme ich die nicht mehr von der Backe. Sollte mal Not am Mann sein, kann ich ja immer noch mal anrufen.«
Wir denken: »Hurra, er will mich wiedersehen, traut sich aber noch nicht, seine Gefühle für mich offen auf den Tisch zu legen. Aber das kriege ich schon hin.«
Er ruft nicht an.
Er meint: Du interessierst mich nicht, also wozu Zeit verschwenden?
Wir denken: Er hat meine Telefonnummer verloren, er traut sich nicht, er hat sich in mich verliebt und gesteht sich das nicht ein, er hatte einen Autounfall, sein Handy ist kaputt, er wurde beraubt, er ist schrecklich krank geworden oder nein: Er hat schon 20-mal angerufen, aber *mein* Handy ist kaputt. (Schnell eine Freundin anrufen: »Ruf mich mal schnell zurück, ich glaub, mein Handy ist kaputt!«). So was haben wir doch alle schon mal gemacht, oder?
Auch wenn du nichts von ihm hörst, dann höre da genau hin.

***

Angela ist nun schon seit fast zwei Wochen bei ihrer Segelregatta in Südafrika und hat noch gar nichts von sich hören lassen. Just als ich anfange, mir Sorgen zu machen, meldet sie sich über Skype bei mir. Begeistert zeigt sie mir mit ihrem Handy die wunderschöne südafrikanische Landschaft, traumhafte Segelboote und natürlich auch Horden von Männern, die sich im Jachthafen tummeln. Als ich sie darauf anspreche, ob angesichts dieser geballten Anzahl von Kerlen keiner für sie dabei ist, fragt sie mich nach einer kleinen Pause: »Du, mir liegt da schon seit ein paar Tagen etwas auf dem Herzen. Ist eigentlich der Ex-Mann einer Bekannten grundsätzlich tabu?«

»Wie gut bist du denn mit deiner Bekannten befreundet?«

»Na ja, ich habe sie – und eben auch ihren damaligen Mann – letztes Jahr kennengelernt. Besonders eng sind wir nicht miteinander.«

»Und wie lang sind die beiden getrennt?«

»Seit neun Monaten.«

»Dann mach dir keine Sorgen. Dann ist der nicht tabu.«

Angela strahlt. »Weißt du, er hat mir sofort gefallen, aber er war eben mit seiner Familie da. Und eine Affäre mit einem verheirateten Mann kommt für mich nicht in Frage. Nun haben wir uns hier zufällig wiedergetroffen, und er hat mir erzählt, dass seine Frau und er sich getrennt haben. Ja, und jetzt, wo du mir sagst, dass er nicht tabu ist ...dann werde ich jetzt mit ihm eine schöne Affäre beginnen.«

»Wieso denkst du denn nur an eine Affäre? Vielleicht wird doch mehr draus«, versuche ich Angela zu ermutigen. Angelas Gesicht ist jetzt wieder ernst. »Nein, ja ... ach, mal schauen. Ich will mir nicht zu viele Hoffnungen machen.«

Während ich noch überlege, wie ich Angela etwas von ihrer Skepsis nehmen kann, höre ich, wie jemand nach ihr ruft. Eine Männerstimme. Angela dreht das Handy um, so dass ich sehen kann, wer da gerufen hat. Wie es aussieht, hat sie sich da wirklich einen Prachtkerl ausgeguckt.

»Also, Süße, wir legen jetzt auf. Ich glaube, du hast zu tun!«, sage ich lachend.
»Ich melde mich wieder – mach's gut bis dahin!«, ruft Angela mir noch zu, bevor wir das Gespräch beenden.
Na, da bin ich ja mal gespannt. Angela scheint von sehr gemischten Gefühlen erfüllt zu sein: Einerseits ziemlich verliebt, andererseits skeptisch – wahrscheinlich, um sich nach früheren Erfahrungen mit Männern vor einer neuen Enttäuschung zu schützen. Ich hoffe für sie, dass es ihr gut ergehen wird.

KAPITEL 34

Mädelsabend, die vierte

Am Samstagmorgen ruft Veronica ungewohnt früh bei mir an: »Du, ich habe mir etwas überlegt. Wir wollen doch an diesem Wochenende ausgehen. Da sollten wir unbedingt Maggie mitnehmen.«

»Bist du verrückt? Am Ende lernt sie noch jemanden kennen! Das ist es doch gerade, worum sie uns beneidet. Dabei sollte sie doch bei ihrem Mann bleiben! Du findest doch auch, dass sei mit der Trennung vollkommen überreagiert hat, oder?«

»Ja, klar. Genau deswegen will ich sie ja mitnehmen. Meine Idee ist, dass wir sie in die schlimmsten Läden mit den schlimmsten Kerlen schleppen. Nach spätestens drei Stunden hat sie die Nase voll vom Ausgehen – wetten? – und kehrt reumütig zu ihrem Mann zurück.«

»Okay, keine schlechte Idee. Aber kennst du denn solche Läden?«

»Nee.«

»Ich hör mich mal auf Facebook um, was es im Umkreis von 50 Kilometern so an schlimmen Läden gibt, und melde mich dann wieder bei dir.«

Gesagt, getan. Ich starte einen Aufruf auf Facebook:

»Hi. Brauche dringend Tipps von euch für die schlimmsten Ausgehmöglichkeiten!«

Es kam einiges an Vorschlägen zusammen. Ich amüsiere mich schon beim Lesen königlich.

»Bahnhofskneipen!«

»Nordamerikanische Schnellrestaurants.«

»Restaurant im Kaufhaus, auch besonders doof, vor allem die vielen alten Omis dort ;-) MICH habe ich nicht gemeint :-)))«
»Restaurants, in denen im Nebenzimmer Herrenrunden tagen …«
»Eine echte Rockerkneipe, total laut und dunkel, da kannst du tanzen und trinken ohne umzufallen, weil es so eng ist. Das absolute No-Go für ›Damen‹.«

»Ein XXL-Restaurant hihi… obwohl: Ich persönlich finde auch ein Blockhouse (Steakrestaurantkette) fürs erste Date ziemlich daneben!«
Dann stelle ich gemeinsam mit Veronica folgendes Kontrastprogramm für den Abend auf: Zuerst werden wir mit Maggie sehr gediegen und gut essen gehen. Es gibt in Konstanz ein tolles Restaurant im Stil der 50er-Jahre (inklusive der Bedienung, die dort vermutlich schon mit 18 angefangen hat und dem Aussehen nach seit mindestens 50 Jahren dort beschäftigt ist). Die Tischdecken sind schneeweiß und so gestärkt, dass man aufpassen muss, sich an den Spitzen nicht zu stechen. Bei den Servietten überkommt einen das Gefühl, jemand hätte sie vorher in Spachtelmasse eingelegt. Man muss sie mit Gewalt auseinanderschlagen, um sie sich auf den Schoß legen zu können. Das Essen schmeckt phantastisch, nicht zuletzt, weil es vor Sahne und Butter trieft. Wer in diesem Lokal ein Drei-Gänge-Menü bestellt, ist für die nächsten drei Wochen restlos satt.
Für die gute Maggie soll dies das Vorspiel zu einem wunderbar »gelungenen« Abend werden. Für danach haben wir gleich mehrere Etablissements zur Auswahl, die mir auf Facebook als absolut abschreckend geschildert worden waren.
Maggie ahnte nicht das Geringste von unseren hehren Absichten. Um 19:30 Uhr holen Veronica und ich eine hübsch

zurechtgemachte und von großer Vorfreude erfüllte Maggie bei sich zu Hause ab. »Ach, wie toll!«, ruft sie, als wir das Restaurant betreten. »Hier war ich schon ewig nicht mehr. Dass es das überhaupt noch gibt! Eine Superidee von euch!«
Veronica und ich grinsen uns an und freuen uns auf das Menü. Als Vorspeise soll es Markklößchen-Suppe geben, danach Zürcher Geschnetzeltes mit Rösti und einen großen Salat mit Sahne-Vinaigrette. Und als Dessert stehen eingelegte Rumfrüchte auf Pannacotta auf dem Speiseplan. Und so nimmt der gutgemeinte Abend unter dem Motto »Wie vergraulen wir einer Freundin die Lust auf die Freiheit?« seinen Lauf.
Noch nie hat uns ein Dessert so zugesetzt. Die Rumfrüchte sind in einer Suppentasse angerichtet, und mit dem Rum hat man es sehr gut gemeint. Wir süßen reichlich mit Zucker, um den intensiven Alkoholgeschmack zu mildern. Tolle Idee!
Als Maggie zur Toilette geht, immer noch topfit, flüstert Veronica mir zu: »Wenn das so weitergeht, sind wir beide am Ende, bevor wir hier wieder aufbrechen. So unternehmungslustig, wie die ist, würde sie eine Flasche Champagner allein austrinken und uns anschließend nach Hause bringen. Dabei hat der Abend doch erst angefangen!«
Ich rutsche auf meinem Stuhl so weit wie möglich nach hinten, um meinem Bauch ein bisschen mehr Platz zu gönnen. »Am liebsten würde ich jetzt schon nach Hause gehen und mich auf die Couch legen. Mann, bin ich satt. Aber lecker war's!«
Veronica zieht daraufhin lediglich eine Augenbraue nach oben.
»Und – wie geht es jetzt weiter?«, fragt Maggie gut gelaunt, als sie wieder an unserem Tisch eintrifft.
Veronica und ich schauen auf die Uhr. Unseren Plan, in eine Rockerkneipe zu gehen, können wir wegen der frühen Uhr-

zeit – es ist erst 21 Uhr – noch nicht umsetzen. Normalerweise gehen Veronica und ich später auf die Piste, aber dann hätten wir Maggie ja nur einen kurzen Abriss eines Ausgehabends präsentieren können. Und das wollten wir bekanntlich nicht.

Also beschließen wir, noch in eine andere Bar zu gehen. Leider eine schöne, aber wir wollen es ja nicht gleich übertreiben. Die Gefahr, dass Maggie hinter unsere wahren Absichten kommt, ist uns dann doch zu groß.

Dummerweise treffen wir dort viele wirklich nette Bekannte, die Maggie natürlich alle noch nicht kennt.

So geht das nicht weiter. Maggie amüsiert sich hervorragend und genießt den Abend in vollen Zügen. Wir haben Mühe, sie von dort wegzubringen, und benötigen alle unsere Überredungskünste. »Ja, Maggie ganz klar ist es sehr schön, aber weißt du, spätestens in einer halben Stunde gehen alle in die Disco, und dann müssen wir ewig anstehen. Das willst du doch auch nicht, oder?«

Zwanzig Minuten später stehen wir zusammen mit einem Haufen Teenies unter dem strengen Blick des Türstehers vor der Disco. Auf dem Hof hört man das Wummern der Bässe. Gott, wie gemütlich wäre es jetzt auf meiner Couch! Aber Maggie ist immer noch begeistert und wippt im Rhythmus der Musik.

Am Eingang fragt sie den Türsteher, der sich von den Teenies den Ausweis zeigen lässt, ganz fröhlich: »Möchten Sie auch meinen Ausweis sehen?« Fast kommen wir daraufhin gar nicht rein in den Laden.

Ein schneller Rundumblick zeigt Veronica und mir, dass wir bei dem Publikum in dieser Disco eindeutig das Verfallsdatum überschritten haben.

Maggie jedoch ist wild entschlossen, jemanden kennenzulernen. Nach dem zweiten Drink und der dritten Runde durch die megalaute Laserhölle wird sie langsam ungeduldig: »Also, das ist ja alles ganz lustig«, brüllt sie uns ins Ohr, »aber wo sind denn die netten Männer, die man kennenlernen könnte? Bis jetzt hat uns noch keiner angesprochen. Und außerdem sind die alle so jung hier, ich komme mir wie eine Mumie im Kindergarten vor. Können wir nicht woanders hingehen?«

Yippie! Das war das Signal, das wir gebraucht haben. Rasch zahlen wir, kippen den Rest unserer Drinks hinunter und sausen zum nächsten Taxi. Mittlerweile ist es 1 Uhr morgens, und wir sind auf dem Weg in die Rockerkneipe. Nach allem, was wir über dieses Etablissement gehört haben, wird es Maggie gründlich davon abbringen, ihre Abende künftig in freier Wildbahn zu verbringen.

Die Kneipe hält, was uns versprochen wurde.

Der Laden ist heiß, voller wilder Typen, nicht nur von der Nebelmaschine verraucht, laut und animalisch. Ich versuche, Whisky für uns drei zu bestellen, aber noch bevor ich mich am Tresen bemerkbar machen kann, gibt ein netter Rocker neben uns mit breitem Lächeln eine Runde für uns aus.

So nimmt der Abend seinen Lauf – und unser Plan geht nicht auf. Denn wir tanzen, was die Schuhe hergeben, singen, bis wir heiser sind, und amüsieren uns wie selten. Ja, der Laden ist wüst. Die Männer sehen ebenfalls wüst aus, überraschen uns aber durch ihr liebenswertes, höfliches Verhalten. Uns wird gewissermaßen jeder Wunsch von den Augen abgelesen, egal ob es ums Essen, Trinken oder irgendein Lied geht, das wir gern hören würden. Einige der wüsten Männer entpuppen sich als Schlosser, Automechaniker, Arzt, Lehrer, Arbeitsloser, Professor und Einzelhandelskaufmann. So ein buntes Gemisch an Menschen, einschließlich uns drei Exotinnen, haben wir selten erlebt. Als wir morgens um 6 Uhr das Lokal verlassen und die Sonne unsere Augen blendet, sind wir ausgelaugt, verschwitzt und glücklich.

Bevor wir nach Hause gehen, gönnen wir uns ein Frühstück bei McDonald's mit einigen Tassen starkem, frischgebrühtem Kaffee.

»Und, wie viele hast du?«, frage ich Veronica.

»Zwei. Und du?«

»Ich habe eine und einen Bierdeckel mit Nummer drauf«, antworte ich und bin besonders stolz auf den Bierdeckel. Wie früher!

»Aaah!« Maggie strahlt. »Stimmt ja! Euer Visitenkarten-Spiel!« Sie kramt in ihrer Handtasche und fischt sage und schreibe zwei Visitenkarten, einen Bierdeckel und zwei zerknitterte Zettel heraus.

Veronica und ich schauen uns verzweifelt an. Unsere Idee, Maggie einen grauenvollen Abend zu bereiten, ist hiermit ganz offiziell gescheitert. Maggie hat nicht nur die reichste Ausbeute an neuen Bekanntschaften vorzuweisen, sondern steckt auch nach diesem exzessiven Abend voller Tatendrang und Lust auf weitere Unternehmungen dieser Art. Nein, so haben wir uns das wirklich nicht vorgestellt.

Im Übrigen brauche ich ganze zwei Tage, um mich von dieser Nacht zu erholen. Aber missen möchte ich so verrückte Nächte nicht. Es war wirklich spannend, sich in einem anderen Rahmen als dem gewohnten zu bewegen und mit anderen Männern ins Gespräch zu kommen. Und ich habe seither ein Vorurteil weniger: Rocker oder solche, die so aussehen, sind nicht immer gleich asozial oder gewalttätig. Wir haben höfliche, aufmerksame und sehr witzige Männer kennengelernt, mit guten Berufen und mitten im Leben stehend, die einfach nur ein bisschen wilder aussehen als die meisten. Zumindest wenn sie einen Ausflug in die Rockerkneipe machen …

Was ich dir sagen möchte

Wenn der Alltag dich nervt und du so sehr durchhängst, dass du noch nicht einmal mehr Lust auf dein Lieblingsrestaurant hast oder die Disco, in die du sonst so gern gehst, lohnt es sich, das Abenteuer gleich um die Ecke zu suchen. Probier doch mal Orte, Kneipen, Clubs aus, an denen du noch nie warst. Soziale Netzwerke wie Facebook helfen natürlich ungemein, wenn es darum geht, eine verrückte Location zu finden. Aber auch wenn du das Internet nicht so magst, gibt es in deiner Nähe garantiert einen Laden, über den du schon wilde Sachen gehört hast. Schau selbst nach, ob's stimmt! Die Chancen stehen gut, dass du dabei jede Menge Spaß haben wirst …

KAPITEL 35

Mit den Augen eines Mannes

Drei Tage nach unserer »großen Sause« bin ich mit Jacob zum Abendessen verabredet. Wir sind nach jenem verregneten Nachmittag, an dem ich ihm erklärt habe, dass ich ihn nicht liebe, in losem Kontakt geblieben, und derzeit hat Jacob am Bodensee zu tun.

Ich erzähle ihm, was wir drei am vorangegangenen Wochenende erlebt haben. Er hört amüsiert zu und findet die Idee, einmal den »Pfad der niveauvollen Locations« zu verlassen, genial – auch wenn sie nicht das gewünschte Ergebnis hatte, Maggie vom Ausgehen abzubringen.

»Ich habe auch etwas zu erzählen. Letzte Woche war ich auf einer Ü-40-Party. Das war so ziemlich das Schlimmste, was ich je erlebt habe.«

»Waren die Frauen so scheußlich?«, fragte ich ihn belustigt.

»Auf den ersten Blick nicht. Optisch gesehen. Aber mir ist etwas aufgefallen, was mich vollkommen schockiert hat. Ab einem gewissen Alter erkenne ich in den Gesichtern der Menschen die gescheiterten Versuche, die sie hinter sich haben. All die negativen Erfahrungen, auch das Leid, den Frust und die Resignation. Es steht ihnen gewissermaßen auf die Stirn geschrieben. Und obwohl ihr Herz von schlechten Erfahrungen überquillt, suchen sie die Erlösung durch einen neuen Partner. Die Luft bebte nur so vor negativer Energie.« Beim Erzählen ist Jacob wieder ganz nachdenklich geworden.

»Ich nehme an, du sprichst von den Frauen. War es bei den Männern auch so schlimm?«

»Männer sind schlichter.«
Ich schaue ihn fragend an. »Schlichter? Das solltest du mal Frauen sagen. Wir finden Männer kompliziert. Wir wissen nicht, warum sie was tun, und fragen uns ständig, was sie denken. Sollten Männer wirklich schlichter sein, wie du sagst, machen wir uns permanent viel zu viele Gedanken um nichts. Sehe ich das richtig?«
»Es ist wirklich so. Wir Männer sind schlicht. Wir treffen eine Frau, finden sie nett, sagen ihr das, und was macht sie? Bombardiert uns mit Fragen nach früheren Beziehungen usw. Und wenn sie alles weiß, knallt sie uns dann ihr ›Ich glaube dir sowieso nicht, dass du es ehrlich meinst‹ vor den Latz.
Mit ›schlicht‹ meine ich: Wir leiden wirklich, wenn eine Liebe zu Ende ist. Aber wir freuen uns auch rasend, wenn wir einer Frau begegnen, die uns mag. Weißt du noch, wie es war, als wir uns kennenlernten? Ich habe mich unglaublich darüber gefreut. Von mir aus hätte unsere Beziehung ewig gehen können. Auch wenn du mich nicht so geliebt hast wie ich dich. Aber da seid ihr Frauen eben – wie soll ich sagen? – nicht so einfach gestrickt. Bei euch muss von Anfang an alles stimmen.«
»Du hast recht. Und wenn ich mir vorstelle, wie viel wir Frauen miteinander reden, wenn wir einen Mann kennengelernt haben! Ist das bei euch Männern auch so?«
»Schon, aber anders. Wir sagen, dass wir eine heiße Maus kennengelernt haben. Dann freuen sich alle und stoßen miteinander an. Das war's dann«, erklärt Jacob lachend.
Was er über Männer sagt, deckt sich teilweise mit meinen Erfahrungen. Erschüttert hat mich der erste Teil unseres Gesprächs. Dass er in den Gesichtern der Frauen die Geschichte ihrer gescheiterten Versuche erkennen kann. Ich glaube, damit meint er dieses »Ich bin zwar Single, aber rühr mich nicht

an!«, das viele Frauen, wenn sie ausgehen, gewissermaßen auf einem leuchtend gelben Zettel auf ihrer Stirn vor sich hertragen. Das hat etwas Tragisches, denn eigentlich wollen wir doch alle nur das Eine: einen lieben Menschen an unserer Seite.

»Jeder hat doch ab einem gewissen Lebensalter seine Geschichte. Und diese Geschichten sind nicht immer schön. Es ist doch also ganz natürlich, dass sie sich im Gesicht abzeichnen.«

»Sicher, das stimmt schon. Aber dreh doch die Geschichte mal um und schau sie dir aus deiner Perspektive an. Da stehen 20 Männer an der Bar. Alle Singles und im mittleren Alter – wo immer das anfängt –, gut gekleidet, gepflegt, also rein äußerlich perfekt. Na, eben wie ihr Frauen immer, wenn ihr ausgeht«, entgegnet Jacob augenzwinkernd. »Und dann stell dir vor, du schaust in die Gesichter der Männer und siehst dort nichts als Frust, Enttäuschung, Skepsis. Keine Fröhlichkeit, keinen Optimismus. Und du siehst noch etwas, nämlich die Frage in den Augen: ›Bist du die Frau, die mich glücklich macht? Mich aus meiner unglücklichen Situation befreit, ein Leben lang für mich da ist?‹ So! Würdest du auf einen dieser Männer zugehen und sagen: ›Hallo, ich bin die Fee, die dich erlöst‹? Oder würdest du einfach nach einer Stunde genervt und angeödet gehen?«

»Okay, ja, ich würde wohl machen, dass ich wegkomme«, gebe ich mich geschlagen. »Weißt du, auch Männer – selbst wenn ihr Frauen nicht glaubt, dass wir so etwas merken – erkennen, welche Frau ein Prototyp des Scheiterns ist. Und jetzt erkläre ich dir, warum Männer auf Asiatinnen zurückgreifen. Asiatinnen sind ihnen unbekannt. Von daher erkennen sie bei diesen Frauen genau das nicht. Folglich haben Männer die Hoffnung, dass bei diesen Frauen alles anders und besser ist.«

»Im Grunde ist das ja ein Riesendilemma. Männer und Frauen wollen sich. Frauen sind kompliziert. Männer sind schlicht. Das ist praktisch so, als würden wir in zwei Fremdsprachen versuchen zu kommunizieren.«

»Genau so ist es, meine Liebe. Du machst die besten Rühreier der Welt für mich, weißt schon beim zweiten Treffen, dass ich der Mann bin, der zwei Stückchen Zucker und einen Schuss Milch im Kaffee haben möchte. Also ist die Welt für mich in Ordnung, und wir gehören zusammen«, sagt Jacob schmunzelnd und streicht zärtlich über meinen Arm. »Allerdings habe ich meine Rechnung ohne die Frau gemacht. Die sich hinstellt und sagt: ›Du bist ein toller Hecht, aber ich liebe dich nicht.‹«

»Aber du willst doch nicht sagen, dass du mit einer Frau zusammen sein könntest, die du nicht liebst?«

»Männer bewerten Liebe vielleicht ein bisschen anders. Ich bin der Meinung, Liebe entwickelt sich im Laufe der Zeit. Wenn ich eine Frau kennenlerne, mich mit ihr gut verstehe und wir guten Sex haben, bin ich der festen Überzeugung, dass sich daraus Liebe entwickeln kann. Bevor wir Männer allerdings die Chance haben, unsere Liebe zu spüren, kommt von euch Frauen schon die Frage aller Fragen: ›Liebst du mich eigentlich?‹ Da kriegen wir Panik. Ehrlich. Da machen wir erst einmal ein ratloses Gesicht und bevor wir dann – hundertprozentig zu spät – antworten, seid ihr schon einen Schritt weiter: ›Dachte ich mir doch, dass du mich nicht liebst. Sicher wolltest du nur mit mir ins Bett. Ich lass mich nicht ausnutzen.‹ Und so weiter.« Jacob verdreht die Augen und seufzt: »Dabei haben wir nur mal kurz nachgedacht. Oder eine Panikattacke bekommen, weil wir genau wissen, dass alles, was wir jetzt sagen, gegen uns verwendet werden kann.«

»Ja, aber wir Frauen brauchen die Bestätigung, dass wir – und nur wir – die einzig Richtige auf Gottes Erde sind, dass ihr nur uns wollt.«
»Jetzt dreh die Sache doch noch einmal um. Du lernst einen Mann kennen, findest ihn sympathisch oder vielleicht auch mehr, und ihr tauscht eure Telefonnummern aus. Wenn dich nun dieser Mann von Stund' an mit SMS und Telefonanrufen bombardiert, was empfindest du dann? Fühlst du dich bestätigt oder bedrängt? Bekommst du nicht automatisch das Gefühl: ›Na, der hat es aber nötig? Wahrscheinlich bin ich die Einzige, die auf seine Avancen reagiert hat‹?«
Ich muss eine Weile nachdenken. Da fällt mir eine Begebenheit ein, die ich vor ein paar Monaten hatte. Bei einer Veranstaltung lernte ich einen interessanten Mann kennen. Wir tauschten unsere Telefonnummern aus, um uns zu verabreden. Auf dem Weg nach Hause kam seine erste SMS. *»Bist du gut nach Hause gekommen?«*
»Ich bin noch auf dem Weg.«
»Wie lange brauchst du noch?«
»20 Minuten.«
»Bist du jetzt zu Hause?«
»Ja gleich.«
»Schön, dass du gut angekommen bist.«
Ich antworte nicht.
»Stimmt was nicht? Du meldest dich gar nicht mehr.«
»Alles in Ordnung, ich gehe jetzt schlafen.«
»Schlaf gut.«
Ich antworte nicht.
»Träum was Schönes.«
Ich antworte nicht.
»Es war schön, dich kennengelernt zu haben. Freue mich auf morgen. Hole dich zum Mittagessen ab. Von wo?«

Jetzt fängt es an, mir richtig auf den Wecker zu gehen. Ich schalte mein Handy aus und gehe schlafen.
Am nächsten Morgen schalte ich das Handy an – neun neue SMS!
Was dann kam, erinnerte mich schon an eine echte Beziehungsdiskussion.
»Warum meldest du dich nicht? Habe ich etwas falsch gemacht? Hast du gut geschlafen, vielleicht sogar von mir geträumt …?«
Hier war schon der Anfang vom Ende vorprogrammiert. Ich hatte einfach keine Lust, mich mit diesem Typen zu treffen. Natürlich ist es schön, wenn ein Mann zeigt, dass er mich begehrt. Aber ein natürliches Begehren ist etwas anderes als dieses etwas übereifrige Bedrängen, das einen ganz schnell in eine Ecke treibt, in die man nicht möchte.

»Siehst du, meistens sind es Frauen, die die SMS-Bomben losschicken. Uns macht das genauso Angst wie euch.«
»Okay, du hast wieder recht. Natürlich würde mich das nerven. Aber wie um alles in der Welt findet man denn dann deiner Meinung nach genau den richtigen Weg, um sich näherzukommen?«
»Männer brauchen von einer Frau die Bestätigung – und das ziemlich schnell –, dass ihr uns in irgendeiner Form akzeptabel findet. Sonst fehlt uns der Mut, überhaupt weiterzumachen. Ihr seid so emanzipiert, so eigenständig, da brauchen wir ein bisschen Zuspruch und Schützenhilfe«, erklärt Jacob lächelnd. »Ab dem Moment, in dem wir angebissen haben, gebt uns bitte die Chance, das Ruder in die Hand zu nehmen. Lasst den Eroberer in uns wachsen. Wir lieben das! Wenn wir uns nach zwei Tagen nicht melden, heißt das nicht unbedingt, dass wir kein Interesse haben. Vielleicht haben wir auch den

Mut verloren. Dann reicht ein kleiner Wink von euch zur Bestätigung, dass wir den Eroberer wieder herauslassen können.«

»Okay. Dann schicke ich dem Mann vielleicht eine SMS, so nach dem Motto: ›Heute scheint hier die Sonne; ich hoffe, bei dir auch‹?«

»Ja, genau. Am besten nichts, was mit Beziehung zu tun haben könnte, sondern einfach eine nette Botschaft, die signalisiert: ›Ich denke an dich.‹ Damit können wir etwas anfangen.«

»Und wenn sich der Mann auf diese nette Botschaft hin nicht meldet?«

»Ist er verheiratet, in einer Beziehung, oder er will dich einfach nicht. Wenn du dich ihm trotzdem weiterhin anbietest, geht er vielleicht noch mit dir ins Bett. Mehr aber auch nicht.«

»Und dann kommt der Satz, den wohl jede Frau in ihrem Leben schon einmal ausgesprochen hat: ›Alle Kerle wollen nur das Eine!‹«

Jacob lacht: »So ist das. Ich sag doch, Männer sind schlicht.«

Ich beschließe, dass Lachen die beste Methode ist, um mit dem gar nicht so kleinen Unterschied zwischen Männern und Frauen zurechtzukommen, und stimme in sein Lachen ein.

Nachdem wir so substanzielle Erkenntnisse ausgetauscht haben, gibt es eigentlich gar nicht mehr viel zu sagen. So trinken wir beide gemütlich unseren Kaffee aus, lächeln uns dabei immer wieder mal an und verabschieden uns dann mit einer herzlichen Umarmung.

Auf dem Weg nach Hause treffe ich an der Tankstelle zufällig Angela. Braungebrannt, fröhlich und über das ganze Gesicht strahlend.

Ich kann sie überreden, noch auf einen Drink bei Veronica vorbeizuschauen, die ganz in der Nähe wohnt, damit sie uns ausgiebig von ihrer Reise und ihrer stürmischen Affäre berichten kann.

Bei Veronica angekommen, erzählt Angela lebhaft, wie es in Südafrika war, wie es mit ihm war, wie sie sich verabschiedet haben usw. Dadurch, dass sie sich gleich auf »nur eine Affäre« eingestellt hat, fiel ihr der Abschied von ihm zwar nicht leicht, da sie aber bewusst nicht mehr einkalkuliert hatte, ging es ihr trotzdem hervorragend.

Ihr Gesicht strahlt wie die Morgensonne. Das Einzige, was sie uns sagen kann, ist: »Ich weiß wirklich nicht, ob es weitergeht. Ich glaube eher nicht. Die Entfernung ist einfach zu groß. Aber ich weiß es nicht!« Also beschließen wir, nichts zu beschließen und dieser neuen Liebe – und dass es eine ist, spüren wir – einfach ihren Lauf zu lassen.

Noch bevor Veronica und ich Angela mit weiteren Fragen bombardieren können, klingelt ihr Handy. An dem Aufleuchten ihrer Augen und der leichten Röte, die ihre Wangen überzieht, erkennen wir zweifelsfrei: »Er« ist dran.

Angela sagt gar nicht viel: »Ehrlich?« – »Ach was!« – Oh!« Dann legt sie auf und schaut uns perplex an.

»Was ist denn nun los?«, fragt Veronica in ihrer schroffen, typisch direkten Art.

»Michael hat angerufen«, antwortet Angela. Inzwischen schaut sie regelrecht verklärt.

»Das ist uns klar. Aber wieso schaust du so komisch? Was hat er gesagt?«, dränge ich sie, mittlerweile auch ungeduldig.

»Er kommt am Freitag. Angeflogen. Extra wegen mir. Könnt ihr euch das vorstellen? Dabei haben wir uns doch erst vor kurzem verabschiedet, und ich dachte, ich sehe ihn nie wieder!« Angela ist hin und weg.

Ihre Worte überschlagen sich vor Freude, und wir können sie kaum verstehen.

Wenn es nicht so spät wäre, hätten wir diese wunderbare Neuigkeit sicher gefeiert. Mittlerweile sind wir allerdings müde und verabschieden uns herzlich.

Noch auf der Fahrt nach Hause habe ich ein Lächeln im Gesicht. Was für schöne Überraschungen das Leben doch immer wieder für uns bereithält!

KAPITEL 36

Tapetenwechsel

Bis an die Zähne bewaffnet mit Bohrmaschine, Werkzeugkoffer und einem Blumenstrauß steht Klaus in meiner neuen Wohnung. Was bin ich froh, dass es noch echte Kerle wie ihn gibt, die gerne den Handwerker spielen!
Der Umzug war, wie Umzüge eben so sind: anstrengend. Glücklicherweise vergisst man ja, kaum dass man in der neuen Wohnung steht, immer all die Mühen, die diesem ganz besonderen Moment vorausgehen. Am schlimmsten ist das Ausmisten. Woher haben wir Menschen bloß diese Leidenschaft, aber auch wirklich alles aufzuheben? Ist sie ein Erbteil aus der Zeit, als wir noch als Jäger und Sammler durch die Tundra zogen?
In den letzten Wochen habe ich viel Zeit im Keller und auf dem Dachboden verbracht. All die vielen Kisten, die dort standen, habe ich komplett ausgepackt, aussortiert, was ich nicht mehr brauche, und alles, was übrig blieb, neu geordnet und wieder eingepackt. Eine mühselige Arbeit, bei der ich kaum vom Fleck gekommen bin. Schließlich habe ich diese Dinge aufbewahrt, weil sie mal eine Bedeutung für mich hatten.
Da gibt es etwa Kisten mit Stofftieren und Lieblingsspielzeugen meiner Kinder, die alle extrem bedeutsam sind und auf keinen Fall in die Mülltonne wandern dürfen. Zu kostbar sind die Erinnerungen an diese Zeit. Auch die Kisten mit dem Sonntagsporzellan meiner Eltern kann ich nicht entsorgen. Es gibt nicht mehr viel, was mir von ihnen bleibt, und das

Wenige möchte ich bewahren. Zum Vorschein kommen aber auch Kartons mit uralter Bettwäsche aus den Zeiten meiner ersten eigenen Wohnung, der fünfzigsten Häkeldecke und dem achten Stövchen aus Ton.

Am spannendsten sind allerdings die kleinen Schuhkartons. Sie bergen die emotionalsten Ereignisse meines Lebens. Da gibt es die Haarschleife, die ich bei meiner Einschulung stolz auf dem Kopf trug – das sah echt schlimm aus! –, und dann noch das Kistchen mit meinem abgeschnittenen langen blonden Zopf. Ich kann mich noch genau an den monatelangen Kampf mit meiner Mutter erinnern, die der Meinung war, Mädchen mit Zopf seien einfach schöner. Für mich war es der erste Befreiungsschlag.

Irgendwann entdeckte ich die Schachtel mit den Erinnerungen an meine erste Liebe, meine zweite Liebe, meine erste große Liebe. Komischerweise fiel mir erst in der Rückschau auf, dass in meinen jungen Jahren die unglücklichen Lieben in der Überzahl waren.

Meine »Lieben« in ein Kistchen zu packen – damit habe ich nach meiner Heirat aufgehört. Beim Ausmisten habe ich kurz mit dem Gedanken gespielt, eine neue Kiste anzulegen, zum Beispiel mit dem Titel »Liebe ab 40«. Wer weiß – vielleicht würde ich dann in 20 Jahren wieder verträumt auf einem verstaubten Dachboden sitzen, mir wie heute eine Stauballergie holen und im Nachhinein jede Beziehung wunderschön finden. Ich schaue mit Wehmut die Fotos meiner Verflossenen an, halte die Erinnerungsstücke von damals in meinen Händen: das kleine Papiertaschentuch, in das Rolf eine Träne weinte, als wir uns verlassen mussten. Den lustigen Fisch-Kopf aus Ton, den ich kaufte, als ich mit Heinz in Ostfriesland war. Den »Edelstein«, den Michael für mich aus dem Genfer See gefischt hat. Sand von Gran

Canaria – meine erste Flugreise. Das war mit Peter, den ich noch auf der Insel verließ, weil er eine ganze Nacht allein unterwegs war. Erstaunlich, wie konsequent ich in jungen Jahren war. Mit zunehmendem Alter war ich es dann nicht mehr immer. Liegt das an der zunehmenden Lebenserfahrung oder einfach daran, dass man mehr Angst davor hat, allein zu sein?

Auf jeden Fall habe ich vieles entsorgt, aber auch einiges behalten. Und so kam immer noch einiges an Kartons zusammen, die mit mir zusammen meine neuen vier Wände bezogen.

Die erste Nacht in meiner neuen Wohnung habe ich richtig gut geschlafen. Ist ja auch kein Wunder nach so einem Kraftakt. Jetzt fühle ich mich frisch und voller Tatendrang. Ich habe mir ein Ziel gesetzt. Mit der Hilfe meiner Freunde will ich es schaffen, innerhalb von drei Tagen mit allen noch anstehenden Umzugsarbeiten fertig zu sein. Ich möchte nicht wochenlang auf einer Baustelle leben.

Klaus hat gleich angekündigt, dass er Bilder aufhängen und Regale aufstellen wird. Er stellt sich wirklich richtig geschickt an, das muss ich sagen. Mein Versuch, einen Nagel in die Wand zu hauen, artete dahin gehend aus, dass der Putz von der Wand bröckelte und ein unschönes Loch hinterließ. Nicht, dass ich keinen Nagel in die Wand klopfen könnte, das habe ich schon tausendmal gemacht. Allerdings immer auf die guten alten Rauhfasertapeten. Mit Feinputz hatte ich bis dahin keine Erfahrung. Nun, jetzt schon.

Eine eigene Bohrmaschine besitze ich nicht und habe in meinem Leben auch noch keine in der Hand gehabt. Klaus stellt sich auch in diesem Bereich als echtes Genie heraus. Ich bewundere ihn dafür, wie er ordentlich die zu bohrenden Löcher abmisst – ich selbst habe bisher immer nur geschätzt, bevor ich mit dem Hammer zuschlug, und schwups ist der Dübel in der Wand. Die letzten Löcher bohre ich unter seiner Anleitung selbst. Yeah – das kann ich jetzt auch!

Nach acht Stunden harter Arbeit bestelle ich uns ein thailändisches Essen aus dem Restaurant gegenüber. Für mich, die die letzten Jahre quasi auf dem Dorf gelebt hat, ein absoluter Luxus. Als das Essen geliefert wird, zaubert Klaus aus seinem großen Werkzeugkoffer eine Flasche Rotwein hervor. Was für ein toller Typ, denke ich nur.

Nachdem wir unser Essen und den Wein genossen haben, liege ich auf der Couch, müde, satt und unglaublich zufrieden. Plötzlich treffen sich unsere Blicke. Und sie haben sich verändert. Wir schauen uns tief in die Augen, und mir wird warm ums Herz. Hilfe, was ist das denn jetzt?!

Klaus springt vom Sessel auf und geht im Wohnzimmer auf und ab. Wer sagt denn jetzt als Erster was? Ich!

»Also, wir haben jetzt zwei Möglichkeiten. Erstens: Wir fallen wortlos übereinander her. Oder zweitens: Wir ignorieren die letzten Sekunden, und du gehst nach Hause.«

»Du und deine zwei Möglichkeiten«, erwidert Klaus liebevoll. »Es gibt mehr als zwei Möglichkeiten im Leben.«

»Das stimmt. Erfahrungsgemäß wird es jedoch bei mehr als zwei Möglichkeiten kompliziert«, gebe ich trotzig zurück.

Plötzlich klingelt es, während gleichzeitig die Wohnungstür aufgestoßen wird, die nur angelehnt gewesen war. Puh, das hätte auch ins Auge gehen können, denke ich, während Veronica, Angela und Maggie mit einem fröhlichen Hallo das Zimmer betreten. Sie haben mir Salz und Brot zur Wohnungseinweihung mitgebracht.

»Siehst du, es gibt drei Möglichkeiten. Auch wenn man die dritte nicht in Betracht zieht«, sagt Klaus lächelnd.

»Oh, da haben wir jetzt aber mächtig gestört«, sagt Maggie

fröhlich und in ihrer schrecklich direkten Art. »Ich sag doch schon die ganze Zeit, dass ihr gut zusammenpasst!«
Angela sagt gar nichts. Ihrem Gesicht nach zu urteilen schwebt sie im siebten Liebeshimmel. Veronica sieht es pragmatischer: »Na, da sind wir ja gerade noch im rechten Moment gekommen.«
Es geht doch nichts über richtig gute Freunde.
Ich bin erleichtert, dass Klaus und ich durch den Besuch meiner Freundinnen gerade noch die Kurve gekriegt haben. Sicher, bei Klaus und mir gibt es vieles, was passt. Er ist ein attraktiver, liebenswerter Mann, der immer wunderbare Ideen hat, spontan ist, hilfsbereit … aber die Wünsche und Erwartungen, die wir beide an einen potenziellen Lebenspartner haben, sind einfach nicht kompatibel. Beispielsweise genieße ich es, dass meine Kinder erwachsen sind und ich frei und unabhängig bin. Klaus hingegen hat noch keine Kinder und wünscht sich eine Familie mit Haus und Hof, Kind und Hund. Wenn wir uns nicht so gern hätten, hätten wir wahrscheinlich schon längst eine schöne Affäre. Aber so? So eine tolle Freundschaft aufs Spiel setzen? Selbst wenn unsere Beziehung ein paar Jahre halten würde, hätte Klaus ständig das Gefühl, etwas Wichtiges in seinem Leben verpasst zu haben.
Ich kenne das. Es gab eine Zeit in meinem Leben, in der ich unbedingt Kinder wollte. Klaus geht es gerade ebenso. Und was kann es Schlimmeres geben, als mit einer Frau zusammen zu sein, mit der er diesen Wunsch nicht realisieren kann?
Daher bin ich nach kurzer Überlegung meinen Freundinnen zutiefst dankbar, dass sie genau im richtigen Moment die Magie des Augenblicks zerstört haben.
Wir sitzen alle noch eine Weile zusammen, diskutieren über die Wohnungseinrichtung, schieben Möbel hin und her, bis sie endlich ihren richtigen Platz haben, und rollen Teppiche

aus. Maggie und Veronica beginnen damit, die Küche einzuräumen, während Angela leise vor sich hin summend das Badezimmer putzt. Ich bin so glücklich über jede helfende Hand! An körperliche Arbeit dieser Art bin ich nicht mehr gewohnt, daher plagen mich ein böser Muskelkater und spürbare Rückenschmerzen. Ich kann mich kaum mehr bewegen.

Gegen Mitternacht verabschieden sich meine Freundinnen.

»Na, dann wünsche ich euch noch viel Spaß!«, meint Maggie augenzwinkernd.

»Dem schließe ich mich an.« Angela ist schon fast im Treppenhaus.

»Wenn's nach mir ginge, würde ich Klaus jetzt gerne mit nach unten nehmen.« Veronica sieht mich dabei ziemlich verärgert an und schüttelt den Kopf.

»Ach, Mädels, geht ihr mal nach Hause. Wir kriegen das schon hin«, antwortet Klaus beruhigend und begleitet die Damen zur Tür. Danach setzen wir uns an meinen großen Küchentisch. Mit Bedacht. Wir haben uns extra nicht auf die gemütliche Couch gesetzt, das wäre hundertprozentig schiefgegangen. Nun, da die Hitze des Augenblicks durch den Spontanbesuch abgekühlt ist, reden wir über das, was passiert beziehungsweise nicht passiert ist. Wir bestätigen uns unsere Zuneigung, sind uns aber auch vollkommen einig darüber, dass unsere Lebenspläne nicht vereinbar sind.

Wir beschließen, etwas zu beschließen: Wir werden die besten Freunde bleiben. Denn ein bester Freund ist ein Geschenk des Himmels.

Nachdem wir uns zum Abschied noch einmal fest gedrückt haben, tritt Klaus den Heimweg an, und ich kuschle mich in meinem nun schon viel aufgeräumteren Schlafzimmer in mein Bett.

Am Morgen nach meiner zweiten Nacht in neuen Räumen ist zwar mein Muskelkater noch nicht abgeklungen, aber ich fühle mich dennoch richtig wohl und befreit. Es war für mich die richtige Entscheidung, meine bisherige Umgebung zu verlassen, alte Zöpfe abzuschneiden und mich auf eine neue Situation in einer neuen Stadt einzulassen.

In meiner alten Wohnung, in der ich so lange mit den Kindern und meinem Partner gelebt habe, hatte ich unterschwellig immer das Gefühl, dass jeden Moment die Tür aufgehen und meine Lieben hereinkommen müssten, um mein Leben zu füllen.

Es kam aber niemand mehr zur Tür herein. Kein fröhliches Kinderlachen, keine Gespräche am Küchentisch, kein Verarzten von kleinen und großen Wunden, keine vertraute Zärtlichkeit mehr. Es gab eben einfach keinen Familienalltag mehr. Jeden Abend das Haus zu betreten, in dem man so viele Jahre mit seiner Familie glücklich war, hat das Gefühl der Einsamkeit nur noch verstärkt.

In meiner neuen Wohnung habe ich dieses Gefühl nicht mehr. Hier ist alles anders, nahezu nichts erinnert mehr an die alten Zeiten. Gut, ein paar Möbel und Bilder habe ich behalten, aber damit komme ich gut klar. Es sind liebgewordene Stücke, von denen ich mich nicht trennen wollte.

Der Blick aus dem Fenster, die netten Nachbarn und die tolle Einbauküche, in der nichts mehr klappert und alle Schränke richtig schließen – all das begeistert mich und sorgt dafür, dass ich mich rundum wohl fühle.

Wie luxuriös eine Tiefgarage sein kann, weiß ich jetzt auch, denn heute Morgen regnet es in Strömen. Und ich kann einkaufen fahren, ohne nasse Füße zu bekommen! Für alteingesessene Stadtbewohner mag sich das ziemlich banal anhören, aber für ein Landei wie mich ist das echt cool.

Bevor ich aufbreche, rufe ich aber noch schnell Maggie an. Schon kurz nach dem ersten Läuten habe ich meine Freundin am Ohr.
»Hallo Maggie, wie geht es dir? Was machst du gerade?«
»Ist dir langweilig oder warum rufst du mich an? Du hast doch sicher noch mit Einräumen zu tun! Wie ist das denn mit Klaus ausgegangen? Ach herrje, ich frage dich schon wieder viel zu viel!«, sagt sie sehr fröhlich. Ihr positiver Gemütszustand beruhigt mich.
»Ich würde dich und Veronica gerne am Freitagabend zu mir zum Essen einladen. Ich koche uns etwas Schönes, und wir können ein wenig tratschen. Kommst du?«
»Für Freitag? Das ist doch immer euer Ausgehtag. Wieso sollen wir uns jetzt bei dir zu Hause hinsetzen und gelangweilt die neue Decke anstarren?«, rattert Maggie in gewohnter Manier.
»Na, weil jetzt alles fertig ist und ich gerne mit meinen besten Freundinnen meine neue Wohnung einweihen möchte. Da ist es mir egal, ob heute zufällig Freitag ist oder nicht.« Mit solchen Einwänden hatte ich nicht gerechnet.
Nach einigem Hin und Her stimmt Maggie unter Vorbehalt zu. Ich atme auf. Puh, diese Einladung war jetzt richtig Arbeit!
Jetzt schnell noch Veronica anrufen und einladen, damit sie sich ebenfalls für den Freitag wappnen kann. Ich muss zugeben, dass ich meine Freundinnen vor lauter Umzug in letzter Zeit tatsächlich ein bisschen vernachlässigt habe. Wie nett, dass sie gestern trotzdem gekommen sind, um mir zu helfen. Nur sind wir vor lauter Einrichten und Räumen kaum zum Reden gekommen. Und so weiß ich gar nicht richtig, wie es Maggie geht und ob sie bei ihrem Entschluss, ihren wirklich tollen und lieben Mann zu verlassen, geblieben ist.

Veronica hat am Freitag Zeit und weiß ebenfalls nicht genau, wie es um Maggie steht. Wir entscheiden uns dafür, uns nicht lange mit Mutmaßungen aufzuhalten, sondern in Ruhe den Freitag abzuwarten.

Gut, das wäre erledigt. Jetzt aber einkaufen! Schnell ziehe ich mich um. Haha, den Schirm kann ich mir sparen. Wie herrlich!

Als ich im Auto sitze, stelle ich fest, dass ich mich zu warm angezogen habe. Wenn ich es mir recht überlege, war es mir auch heute Morgen im Schlafzimmer schon viel zu warm. Ich habe schon in allen Zimmern die Heizung abgestellt und schlafe bei offener Zimmertür. Trotzdem war ich beim Aufwachen klatschnass geschwitzt. Wenn das so weitergeht, muss ich doch einmal zum Arzt gehen (dabei mag ich Ärzte gar nicht, sie reden einem immer irgendwelche Krankheiten ein).

»Maria – wie schön, Sie zu sehen!« Ich bin gerade dabei, meine Einkäufe ins Auto zu laden, drehe mich um – und sehe Ludwig Arden, den Mann, der neben mir im Café saß, als ich meine neue Wohnung in der Zeitung inseriert sah.

Ja toll, denke ich. Anrufen wollen, sich dann nicht mehr melden und jetzt, wo wir uns zufällig über den Weg laufen, so tun, als hätten wir uns gestern erst getroffen. Grrr. Was habe ich nur für blöde Gedanken?! Dabei bin ich doch diejenige, die allen mindestens schon tausendmal gepredigt hat, anderen eine zweite Chance zu geben.

Allerdings: Auf diese Weise beim Einkauf »erwischt« zu werden, ist einfach nur peinlich. Meine Haare sind verstrubbelt, ich bin verschwitzt und habe mir für mein Make-up heute Morgen nur ganz kurz Zeit genommen. Tja, was soll's. Schließlich will ich den Mann nicht heiraten. Schließlich haben wir kein Date. Schließlich treffen wir uns einfach nur zum zweiten Mal zufällig.

»Oh, hallo. Was für eine Überraschung. Es freut mich auch, Sie zu sehen«, antworte ich freundlich und muss dabei nicht einmal lügen. Ach, du meine Güte. Wie künstlich war das denn?
»Sie können sich gar nicht vorstellen, wie oft ich schon in dem Restaurant war, in dem wir uns kennengelernt haben. Ich habe mir Ihre Telefonnummer falsch aufgeschrieben. Sie sind wohl inzwischen umgezogen? Ihre Telefonnummer, die im Telefonbuch steht, stimmt nämlich nicht mehr. Irgendwann habe ich dann sogar den Immobilienmakler angerufen, der für die Wohnung zuständig ist, die Ihnen bei unserem ersten Treffen so gefallen hat. Natürlich hat er nichts rausgerückt. Er meinte nur, da könnte ja jeder X-Beliebige kommen, und vielleicht sei ich auch ein wildgewordener Ex-Partner.«
»Wow, so viel Mühe haben Sie sich gemacht? Das finde ich wirklich toll. Aber, Ludwig, es tut mir leid – ich habe jetzt wirklich keine Zeit und muss dringend gehen.« (Mir ist schon ganz schwindlig und übel von den Abgasen in der Tiefgarage.) »Also, machen Sie's gut. Wir laufen uns sicher mal wieder über den Weg.«
»Das ist jetzt aber nicht wahr, dass Sie einfach wieder so aus meinem Leben verschwinden wollen? Darf ich Sie für Freitagabend zum Essen einladen?«
»Freitagabend geht es nicht. Gerne ein anderes Mal. Möchten Sie sich meine neue Telefonnummer noch einmal aufschreiben?«
Er notiert sich meine Nummer und wiederholt sie noch einmal, um sicherzustellen, dass alles stimmt. Meine Güte, und ich hatte dem armen Mann schon alle möglichen Motive unterstellt, warum er sich nicht mehr bei mir gemeldet hat!
Zum Abschied beteuert er noch einmal, wie sehr es ihn ge-

freut hat, dass wir uns über den Weg gelaufen sind. Auf dem Rückweg von Tiefgarage zu Tiefgarage (es regnet noch immer) merke ich, dass auch ich mich über diesen Zufall freue. Ach, kann das Leben schön sein! Ich liebe diese Art von Zufällen.

KAPITEL 37

Die Hormone sind an allem schuld!

Der Rest der Woche vergeht ohne besondere Vorkommnisse und ohne dass ich wieder von Ludwig Arden höre. Am Freitagabend kommen Maggie und Veronica angerauscht – pünktlich wie die Maurer und ausgestattet mit Blumen und Sekt und guter Laune.

»Hmm, wie lecker das riecht! Hast du Thai-Curry gekocht?«, fragt Veronica.

»Ja, hab ich. Einmal dein Lieblingsgericht, und für Maggie gibt es italienische Vorspeisen.«

»Das ist ja eine abenteuerliche Mischung«, moniert Veronica und stupst mir dabei freundschaftlich in die Rippen.

Maggie freut sich: »Damit hat keine von uns beiden die Wette gewonnen. Wir haben nämlich gewettet, wessen Leibgericht du heute Abend kochst. Eigentlich hätten wir uns denken können, dass du es uns beiden recht machen möchtest.«

Nachdem wir genüsslich und in aller Ruhe die Antipasti gegessen und uns betont beiläufig über Alltäglichkeiten unterhalten haben, kann Veronica sich nicht mehr beherrschen und platzt heraus: »Maggie, nun sag doch mal endlich: Was ist los? Wie steht es um deine Ehe?«

»Wie soll es aussehen? Hans hat sich eine Ferienwohnung genommen. Er ist so getroffen, dass er sich tatsächlich nur noch ein einziges Mal gemeldet hat, seit ich ihn rausgeworfen habe. Und das auch nur, um mir das mit der Wohnung zu sagen. Was wiederum mich sehr trifft. Ehrlich gesagt: Ich könnte die ganze Zeit heulen. Ich weiß nicht mehr, was ich will. Es geht mir einfach nicht gut. Psychisch und physisch. Im Grunde weiß ich gar nicht mehr, wer ich bin. Meine gute Laune ist dahin. Ach ja, und meine Tage kriege ich übrigens auch nicht mehr.«

»Was?!«, rufen Veronica und ich fast gleichzeitig über den Tisch. »Bist du schwanger?«

»Also, wenn zehn Tests negativ ausfallen, dann heißt das wohl nein. Wenn man so viele Tests kauft, gehören die dann anschließend eigentlich auf den Sondermüll?«

Wir müssen lachen. Maggie und ihre verqueren Gedanken – die nur dummerweise auch zur Trennung von ihrem Mann geführt haben.

»Also, Maggie, eins kann ich dir schon mal sagen: Wir haben die gleiche Krankheit«, sage ich. »Ich bin in letzter Zeit auch komisch drauf. Meine Stimmung ist immer mal wieder mies, mir ist ständig viel zu heiß, ich schlafe schlecht und habe immer wieder das Gefühl, einen Fieberschub zu bekommen. Aber mich deswegen gleich vom meinem Mann trennen?«

»Du hast gar keinen«, korrigiert Maggie mich.

Veronica schaut von Maggie zu mir und dann wieder zurück. »Ich hab's!«, ruft sie anschließend. »Ich weiß, was mit euch los ist. Ihr seid in den Wechseljahren!«

»Wie bitte! Bist du verrückt?!« Maggie und ich sind empört.

»Aber das passt doch alles. Ihr habt Stimmungsschwankungen und schwitzt, was die Poren hergeben. Bei meiner Mutter war das genauso. Eure Psyche fährt Achterbahn, und wenn du einen Mann hättest, Maria, dann hättest du ihn wahrscheinlich auch schon in die Wüste geschickt.«

Maggie und ich schauen Veronica entsetzt an. Auf diese Idee sind wir beide nicht im Traum gekommen. Ich stehe auf, hole meinen Laptop und frage bei Google: »Wie machen sich Wechseljahre bemerkbar?«

138 000 Treffer!
Gebannt starren wir drei auf das, was wir da zu lesen bekommen. Uns stehen die Haare zu Berge. Solange wir noch welche haben. Da ist von Haarausfall und Damenbart die Rede, von Gewichtszunahme und nachlassender oder aber gesteigerter Lust auf Sex. Schlaflosigkeit, Hitzewallungen, Konzentrationsstörungen und Gereiztheit runden das Schreckensbild ab. Manche der Einträge sprechen besänftigend davon, wie erleichternd es für manche Frauen sei, sich nach dem Ende ihrer Fruchtbarkeit nicht mehr mit Verhütung, Monatshygiene und prämenstruellem Syndrom herumplagen zu müssen. Alles in allem, so der Tenor, seien die Wechseljahre keine Krankheit, sondern ein natürlicher Vorgang.
Unsere Erleichterung hält sich in Grenzen. Maggie und ich schauen uns an. Wir in den Wechseljahren? In unserem Alter? Das kann doch gar nicht sein! Sicher, wir haben schon tausendmal davon gehört, aber für uns ist es doch noch viel zu früh.
Veronica sagt als Erste wieder etwas: »Mensch, Maggie, kann es tatsächlich sein, dass du aus einem dieser unerklärlichen, verrückten Stimmungswechsel heraus deinen Mann weggeschickt hast? Wegen nachlassender Hormonausschüttung? Das wäre ja eine echte Katastrophe. Ruf ihn sofort an und mach alles wieder rückgängig. Sag ihm, du seist im Klimakterium und da sei es vollkommen normal, dass Frauen falsche Entscheidungen treffen. Sag ihm, du schwitzt, kannst nicht schlafen, und bevor dir die Haare ausgehen, würdest du gerne wieder mit ihm zusammen sein. Er liebt dich und wird dich verstehen.«
Maggie schaut Veronica nachdenklich an und atmet dann einmal tief durch. »Wenn ich es mir so überlege, könntest du tatsächlich recht haben. Ich weiß wirklich nicht genau, was in mich gefahren ist, und frage mich schon die ganze Zeit,

welcher Teufel mich geritten hat und warum ich plötzlich so empfindlich bin. Jetzt weiß ich es. Juchu, ich bin im Klimakterium. Ich werde meine Tage inklusive der dazugehörigen Migräne nicht mehr bekommen. Muss meine Urlaube nicht mehr nach der Periode planen. Kann mit meinem Mann durchgehend Sex haben und brauche keine abtörnenden Slips mehr. Jetzt muss ich nur noch das Schwitzen in den Griff kriegen und das mit Hans wieder in Ordnung bringen«, redet Maggie mit ihrer temperamentvollen Art alle Probleme vom Tisch. Wie ich sie kenne, wird die Tatsache, dass sie nun den Grund für ihr verändertes Befinden kennt, ihr genügend Energie dafür geben, sich gewohnt fröhlich und optimistisch daranzumachen, ihr Eheproblem zu lösen.

Ich habe mich nicht geirrt. Maggie kramt in ihrer Riesenhandtasche nach dem Handy und ruft ihren Mann an. Nachdem sie vor lauter Aufregung dreimal eine falsche Nummer eingegeben hat, ist er endlich am Apparat.

»Hans, Liebling, ich bin's, Maggie. Wir müssen uns unbedingt treffen. Nein, nicht morgen. Sofort. Ich fahre gleich los und bin in fünfzehn Minuten bei dir. Äh, kannst du mir noch deine Adresse geben?« Strahlend wirft Maggie ihr Handy wieder in ihre Tasche zurück.

»Also, ich bin dann weg. Meine leckere Vorspeise habe ich ja schon gehabt, und auf Curry stehe ich sowieso nicht. Und selbst wenn ich es gerne essen würde, würde ich jetzt trotzdem gehen. Ihr versteht das doch, oder? Ich glaube, Hans hat sich gefreut, dass ich angerufen habe. Wie er das mit den Wechseljahren aufnimmt, weiß ich noch nicht. Aber schließlich haben Männer ja auch eine Midlife-Crisis. Hat er die jetzt schon gehabt oder noch nicht? Ist ja auch egal. Jetzt bin ich mit meiner Krise dran, und dann nehmen wir seine. Aber vielleicht fällt die ja bei ihm aus.«

»Maggie, halt deinen Mund und geh jetzt endlich«, verfügt Veronica und dreht die Augen gen Himmel. Wir nehmen sie in den Arm und verabschieden uns mit dem üblichen Tohuwabohu von ihr.

Anschließend setzen Veronica und ich uns wieder an den Tisch und machen uns an den Hauptgang. Einige Minuten lang hängt jede von uns schweigend ihren Gedanken nach.

»Meinst du wirklich, dass die Psyche einer Frau so durchknallen kann, wenn sie in die Wechseljahre kommt?«, frage ich Veronica dann.

»Ich glaube schon. Wenn ich an meine Mutter denke – der ging es gar nicht gut. Soweit ich mich erinnere, hat sie sogar einmal monatelang nicht mit meinem Vater gesprochen. Heutzutage würde man sich scheiden lassen. Aber damals wäre das ein Skandal gewesen. Und denk doch mal an unsere Klientinnen. Die meisten Frauen, die ihren Mann verlassen haben, haben das zwischen 45 und 55 getan.«

»Stimmt. Und wenn ich darüber nachdenke, haben es sehr viele anschließend bereut. Bekommst du bei deinen Gesprächen mit Kundinnen auch so oft zu hören: ›Ich kann mir heute gar nicht mehr erklären, warum ich meinen Mann so plötzlich verlassen habe?‹«

»Ja. Manche Frauen würden auch gerne wieder zurückkehren. Aber inzwischen ist der Mann oft schon wieder vergeben oder so gekränkt, dass es kein Zurück mehr gibt.«

»Eigentlich müssten die Frauen davor gewarnt werden, in den Wechseljahren solche Schnellschüsse abzugeben. Warum sagt einem niemand, was da los ist? Oder hast du schon einmal in irgendeiner Frauenzeitschrift gelesen: ›Verlassen Sie nicht gleich am Anfang der Wechseljahre Ihren Mann!‹?«

»Stimmt, auf die Idee ist noch kein Journalist gekommen.« Veronica legt ihr Besteck auf den Teller und streicht sich über den Bauch. »Du, das war superlecker. Danke für das tolle Essen. Und fast nebenbei haben wir noch Maggie wieder flottgemacht.«

»Ja, hoffentlich kriegt sie das wieder hin mit Hans.« Veronica und ich sind uns einig, dass Maggies Chancen, ihre Ehe zu kitten, gut stehen. Schließlich waren Hans und sie über viele Jahre ein harmonisches Paar, und Hans kennen wir als sensiblen und entgegenkommenden Mann.

Nachdem wir noch einen Espresso getrunken haben, verabschiedet sich auch Veronica, und in meine Wohnung kehrt wieder Ruhe ein. Während ich die Küche aufräume, denke ich über den Abend nach. Ob es mir ebenso leichtfallen wird wie Maggie eben, mich mit dem Thema Wechseljahre zu arrangieren?

Was ich dir sagen möchte

So ist das im Leben. Da haben wir uns im Laufe der Jahre ein stabiles Selbstwertgefühl erarbeitet, Kinder großgezogen, Karriere gemacht und sind mit uns und der Welt im Reinen. Und genau in dieser Phase, in der wir uns so richtig wohl und zufrieden fühlen, trifft uns eine neue Katastrophe: Der Hormonhaushalt spielt verrückt. Obwohl wir natürlich eigentlich ganz genau wissen, dass uns irgendwann die Wechseljahre bevorstehen, treffen sie uns unvorbereitet wie ein Sommergewitter. Wechseljahresbeschwerden, denken wir, bekommen sicher nur die anderen. Denn wir, aufgeklärt und modern, wie wir sind, gehören sicherlich zu den 20 Prozent aller Frauen, an denen diese »Krankheit« spurlos vorübergeht. Oder eben auch nicht.

Wenn du also vielleicht schon mit etwa 38 Jahren plötzlich

feststellst, dass deine Stimmungen merkwürdig oft wechseln und dass du manchmal auf diffuse Weise unglücklich bist, ist es nicht zwangsläufig dein Umfeld, das diese Veränderung hervorruft. Möglicherweise ist einfach dein Hormonhaushalt daran schuld, dass du viele Dinge anders empfindest als noch wenige Monate zuvor. Denk daran – ganz besonders dann, wenn du dabei bist, aus einer deiner »neuen« Stimmungen heraus wichtige Lebensentscheidungen zu treffen.

KAPITEL 38

Frühlingsgefühle

Es ist herrliches Wetter und nicht nur meine Katze wird von Frühlingsgefühlen geplagt. Das kann ganz schön lästig sein. Während ich noch überlege, wen ich anrufen könnte, klingelt das Telefon: »Hallo Maria, hier ist Ludwig. Darf ich Sie heute Abend zu einem schönen Spaziergang am See mit einem anschließenden Abendessen einladen?«

Das nennt man wohl Gedankenübertragung. Ich stimme so schnell zu, dass Ludwig Arden meine Antwort gar nicht versteht, zumal ich auch noch gestottert habe. Letzteres aber tut man bekanntlich nur, wenn man ziemlich aufgeregt ist. Und das bin ich. Und wie! Ludwig Arden schlägt vor, mich zu Hause abzuholen. Wiederum stimme ich zu. Dabei wollte ich das doch nicht mehr machen. Meine Güte, sobald sich auch nur das kleinste bisschen Schmetterlinge in meinem Bauch bemerkbar machen, bin ich unfähig, klar zu denken. Obwohl: Eigentlich finde ich das schön! Ein richtig schönes Gefühl!

Ich kann es gar nicht erwarten, bis endlich Abend ist. Das übliche Prozedere im Bad und vor dem Kleiderschrank absolviere ich natürlich in aller Ausführlichkeit. Gut 20 Minuten vor der vereinbarten Zeit stehe ich am Fenster, tipple von einem Bein auf das andere und bin aufgeregt wie ein Teenager. Ludwig ist pünktlich auf die Minute.

Das Wetter ist wunderbar, Ludwig auch, und so ist unser Seespaziergang der pure Genuss. Ludwig ist ein charmanter Unterhalter und erzählt bereitwillig von sich und seinem Leben.

Nach 15-jähriger Ehe lebt er seit zwei Jahren allein, hat zwei Kinder im Alter von acht und zehn Jahren (eigentlich wollte ich keinen Partner mit kleinen Kindern mehr), und seine Scheidung steht kurz bevor. Seit der Trennung von seiner Frau hat er keine neue Beziehung mehr gehabt (wow, ein Mann der sich Zeit nimmt). Beruflich ist er Außendienst-Leiter einer Handelsfirma für Stahl und deshalb viel auf Reisen. Das erklärt auch seine schön gebräunte Haut.
Nachdem wir zwei Stunden lang spazieren gegangen sind, gehen wir schön essen. Ludwig kümmert sich um die Weinauswahl und ist freundlich zum Kellner, als dem ein Missgeschick passiert. Das mag ich bei Männern, zeigt es doch eine gewisse Großzügigkeit und Toleranz.
Nach dem Essen – wir sind inzwischen zum Du übergegangen – bringt er mich brav wieder nach Hause, gibt mir ein Wangenküsschen links und rechts und fragt, ob er mich wiedersehen darf. Jaaa, unbedingt! Das sage ich natürlich nicht so, sondern beschränke mich auf ein höfliches: »Von mir aus gerne.«
Kaum stehe ich in meiner Wohnung, blinkt mein Handy. Eine SMS von Ludwig: »Der Abend mit dir hat mir sehr gutgetan. Sehen wir uns am Samstag?«
Über diese Botschaft freue ich mich richtig und bin – ehrlich gesagt – auch sehr erleichtert. Ich hatte mir schon den ganzen Abend Gedanken darüber gemacht, ob ich nicht vielleicht zu kühl, zu laut oder zu langweilig war, die falsche Kleidung trug oder – ach, was weiß ich nicht noch alles. Aber offensichtlich habe ich mir umsonst das Hirn zermartert. Ludwig schlägt vor, dass wir uns schon am kommenden Wochenende wieder treffen, also in drei Tagen!
Endlich ist Samstag. Ludwig hat sich in den letzten Tagen nicht mehr gemeldet, was mich prompt zu neuen Grübeleien

veranlasst hat. Dabei hat er ganz schlicht und banal sicher einfach nur viel zu tun. Aber es ist eben immer das Gleiche: Sobald wir anfangen, uns zu verlieben, werfen wir die Fähigkeit zum nüchternen Nachdenken über Bord.

Da ich Luzern noch nicht so gut kenne, hat Ludwig vorgeschlagen, mir die Stadt zu zeigen, in der er lange gelebt hat. Sie ist wirklich unglaublich schön und bietet einen idealen Rahmen für ein romantisches Date. Kleine verwinkelte Gassen, wunderschöne und hervorragend restaurierte alte Häuser, der Vierwaldstätter See und die Luzerner Reuss, die durch die Stadt fließt. Straßencafés und Aktionskünstler.

Wie gut sich das anfühlt! Und wie seltsam vertraut mir dieser Mann ist. Das habe ich nach so kurzer Zeit selten erlebt. Plötzlich habe ich den unbändigen Wunsch, ihn hier und jetzt zu küssen! (Keine Sorge, ich hab es mir verkniffen). Immer wieder schaut mich Ludwig liebevoll an. Welche Gefühle hat er? Was denkt er? Ohne diese Fragen zu thematisieren, entscheiden wir uns, unseren Füßen eine kleine Pause zu gönnen. In einem schönen mittelalterlichen Lokal genießen wir das Abendessen und reden über alles Mögliche – nur nicht über uns. Spät am Abend dann machen wir uns auf den Heimweg. Wieder chauffiert Ludwig mich bis vor die Haustür, verabschiedet sich mit einem Küsschen rechts und links und fragt, ob wir uns wiedersehen. Leider geht das erst in ein paar Wochen, weil er zuerst mit seinen Kindern in Urlaub fährt und direkt im Anschluss auf Geschäftsreise sein wird. Wie schrecklich! Natürlich möchte ich ihn wiedersehen!

Brav bringt er mich auch diesmal zur Tür und – geht.

In meiner Wohnung angekommen, rufe ich gleich Veronica an. Nur gut, dass sie eine Nachteule ist – so muss ich mir keine Sorgen machen, sie zu wecken.

»Veronica, ich bin's, Maria. Stell dir vor«, lege ich gleich los,

»wir hatten einen wunderschönen Tag, sind Hand in Hand durch Luzern geschlendert, und dann hat er mich einfach zur Tür gebracht und ist gegangen. Was soll ich denn davon halten?!«

»Geduld, Geduld – das sagst du doch immer.« Ich höre Veronicas Stimme an, dass sie lächelt. »Das gilt nicht nur für andere, sondern auch für dich. Vielleicht ist dein Ludwig einfach ein höflicher Gentleman, der nicht gleich über dich herfällt. Hat doch auch was!«

»Ja, ich weiß. Aber wenn der Mann über einen herfällt, weiß man wenigstens, dass er einen begehrt. So weiß ich gar nichts. Außer, dass wir uns demnächst wiedersehen.«

»Du hörst dich mächtig verliebt an. Kann das sein?«

»Verliebt ist gar kein Ausdruck. Ich habe Schmetterlinge im Bauch, im Kopf, und ich glaube, ich kann bald selber fliegen«, rufe ich lachend.

»Dann flieg mal schön ins Bett und schlafe, falls du kannst. Wir sehen uns dann übermorgen im Büro.«

Wider Erwarten schlafe ich nach dem Gespräch mit Veronica selig ein und erwache am Sonntag frisch und ausgeruht. Ich gönne mir ein ausgiebiges Frühstück – wer sagt denn eigentlich, dass ich mein leckeres Rührei immer nur für andere zubereiten muss –, skype längere Zeit mit Madeleine, der es in Australien prächtig geht, und mache es mir dann auf meiner Terrasse gemütlich, wo ich stundenlang die Frühlingssonne genieße. Am Abend stelle ich fest, dass es mir gelungen ist, nicht allzu oft über Ludwig und sein Verhalten nachzugrübeln.

Am nächsten Morgen fällt mir das Aufstehen schwer – wie kommt es, dass man nach faul verbummelten Tagen immer besonders müde ist? –, aber da das wunderbare Wetter anhält, gelingt es mir, mich aufzuraffen und pünktlich und gut gelaunt im Büro einzutreffen. Veronica sitzt schon am Schreibtisch und sieht übermüdet und genervt aus. Meinen fröhlichen Gruß erwidert sie nur mit einem kurzen Nicken und malträtiert dann weiter ihre Tastatur.

»Was ist denn mit Veronica los?«, frage ich Patrizia leise, als wir beide in der Teeküche sind.

»Keine Ahnung. Aber es scheint ihr eine richtig große Laus über die Leber gelaufen zu sein. Am besten fragen wir sie gleich, bevor sie uns noch mit ihrer schlechten Stimmung den Tag verdirbt.«

Gesagt, getan. Ich gehe zu Veronicas Büro, stecke den Kopf durch die Tür und setze mich auf den Besucherstuhl an ihrem Schreibtisch. »Veronica, bevor wir jetzt stundenlang raten müssen, was mit dir los ist – willst du es uns nicht einfach sagen?«

»Ich sag nichts!«

»Du warst doch am Samstagabend bei unserem Telefonat noch so gut drauf.«

»War ich nicht. Ich wollte dir nur deine verliebte Laune nicht verderben.«

»Also hat es was mit einem Kerl zu tun«, wirft Patrizia lakonisch ein. »Es hat immer was mit Kerlen zu tun. Wenn ich zurückdenke an die Zeit, als ich noch verheiratet war – also mit einem Mann, um genau zu sein –, gab es dauernd solche Situationen, über die ich mich geärgert habe.

Einmal war tolles Wetter und er wollte sich im Garten sonnen. Ich war noch nicht dazugekommen, die Sonnenliegen aus dem Schuppen zu räumen. Allein die Tatsache, dass er sie selbst herausholen und aufstellen musste, machte ihn schon sauer. Total beleidigt lag er dann irgendwann auf seiner Liege, schaute sich im Garten um und meckerte mich an, weil die Rosen noch nicht blühten.«

Veronica und ich brechen in Gelächter aus. So etwas läuft tatsächlich unter der Kategorie »typisch Mann«. Aufgeheitert durch diese Geschichte, beginnt Veronica nun doch zu erzählen: »Ich hab doch vor Wochen beim Schwimmen Rolf kennengelernt. Ein guter Typ, obwohl er schon so alt ist.«

Patrizia unterbricht Veronica: »Seit wann stehst du denn auf alte Männer? Wie alt ist er denn überhaupt?«

»Gleich alt.«

»So alt wie du?«, fragen Patrizia und ich gleichzeitig amüsiert zurück.

»Ja! Für mich ist er alt. Ich hatte schließlich noch nie einen gleichaltrigen Mann.« Veronicas Logik ist einfach umwerfend.

»Na ja«, fährt sie fort, »und weil es doch so ein herrliches Frühlingswochenende war, hatte ich Lust auf eine sinnliche Erfahrung und wollte unsere Begegnung gern vertiefen. Zumal ich ja schon wusste, dass er gut küsst und gut riecht. Also, kurz und gut: Er war ein guter Verbalerotiker. Er machte mich an. Immerhin hatte er mir erzählt, wie wichtig ihm guter Sex sei und dass er es bei uns aber etwas langsamer angehen lassen wolle, weil er den Eindruck habe, dass er den meisten Frauen etwas zu stürmisch sei.«

»Wie lang kennt ihr euch denn eigentlich?«

»Vier Wochen. Das soll doch wohl reichen, oder? Jedenfalls habe ich ihn gestern mit zu mir genommen, nachdem wir einen schönen Tag im Freien miteinander verbracht hatten. Auf dem Weg zu mir nach Hause hat er mir erzählt, wie begeistert die Frauen von ihm und seiner Männlichkeit seien. Ja, er sei ein guter und phantasievoller Liebhaber und könne gut auf Frauen eingehen. Das klang ja einerseits ganz erfreulich – andererseits hätte ich vielleicht da schon Verdacht schöpfen sollen. Welcher Mann preist sich schon auf diese Weise selbst an?« Veronica schaut uns fragend an.

»Und dann? Komm schon, wie ging's weiter?«

»Kaum waren wir bei mir, kam er zur Sache. Gut, das war ja eigentlich auch noch kein Problem. Schließlich hatte ja das Vorspiel schon den ganzen Tag in Anspruch genommen. Allerdings fand ich es ziemlich unromantisch, dass er einfach ins Schlafzimmer ging und sich auszog. Ich habe mich dann auch ausgezogen, während er schon im Bett auf dem Rücken lag, die Arme vor der Brust verschränkt, und mir zusah. Das fand ich auch nicht besonders prickelnd. Kaum lag ich bei ihm im Bett, legte er sich auf mich drauf, rammelte wie ein Karnickel, und noch bevor ich mich beschweren konnte, war er fertig.«

Patrizia fasst sich als Erste wieder: »Das darf ja wohl nicht wahr sein! Hat er nicht gesagt, er sei ein guter Liebhaber? Darunter versteh ich eindeutig etwas anderes.«

»Das ist noch längst nicht alles! Danach legte er sich wieder auf den Rücken, verschränkte wieder die Arme vor der Brust, grinste zufrieden und stellte mir selbstgefällig die Frage aller Fragen: ›Wie war ich?‹«

»Und – was hast du gesagt?«, frage ich empört.

»Ich bin aufgestanden und habe ihn gebeten, sich umgehend anzuziehen und meine Wohnung auf Nimmerwiedersehen zu verlassen.«

Patrizia schaut Veronica ungläubig an: »Mehr hast du ihm nicht um die Ohren gehauen?«

Veronica schaut uns schelmisch an: »Doch, einen Satz noch: ›Ich bin zu alt für schlechten Sex.‹«

»Super!« Patrizia und ich klatschen spontan Beifall, bevor Veronica fortfahren kann.

»Was ich damit meinte, hat er natürlich nicht verstanden. Na ja, Hauptsache, er hat sich schnell wieder angezogen und getrollt. Und eines weiß ich jetzt: Ich werde nie wieder vier Wochen warten. Reine Zeitverschwendung.«

»Irgendwie habe ich immer wieder den Eindruck, dass manche Männer ab einem gewissen Alter in ihrer Entwicklung einfach stehenbleiben«, meine ich. »Komischerweise sind es meistens Männer ab 50, und mit zunehmendem Alter wird es immer schlimmer. Eine sehr agile 58-jährige Kundin hat mir neulich von einem Mann erzählt, den sie zweimal getroffen hat. Jedes Mal beklagte er sich darüber, dass Frauen ab 50 sexuell nicht mehr aktiv seien und deswegen für ihn nur sehr viel jüngere Frauen in Frage kämen. Das ließ sie sich nicht dreimal sagen und lud ihn spontan auf ein Schäferstündchen bei sich zu Hause ein. Und was passierte? Er konnte nicht. Sie war daraufhin so sauer, dass sie ihn gleich verabschiedet hat. Ich höre sie noch jetzt: ›Stellen Sie sich vor, da quatscht ein Mann ständig davon, nur junge Frauen zu wollen, da er ja so ein unglaublich guter Liebhaber ist. Und dann versagt er. Das müssen wir Frauen uns nicht gefallen lassen!‹ Meine Theorie ist, dass manche Männer nur deshalb junge Frauen wollen, weil sie Probleme mit ihrer Potenz haben. Sie hoffen, dass es bei ihnen besser klappt, wenn sie einen knackigen, jungen Körper vor sich haben – und falls es dann doch nicht klappt, versuchen sie ihre Impotenz durch Geld wettzumachen.«

»Eine Freundin von mir hat mal was ganz Verrücktes erlebt«, erzählt Patrizia. »Sie hat mal einen jüngeren Mann kennengelernt. Als es dann zur Sache gehen sollte, legte er sich bewegungslos ins Bett, schaute auf seinen Unterleib und sagte zu ihr: ›So, jetzt mach mal.‹ Als sie fragte, was er damit meinte, antwortete er: ›Du bist doch älter als ich, und ältere Frauen haben doch so viel Erfahrung. Also, zeig's mir mal.‹ Ist das nicht grauenvoll?«

Wir lachen inzwischen alle drei aus Leibeskräften.
»Und, wie alt war der junge Mann?«, will Veronica wissen.
»Also, sie ist jetzt 64, und ich glaube, er war damals 58.«
Veronica prustet laut auf: »Das bestätigt doch unsere Vermutung. Diese Generation von Männern hat einfach noch nicht begriffen, wie man mit einer Frau umgeht.«
»Mich wundert es nicht mehr, dass Frauen mittlerweile eher jüngere Männer bevorzugen. Und das nicht nur in Hollywood«, ergänze ich lachend und füge mit einem Augenzwinkern für Patrizia noch hinzu: »Oder Frauen.«

Was ich dir sagen möchte

»Ich bin zu alt für schlechten Sex.«
Denke an diesen Satz, wenn du das nächste Mal mit einem Mann intim bist, der sich verhält wie ein brunftiger Ochse. Du bist eine Frau mit Erfahrung, liebenswert und schön, die es verdient, begehrt und verwöhnt zu werden. Sollte ein Mann ab einem gewissen Alter – und damit meine ich: über 25 – immer noch nicht verstanden haben, wie eine Frau zu behandeln ist, spricht viel dafür, dass er es nie lernen wird. Wohlverstanden, ich rede hier nicht davon, dass es manchmal nicht richtig rundläuft, wenn man zum ersten Mal mit einem neuen Partner im Bett ist. Schließlich muss man sich auch in Sachen Erotik erst kennenlernen. Da ist es ganz normal, wenn beide nervös und vielleicht ein bisschen ungeschickt sind. Aber auf einen »Rammler« kannst du verzichten.

KAPITEL 39

Kreise schließen sich

Als ich heute Morgen die Augen öffne und meine Gedanken allmählich wieder in Gang kommen, trifft es mich plötzlich wie ein Blitzschlag: Heute werde ich endlich meinen Sohn wiedersehen! In Sekundenschnelle bin ich hellwach, springe aus dem Bett und direkt unter die Dusche. Normalerweise bleibe ich am Wochenende immer noch gerne ein bisschen liegen, aber heute hält mich nichts mehr im Bett.

Wie ich mich freue! Beim Frühstück denke ich darüber nach, wie schnell die Zeit vergangen ist. Zuletzt gesehen haben wir uns bei unserer gemeinsamen Mexiko-Reise. Aber wann genau ist Max eigentlich zum Arbeiten nach Berlin gegangen? Ich muss nachrechnen – erstaunlich, wenn man bedenkt, dass es mir an dem Tag, als ich ihn zum Flughafen brachte, ähnlich schlecht ging wie bei Madeleines Abflug nach Australien. Als Max in sein neues Leben aufbrach, war allerdings außer Madeleine auch noch mein Lebensgefährte da, um mich zu trösten. Ich registriere, dass ich das ganz sachlich konstatieren kann, ohne dass es mir einen Stich gibt, und muss lächeln, wenn ich daran denke, wie ich damals am Flughafen versucht habe, mit meinem Sohn einen Termin für meinen ersten Besuch bei ihm zu vereinbaren. Max hat mich in den Arm genommen und sehr lieb angelächelt, bevor er sagte: »Mama, das sehen wir dann schon noch. Lass mich jetzt erst mal in Berlin mein Ding machen. Wir können doch telefonieren.« Ich weiß noch, dass ich damals unter Tränen gelacht und mich bei ihm für meine Gluckenhaftigkeit entschuldigt habe.

Und jetzt stehe ich wieder am Flughafen und kann kaum glauben, dass der große Junge, der da lässig mit seinem Rollkoffer auf mich zukommt, tatsächlich mein Sohn ist. So einen großen Jungen habe ich? Das ist gar kein Junge mehr, der mir da lachend zuwinkt, das ist ein junger Mann.
Wir strahlen uns an und fallen uns dann in die Arme und können uns gar nicht mehr loslassen. Ist das schön! Endlich, endlich halte ich wieder ein »Kind« in meinen Armen. Mir fließen schon wieder die Tränen. Erst jetzt wird mir richtig bewusst, wie sehr ich Max vermisst habe.
Zu Hause angekommen, erzählt er mir, was er in den letzten Monaten alles erlebt hat. Während ich ihm zuhöre, entdecke ich ganz neue Züge in seinem Gesicht. Es ist markanter geworden, ernsthafter, und der kleine Junge, der er einmal war, ist zumindest äußerlich endgültig verschwunden.
Nach einem kurzen Spaziergang am See und einem Kaffee zu Hause bricht Max auf, um einige Freunde zu besuchen, und ich werde melancholisch.
Es ist schon erstaunlich, wie vieles sich verändert hat. Im Grunde genommen bin ich nach dem Auszug meiner Kinder wieder an dem Punkt angelangt, an dem ich vor meiner Heirat war. Ich bin Single, berufstätig, habe einen wunderbaren Freundeskreis und bin vollkommen unabhängig. Aber etwas ist anders als früher: Die Unsicherheit, die ich in jüngeren Jahren des Öfteren verspürt habe, ist gewichen und hat Platz gemacht für Lebenserfahrung und eine gewisse innere Ruhe. Vieles sehe ich heute gelassener, weiß ich doch inzwischen, dass sich im Grunde alles irgendwie regeln lässt. Es ist ein gutes Leben, für das ich dankbar bin.

Noch während ich das wohlige Gefühl der Dankbarkeit genieße, das sich in mir ausbreitet, ruft Maggie an: »Hallo

Maria, was bin ich froh, dich zu erreichen! Ich muss dir unbedingt was erzählen. Das glaubst du nicht! Hast du morgen Abend Zeit? Veronica und Angela habe ich schon gefragt, die können beide. Aber ihr müsst zu mir kommen. Das ist kein Thema für ein Lokal. Ach, ich bin so aufgeregt!«, rattert sie ohne Luft zu holen ins Telefon.

»Natürlich kann ich. Aber was ist denn los?«

»Das sage ich euch erst morgen.«

»Maggie! Das kannst du mir nicht antun, bis morgen Abend sterbe ich vor Neugier.«

Maggie lacht nur. Offenbar ist sie keineswegs gewillt, sich umstimmen zu lassen. Das macht mich ganz verrückt. Jetzt muss ich tatsächlich bis morgen warten, um zu erfahren, was Maggie Aufregendes zu berichten hat. Natürlich rufe ich gleich Veronica und Angela an, die aber leider auch nichts Näheres wissen.

Weil ich für den Sonntagabend nun eine Einladung zum Abendessen habe und Max am Morgen ohnehin sehr lange schläft, beschließe ich, das geplante selbstgekochte Mittagessen ausfallen zu lassen und bereite uns stattdessen ein ausgiebiges Frühstück zu. Max strahlt, als er sieht, was ich alles aufgefahren habe, und langt ordentlich zu. Wenigstens das ist sich gleichgeblieben, denke ich und freue mich, während ich ihm dabei zusehe, wie er seine zweite Laugenbrezel vertilgt.

»Die schmecken in Berlin nicht halb so gut!«

Nachdem Max seine Sachen gepackt hat, ist es schon fast Zeit, ihn zum Flughafen zu bringen. Ich verkneife mir jeden Kommentar dazu, wie schnell sein Kurzbesuch schon wieder um ist – schließlich will ich meinen erwachsenen Sohn nicht vergraulen, sondern hoffe auf ein baldiges Wiedersehen. »Klar, Mama, bald ist doch Pfingsten. Da kann ich dann auch mal zwei, drei Tage freinehmen.« Na also, wer sagt's denn …

Am Abend finden Veronica, Angela und ich uns pünktlich um 19 Uhr bei Maggie ein. Der Tisch ist festlich gedeckt, und feiner Essensduft durchströmt die Wohnung. Zur Begrüßung reicht Maggie uns ein Glas Champagner.
Veronica wird ungeduldig. »Wie lange willst du die Zeremonie jetzt durchziehen, bevor du uns endlich sagst, was los ist? Du glaubst doch nicht etwa, dass wir zuerst einen Aperitif nehmen, dann eine Vor- und Hauptspeise, und stundenlang warten, bis du am Schluss die Bombe hochgehen lässt?«
»Genau. Ich habe euch nämlich auch noch etwas zu erzählen«, sagt Angela mit einem Gesicht, als würde sie vor dem Weihnachtsbaum stehen.
Maggie strahlt: »Also gut, ich sag euch gleich, was los ist.« (Ich sehe ihr deutlich an, dass sie sowieso nicht bis zum Dessert warten könnte.) »Also: Ich war beim Frauenarzt ...«
»Bist du doch schwanger?!« Drei große Augenpaare starren sie an.
»Jetzt lasst mich doch mal ausreden. Der Frauenarzt hat einen Test gemacht und festgestellt, dass ich tatsächlich in den Wechseljahren bin.«
Veronica stöhnt und lässt sich an die Sessellehne zurückfallen: »Meine Güte, und deswegen machst du so ein Theater und spannst uns über 24 Stunden lang so auf die Folter? Kannst du dir vorstellen, wie viele Gedanken wir uns gemacht haben? Und das alles nur deshalb, weil dein Hormonspiegel sich geändert hat? Also gut, wenn das für dich ein Grund zum Feiern ist, dann schenk uns bitte umgehend noch ein Glas Champagner ein. Sofern das dein Hormonspiegel erlaubt.«
Angela und ich hauen in dieselbe Kerbe, und so frotzeln wir noch eine ganze Weile weiter, während wir genüsslich den wirklich guten Champagner schlürfen. Irgendetwas in Maggies Gesicht allerdings ist anders als sonst.

»Ich bin doch noch gar nicht fertig. Nachdem Hans und ich uns wieder vertragen haben…« »Ach!«, unterbricht Veronica sie. »Und das sagst du uns jetzt so quasi nebenbei? Glückwunsch! Nein, wirklich, Maggie: Das freut mich für dich!«
»Das habt ihr gut gemacht!«, pflichte ich ihr bei.
Maggie lächelt ein bisschen verlegen. »Na ja, Hans hatte zum Glück Verständnis dafür, dass und warum ich so völlig neben der Spur war. Wir haben uns dann zusammengesetzt und darüber gesprochen, dass für uns beide so langsam die dritte Lebensphase beginnt. Ja, und solange wir noch gesund und munter sind, wollen wir gerne noch ein paar Jahre in Südafrika leben.«
Diesmal fällt ihr keine von uns ins Wort. Maggie schaut uns erwartungsvoll an, und es herrscht für einige Momente Stille. Veronica findet als Erste die Worte wieder: »Das ist jetzt allerdings eine echte Bombe, die du da gerade hast hochgehen lassen.«
Mir gehen tausend Gedanken durch den Kopf. Meine liebe Freundin verlässt uns wieder. Wir sind uns in all den Jahren so vertraut geworden, wie es Schwestern nicht sein könnten. Betreten schaue ich die anderen an.
»Maggie, das freut mich wirklich für euch«, sage ich, »aber wirklich nur für euch. Ihr beide steht mir so nah. Du kannst uns doch nicht einfach so verlassen. Ihr beide seid wie unser Zuhause.«
Ich bin kurz davor, in Tränen auszubrechen. Maggie nimmt uns alle drei nacheinander liebevoll in den Arm. »Wir telefonieren, so oft es geht – versprochen. Und jetzt gibt es ja auch Skype, da können wir uns dabei sogar sehen. Außerdem habe ich doch gesagt, dass es nur um ein paar Jahre geht.«
Nachdem wir uns etwas abgeregt haben, nehmen wir ungewohnt wortkarg und gedankenverloren Maggies leckeres

Abendessen zu uns. Maggie erzählt noch eine Weile von den neuen Plänen, die Hans und sie geschmiedet haben. Hans wird aufhören zu arbeiten. Die beiden möchten das Leben am Kap in vollen Zügen genießen. Später, wenn sie alt sind – wann immer das sein wird –, wollen sie nach Europa zurückkommen und ihren Lebensabend im Kreise ihrer Freunde und Familie verbringen.

Auf dem Weg nach Hause bricht Veronica plötzlich in Tränen aus. So etwas bin ich von ihr überhaupt nicht gewohnt. Sie beneidet Maggie und Hans. Um ihre Liebe, ihre Zukunftspläne, ihr Verständnis füreinander.

»Kannst du dir vorstellen, wie gerne ich im Ausland leben würde? Mit einem Mann an meiner Seite, finanziell unabhängig und natürlich auch mit der Sicherheit, die dir ein Partner vermittelt?«

So deprimiert habe ich meine Freundin schon lange nicht mehr erlebt.

»Weißt du was, meine Liebe?«, versuche ich sie zu trösten, »wir sollten gar nicht so traurig sein, sondern Maggies Glück mit ihr teilen. Abgesehen davon, dass wir jetzt einen guten Grund haben, nach Südafrika zu reisen.«

»Ja, stimmt schon.« Veronica klingt noch nicht ganz überzeugt. »Trotzdem: Ich brauche noch etwas Zeit, um mich mit dieser Neuigkeit abzufinden.«

Schweigend fahren wir bis vor ihre Haustür. Kurz bevor Veronica aus meinem Auto aussteigt, hellt sich ihr Gesicht plötzlich auf: »Aber weißt du was? Wir schmeißen für Maggie eine große Abschiedsparty, bei der wir alle zusammen noch einmal so richtig Spaß haben können. Einverstanden?«

»Einverstanden!«

Zu Hause angekommen, fällt mir wieder ein, dass Angela uns zu Beginn des Abends gesagt hatte, dass sie auch etwas mitzu-

teilen habe. Oje, das ist natürlich in der Aufregung um Maggie vollkommen untergegangen.
Ich rufe sie gleich an: »Süße, mir ist eingefallen, dass du uns auch noch etwas sagen wolltest. Was denn?«
Angela lacht: »Na ja, eigentlich in etwa das Gleiche. Ich ziehe um nach Mallorca, zu Michael. Aber ich habe gedacht, zwei Bomben an einem Abend sind einfach zu viel.«
Zum zweiten Mal an diesem Abend bin ich sprachlos. Noch eine Freundin, die geht? Das, finde ich, ist jetzt aber eindeutig zu viel.
»Ach. Sag mal, hast du die Sache mit Michael nicht erst kürzlich noch ganz tiefgehängt? Und jetzt, kurze Zeit später, wirfst du hier alles hin und haust einfach ab?«
»Na ja, aber warst du es nicht, die mich darin bestärkt hat, es mit Michael zu versuchen? Du willst dich jetzt aber nicht ernsthaft darüber beschweren, dass es etwas fester geworden ist, oder?«, erwidert Angela scherzend. »Und bevor du dich weiter aufregst: Ich fliege schon in einer Woche.«
Nun gebe ich mich endgültig geschlagen. Ich freue mich für Angela und sage ihr das auch. Aber gleichzeitig bin ich auch traurig. Nachdem wir aufgelegt haben, beschließe ich, schleunigst ins Bett zu gehen. Ich muss jetzt erst mal schlafen. Das ist einfach wirklich zu viel. Morgen ist auch noch ein Tag.
Die Arbeitswoche, die auf dieses so ereignisreiche Wochenende folgt, verläuft – zum Glück! – ganz unaufgeregt.
Soraya ruft an, um mir von dem Treffen mit Bernhard, dem liebevollen Beamten, zu erzählen. »Liebe Frau Klein, was haben Sie sich nur dabei gedacht, mir einen Beamten vorzustellen?«, plappert sie darauflos, noch bevor ich guten Tag sagen kann. »Ich habe ja wirklich gedacht, das passt ja nun gar nicht, ein Beamter und ich. Was soll ich sagen, wir sind bis über beide Ohren ineinander verliebt. Dieser wunderbare

Mann mit seinem liebevollen, bedächtigen Wesen, und dazu noch ein absoluter Gentleman, hat mich vollkommen in seinen Bann gezogen. Ich bin sicher, den Rest meines Lebens an seiner Seite glücklich, geborgen und zufrieden zu sein.«

Nachdem ich Veronica von unserem Erfolg erzählt habe, sitzen wir wieder an unseren Schreibtischen, führen Telefonate und Kundengespräche. Alles ist wie immer. Außer dass wir vielleicht ein bisschen melancholischer sind als sonst. Veronica war natürlich alles andere als glücklich, als ich ihr erzählt habe, dass auch Angela uns verlassen und in die Ferne ziehen wird. Patrizia, der wir die Neuigkeiten gleich am Montagmorgen erzählt haben, lässt uns in Ruhe und hält sich im Hintergrund.

Einen Lichtstrahl am Horizont gibt es aber doch: Am Wochenende werde ich endlich Ludwig wiedersehen. Er hat mich noch von seiner Dienstreise aus angerufen, und wir haben uns für Samstag bei mir verabredet.

Von Mittwoch bis Freitag versuche ich, meiner steigenden Aufregung Herr zu werden. Ich gehe zum Friseur, kaufe mir neue Klamotten – mittlerweile habe ich einige Sachen im Schrank, die ich einem neuen Kerl zuordnen kann –, fülle meinen Kühlschrank und bringe die Wohnung auf Vordermann.

Als der Samstag endlich da ist, stehe ich wieder mal schon eine Viertelstunde vor der Zeit erwartungsvoll am Fenster. Endlich biegt Ludwigs Auto um die Ecke, und er parkt direkt vor meinem Haus.

Mit klopfendem Herzen schaue ich ihm zu, wie er schwungvoll aus dem Auto steigt, auf das Haus zugeht – und wieder umkehrt. Kurze Panik ergreift mich: Er wird es sich doch nicht anders überlegt haben? Doch nein: Er holt einen riesigen Blumenstrauß aus dem Kofferraum. Juchu!

Ich finde, er sieht einfach umwerfend aus. Seine blonden Haare hat er in den letzten Wochen etwas länger wachsen lassen, so dass sie sich jetzt leicht wellen. Seine Figur – so sportlich! Und das in seinem Alter! Na gut, er ist genauso alt wie ich. Ach, und dieses Lächeln, als er jetzt hochschaut und mich am Fenster stehen sieht (muss mir das jetzt peinlich sein?)! Ich öffne ihm die Wohnungstür, wir schauen uns in die Augen, er lässt den Blumenstrauß fallen, nimmt mich zärtlich in die Arme und küsst mich. Endlich!

Von diesem Moment an sind wir ein Paar.

Als ich Ludwig meinen Freundinnen vorstelle, sind sich alle einig: Wir beide haben das große Los miteinander gezogen. Es sieht aus, als wären wir füreinander geschaffen: Wir haben weitgehend dieselben Interessen, lieben die Berge und die Natur sommers wie winters und können uns stundenlang unterhalten. Meine ersten Begegnungen mit Ludwigs Kindern waren viel unproblematischer, als wir befürchtet hatten, und in meinem Freundes- und Bekanntenkreis wird Ludwig mit offenen Armen empfangen. Wir beide fühlen uns mit seinen Kindern oder unter Freunden ebenso wohl, wie wenn wir Zeit zu zweit verbringen. Denn eines habe ich mir aus der Zeit nach meiner Trennung gut gemerkt: Ich werde nie wieder meine Freunde und Freundinnen links liegen lassen, um mich mit meinem Partner einzuigeln. Und vielleicht ist es ja auch ein Zeichen größerer Lebenserfahrung, wenn man den Partner nicht mehr ständig ganz für sich allein haben muss?

Wir sind fleißig mit den Vorbereitungen für Maggies Abschiedsparty beschäftigt. Alle, die sie kennen und lieben und uns die letzten Jahre begleitet haben, sind eingeladen. Es gibt ein großes Grillfest direkt am See. An einer Stelle, die Maggie schon immer sehr geliebt hat. Um sicherzustellen, dass sie an dem betreffenden Tag auch Zeit hat, haben wir Hans einge-

weiht. Er musste uns allerdings hoch und heilig versprechen, ihr nichts von unseren Plänen zu erzählen.
Jetzt ist der große Tag da. Hans und Maggie stehen kurz vor ihrer Abreise nach Südafrika, und wir sind den ganzen Tag über damit beschäftigt, Bänke, Stühle und alles, was der Mensch zum Essen und Trinken braucht, ans Seeufer zu karren.
Mittlerweile ist es 19 Uhr, und nach und nach trudeln die Gäste ein. Alles in allem werden wir rund 35 Leute sein. Hoffentlich haben wir genug eingekauft!
Ludwig steht am Straßenrand Schmiere, um uns ein Signal zu geben, sobald Maggie und Hans ankommen. Veronica hetzt wie verrückt hin und her, um der Deko den letzten Schliff zu geben.
»Ich krieg hier noch die Krise!«, ruft sie verzweifelt und müht sich, Nägel in einen Baum zu schlagen, um unser selbstgebasteltes Banner – »Alles Gute für dein neues Leben, wir werden dich vermissen!« – zu befestigen.
»Hey, du bringst ja noch den Baum um! Warte mal – ich helfe dir.« Klaus springt zu ihr, um das Schlimmste zu verhindern. Als seine und ihre Hände sich zufällig berühren, sehe ich, dass Veronica rot wird. So rot, dass man kaum noch ihren markanten roten Lippenstift erkennen kann. Ich überlege, ob ich so etwas überhaupt schon einmal bei ihr erlebt habe. Veronica und Rotwerden – nein, eigentlich undenkbar. Kurz überlege ich, ob das ein Wechseljahre-Symptom ist. Staunend schaue ich den beiden zu. Und dann spüre ich etwas, das ich nie für möglich gehalten hätte. Veronica und Klaus sind ineinander verliebt! Das gibt's doch nicht! Jetzt kennen sie sich doch auch schon einige Monate – aber plötzlich hat es gefunkt. Darum also war Veronica so sauer, als sie Klaus und mich bei meinem Umzug »erwischte«!

Noch bevor ich weiter darüber nachdenken kann, ruft Ludwig: »Sie kommen, macht euch bereit!«
Schnell stellen wir uns wie ein Chor zusammen und warten auf sein Zeichen. Als Maggie und Hans um die Ecke kommen, stimmen wir unser einstudiertes Lied an: »Maggie, komm bald wieder« zur Melodie von »Junge, komm bald wieder« von Freddy Quinn.
Maggie bleibt wie versteinert stehen und lehnt sich schweigend an ihren Mann. Sie sagt tatsächlich nichts! Das habe ich wiederum bei ihr noch nie erlebt. Diese schweigsame, gedankenverlorene Maggie lässt uns fast die Tränen kommen.
Während wir gesungen haben, haben Ludwig, Veronica und Klaus den Sekt eingeschenkt, mit dem wir nun auf Maggie und Hans anstoßen.
»Ihr seid ja verrückt!«, ruft Maggie, jetzt wieder ganz die Alte. »Das ist ja fast wie eine Beerdigung hier! Mensch Leute, ich sterbe doch nicht, ich ziehe nur weg. Ihr veranstaltet hier eine Party, als sei es die letzte unseres Lebens. Und dann hintergeht mich auch noch mein Mann, indem er vorgibt, dass wir eine alte Tante besuchen. Die Überraschung ist euch echt gelungen! Kann mir mal jemand mein Sektglas wieder füllen?«
Ach, wie sie mir fehlen wird, meine Maggie, mit ihrem Temperament, ihrer Lautstärke und ihrer unglaublichen Warmherzigkeit!
Das Fest wird ein voller Erfolg und hat, entgegen Maggies Befürchtung, nichts von einer Beerdigung. Es wird unglaublich viel gelacht und gescherzt, und immer wieder fällt jemandem noch eine Anekdote ein, die wir im Laufe der Zeit miteinander erlebt haben. Schade nur, dass Angela nicht dabei sein kann, die ja inzwischen schon in Mallorca ist.

Spät am Abend, nachdem nach und nach alle Gäste aufgebrochen sind, sitzen nur noch wir sechs – Maggie mit Hans, Ludwig und ich, Veronica und Klaus – gemütlich um das Lagerfeuer.

Mir ist schon in der letzten Stunde aufgefallen, dass Klaus mit einem Mal sehr nachdenklich wirkt.

»Jetzt, wo wir wieder unter uns sind, muss ich euch etwas sagen«, verkündet er mit ernster Miene. »Ich war beim Arzt und habe eine Untersuchung machen lassen.«

»Oh mein Gott!«, ruft Maggie panisch. »Musst du etwa sterben?«

Klaus' Miene hellt sich wieder auf. »Ich hätte jede Wette darauf abgeschlossen, Maggie, dass du mich das fragst. Nein, ich muss nicht sterben, mir geht's gut. Aber ich kann auch kein neues Leben zeugen.«

»Wie – bist du impotent?« Klar: Auch diese Frage kann nur Maggie einfallen. Sie lässt gerade mal wieder kein Fettnäpfchen aus. Entsetzt schauen wir zwischen ihr und Klaus hin und her. Und stellen fest, dass Klaus sich nicht so leicht aus der Ruhe bringen lässt.

»Über mangelnde Potenz kann ich mich nicht beklagen. Allerdings hat der Arzt festgestellt, dass ich unfruchtbar bin. Das heißt im Klartext: Ich brauche mir keine Frau mehr zu suchen, mit der ich eine Familie gründen möchte.«

»Aber Maria hat jetzt den Ludwig!«, stößt Veronica nun plötzlich zornig hervor.

Was soll das denn jetzt? Sie kann doch nicht immer noch ernsthaft sauer sein wegen dieser einen kleinen Begebenheit beim Umzug! Oje, hätte ich ihr damals schon deutlich sagen sollen, dass zwischen Klaus und mir nichts passiert ist? Will Veronica jetzt den Status der Fettnäpfchentreterin für sich in Anspruch nehmen, wenn Maggie weg ist, frage ich mich.

Einen kurzen Moment lang herrscht Schweigen. Jeder überlegt für sich, wie er diese verfahrene Situation retten kann.
Zu meiner eigenen Überraschung bin ich es, die nun etwas sagt: »Also dann, in diesem Fall, Klaus, könntest du doch mit Veronica ... na ja, also, ihr könntet doch jetzt, wo klar ist, dass du keine Kinder mehr kriegst und Veronica auch nicht ... ja, da wäre es doch möglich, dass ... Also, was ich sagen will: Ich meine, da bliebe doch sozusagen alles in der Familie«, stottere ich.
Veronica schaut in die Runde. Sie sieht immer noch wütend aus. »Wollt ihr mich hier verkuppeln, oder was? Klaus und ich? Ist doch ein Witz, oder?«
Ich würde am liebsten im Boden versinken. Erneut werfen wir uns ratlose Blicke zu. Meine Güte, wie es aussieht, ist die Situation wirklich nicht mehr zu retten. Dabei war der Abend bis vor zwei Minuten noch so schön!
Klaus ist wirklich ein Fels in der Brandung! Er steht schweigend auf, geht zu Veronica, kniet sich vor sie und nimmt ihre Hände in seine. Dabei schaut er ihr tief in die Augen.
Wir warten darauf, dass sie ihm eine runterhaut. Macht sie aber nicht. Sie zieht nicht einmal ihre Hände weg.
»Ich weiß, das klingt jetzt vielleicht total kitschig«, sagt Klaus zu ihr. »Ich möchte dir jetzt und hier sagen, dass ich mich ... ich kann dir gar nicht sagen, wann das anfing ... na, auf jeden Fall habe ich mich ernsthaft in dich verliebt. Möchtest du einen Versuch mit mir wagen?«
Gebannt halten wir alle den Atem an. Bei Veronica weiß man nie, was sie als Nächstes tut. Plötzlich sehe ich, wie ihr zwei dicke Tränen die Wangen herunterkullern und sie ganz schlicht und einfach »ja« sagt.
Plötzlich sitzen drei Paare ums Feuer. Ich kuschle mich gemütlich in Ludwigs Arme, die mich weich und sicher hal-

ten, schaue in das prassende Lagerfeuer, in die lächelnden Gesichter meiner liebsten Freunde und bin glücklich und zufrieden.

Ich glaube, wir sind wieder einmal angekommen.

ANSTELLE EINES NACHWORTS

Was ich dir noch mit auf den Weg geben möchte

Möglicherweise hast du dir dieses Buch gekauft, weil du im Augenblick selbst einen neuen Partner suchst. Vielleicht warst du es, die die letzte Beziehung in deinem Leben beendet hat, vielleicht auch dein Partner. In letzterem Fall fühlst du dich jetzt möglicherweise alleingelassen und orientierungslos und siehst keinen Silberstreif am Horizont.

Bitte lass trotz alledem nicht das Gefühl aufkommen, dass du nie wieder eine Chance hast, eine schöne Beziehung einzugehen und einen neuen Partner zu finden.

Frauen ab einem gewissen Alter – und dieses Alter beginnt heute schon mit 30 – wird gern eingeredet, dass die Partnersuche das Schwierigste sei, was es im Leben zu meistern gilt, und vor allem: dass sie mit zunehmendem Alter immer noch schwieriger werde.

Und genau da fängt dein Problem an. Du glaubst das. Nimmst kritiklos alles, was du hörst und liest, in dir auf und resignierst, bevor du überhaupt dein hübsches Näschen in den Wind gestellt hast. Dein ganzes Denken und Fühlen geht nur noch in eine Richtung: Es gibt nie wieder einen passenden Partner für mich. Alle Männer sind unzuverlässig, wollen keine Beziehung, sind Schweine, gehen fremd und wollen sowieso nur das Eine.

Ja, diese Männer gibt es, keine Frage. Aber die willst du doch sowieso nicht, oder? Warum also solltest du deine ganzen Emotionen auf diese Männer konzentrieren? Warum denkst

du nicht an den Mann, der auf dich wartet und sich darauf freut, eine innige Beziehung mit einer so wunderbaren Frau wie dir einzugehen? Und sei versichert: Es gibt diesen Mann. Ziehen wir an dieser Stelle doch auch einmal die Statistik hinzu: Früher hatten die Menschen, bis sie vor den Traualtar traten, im Durchschnitt 1,8 Beziehungen. Heute haben sie bis zur Heirat durchschnittlich 12,8 Beziehungen. Du siehst daran: Es kann dauern, bis du den Richtigen für dich findest. Er wartet höchstwahrscheinlich nicht an der nächsten Ecke auf dich. Und bis du ihn gefunden hast, wird es manches unbefriedigende Rendezvous geben.
Ihr müsst beide losziehen und euch suchen. Eine ganz beruhigende Tatsache ist die, dass es ihn schon gibt, deinen Traummann. Darum: Bitte nicht gleich am Anfang resignieren. Wenn du von den Konflikten in deiner letzten Beziehung erschöpft bist oder spürst, dass du über die Trennung noch nicht hinweg bist, gönn dir eine Auszeit. Beruhige dich, trauere und lass den Schmerz zu. Du wirst spüren, wenn deine Energie zurückkehrt und du bereit bist, eine neue Beziehung einzugehen. Dann ist immer noch genug Zeit, einen Plan zu machen, wie dein neues Leben aussehen soll und was du tun willst, um deine Vorstellungen zu verwirklichen.

Sobald du losziehst, um neue Menschen kennenzulernen, solltest du eines nicht vergessen: Bau dir einen guten Ruf auf. Ich meine damit nicht, dass du einen schlechten Ruf hast, aber du wirst viele neue Leute treffen. Du bist begeistert von den neuen Menschen, freust dich und wirst vertraulich (so sind wir Frauen eben). Du erzählst bereitwillig mit offenem Herzen aus deinem Leben. Leider musst du nachher oftmals feststellen, dass diese Menschen nicht so sind, wie du es erhofft hast, und sie vielleicht dein Vertrauen missbrauchen. Natür-

lich ärgerst du dich dann über deine Offenheit und bist sehr enttäuscht und frustriert.
Lass es also am Anfang etwas langsamer angehen.
Vielleicht überlegst du dir, etwas an deinem Äußeren zu ändern? Nur zu! Wir Frauen neigen mitunter dazu, unser Licht unter den Scheffel zu stellen. Sich beispielsweise dauerhaft nur in Grau- und Schwarztöne zu kleiden wirkt zwar seriös, aber auch langweilig. Vergiss es. Schließlich willst du nicht übersehen werden, wenn du in Gesellschaft bist. Schau daher, welche Farben dir gut stehen, und ziehe, wenn du möchtest, einen Besuch bei einer Stilberaterin in Erwägung. Überlege dir, wie du deine Stärken und Vorzüge betonen, deine Werte und dein Frausein nach außen tragen kannst. Zeig den Männern, was sie verpassen, wenn sie dich nicht kennenlernen.
Noch einmal eine Statistik: Vor einiger Zeit wurde mit Männern ein Test durchgeführt, in dem sie Frauen unterschiedlichen Typs und Alters bewerten sollten. Gefragt war, mit welcher Frau sie eine Beziehung eingehen würden. Anfangs ging man davon aus, dass die Männer unabhängig von ihrem eigenen Alter grundsätzlich jüngeren Frauen den Vorzug geben würden. Der Test belegte jedoch das Gegenteil: Die Männer entschieden sich zu nahezu 90 Prozent für Frauen in ihrem eigenen Alter. Diese »älteren« Frauen waren fröhlich, gepflegt, hatten eine jugendliche Ausstrahlung und – einen heiteren Kleidungsstil. Relativ unbeliebt bei den männlichen Versuchspersonen waren dagegen graue Haare – egal, ob die betreffende Frau 25 oder 60 Jahre alt war.
Überlege dir, wohin du gehen könntest, um neue Kontakte zu knüpfen. Denk dabei ruhig auch »um die Ecke«. Nachfolgend ein paar Erfahrungswerte aus meiner Beratungspraxis: In Kochkursen für Anfänger sind mehr Männer als in den

Fortgeschrittenenkursen. Kein Wunder: Viele Männer, die plötzlich allein sind, stellen ziemlich bald fest, dass sie etwas Wichtiges in ihrem Leben nicht gelernt haben: Kochen.
Genauso gut wie Kochkurse eignen sich die meisten anderen einschlägigen Angebote der Erwachsenenbildung sowie Vorträge. Eher meiden solltest du frauenlastige Angebote – klassisches Beispiel sind hier natürlich Handarbeitskurse aller Art.
Konzerte, Mittagstische oder Sportangebote in der Gruppe sind weitere gute Gelegenheiten, neue Menschen kennenzulernen. Um dich sicherer zu fühlen, kannst du bei deinen ersten Schritten eine Freundin mitnehmen. Achte aber unbedingt darauf, dass sie dich nicht »runterzieht«, sondern vielmehr optimistisch und fröhlich stimmt. Es gibt nichts Schlimmeres, als eine Begleitung zu haben, die dir die ganze Zeit über nur erzählt, dass man beim Ausgehen sowieso nur »Schrott« kennenlernt. Ihr seid doch auch kein »Schrott«, oder?
Leider bekomme ich dieses Wort sehr oft zu hören, wenn es um andere Menschen geht. Falls du dich ebenfalls dabei erwischen solltest, andere so zu nennen, versuche deine Perspektive zu ändern. Menschen sind und leben sehr verschieden. Diejenigen, die dir nicht gefallen, musst du auch nicht nehmen. Das bedeutet aber noch nicht, dass sie wertlos sind.
Frauen neigen zudem dazu, ihre Krallen auszufahren, sobald sie von einem Mann angesprochen werden. Versuche diesen Reflex zu überwinden. Freue dich darüber, dass dich ein Mann attraktiv findet und hör dir einfach an, was er zu sagen hat. Auch Männer sind oft schüchtern und wirken bei den ersten Sätzen nicht sonderlich eloquent. Gib ihnen eine Chance, sich zu verbessern. Falls es tatsächlich nicht besser werden sollte, kannst du dich ja immer noch freundlich verabschieden.

Wichtig ist auch, dass du das Raster bei der Partnersuche nicht zu eng steckst. Ist es wirklich so wichtig, ob er fünf Jahre jünger oder älter ist als du, geschieden ist oder getrennt lebt? Wenn du einen Mann kennenlernst, den du nett findest, solltest du dir selbst die Chance geben, zu testen, ob ihr euch ineinander verlieben könnt, auch wenn dieser Mann vielleicht nicht in jedem Punkt deinen Suchkriterien entspricht.

Lass dir von niemandem einreden, dass ohnehin »nichts Gescheites« herumläuft. Ich prophezeie dir: Du wirst vielen gescheiten Männern begegnen. Dennoch wirst du dich nicht in sie verlieben – und umgekehrt. Und nicht alle Männer sind gleich »nichts Gescheites«, nur weil du dich nicht in sie verliebst – oder umgekehrt. Genau das macht bei vielen den Frust bei der Partnersuche aus. Wenn du das ausklammerst, wirst du viele »gescheite« Männer kennenlernen, in die du dich nicht verliebst, die dich aber auch nicht frustriert zurücklassen. Plötzlich aber steht einer vor dir, und du spürst die Magie des ersten Augenblicks.

Habe Respekt vor dir und vor den Menschen, denen du begegnest. Achte auf deine Ausstrahlung, stimme dich optimistisch, und lass es dir in der Zeit, bis du deinem Traummann begegnest, einfach gutgehen. So bewahrst du dir deinen Optimismus und eine positive Ausstrahlung – das Wichtigste überhaupt. In meinem Leben habe ich privat und geschäftlich viele überaus attraktive Frauen getroffen, die dennoch alleine leben. Und Frauen, die, landläufig gesehen, gar nicht unbedingt so schön sind, aber dennoch nahezu jeden Mann um den Finger wickeln. Bei genauerem Hinsehen erkennt man, dass diese Frauen eine positive Grundhaltung haben, humorvoll und offen sind. Sie können ohne Vorbehalte auf einen Mann zugehen und sich in das Abenteuer »Kennenlernen« stürzen. Sie strahlen Warmherzigkeit und Lebensfreude aus, so dass es für die Männer ein Leichtes ist, mit ihnen ins Gespräch zu kommen. Sei also nicht die Frau, die verbissen auf die Suche geht und damit jeden Mann in die Flucht treibt.

Sei die Frau, die gesucht und begehrt wird!

Irgendwann wirst du von deinen Freunden, meistens Paare, den Spruch um die Ohren gehauen bekommen, du seist zu anspruchsvoll. Viele meiner Klienten haben das Gefühl, ihre Ansprüche herunterschrauben zu müssen.

Ich sehe das anders: Du bist nicht unbedingt anspruchsvoller, sondern einfach erfahrener. Du bist kein junges Mädchen Anfang 20 mehr, sondern eine lebenserfahrene Frau, die weiß, was sie will und was ihr guttut. Du wirst dich nicht mehr auf falsche Kompromisse einlassen, nur um irgendeinen Partner zu finden (dann hättest du schließlich gleich bei dem alten bleiben können).

Lass dich nicht auf eine Beziehung zu schlechten Konditionen ein. Habe Respekt vor dir, deinem Partner und der Liebe. Und da wir eben keine 20 mehr sind, habe ein bisschen Geduld mit einem neuen Partner. Höre also genau auf das, was dein neuer Partner sagt, interpretiere es richtig und gib dir und euch Zeit, diese neue Liebe zu entwickeln. Immerhin treffen zwei gelebte Leben aufeinander, und das bedarf einer gewissen gegenseitigen Anpassung.

Nach spätestens sechs Monaten solltet ihr jedoch ein Gespräch darüber führen, wie ihr euer gemeinsames Leben gestalten wollt. Falls du dann bemerkst, dass dein Partner oder auch du selbst plötzlich tausend Gründe findest, warum es nicht geht, solltest du darüber nachdenken, diese Beziehung zu beenden. Monate- oder gar jahrelang in einer Beziehung zu verharren, in der es keine gemeinsamen Zukunftspläne gibt, vergeudet nur deine Zeit. Da ist das Leben ohne Mann an deiner Seite befriedigender als das mit einem Mann, der nicht weiß, ob er die Beziehung möchte oder nicht.

In meiner Tätigkeit als Partnervermittlerin, aber auch im Zuge der Recherche für dieses Buch habe ich mit zahlreichen Männern und Frauen gesprochen. Immer wieder stieß ich dabei auf Frauen, die in Sachen Partnersuche von vornherein pessimistisch und misstrauisch waren. Und auf Männer, die sich vor Frauen fürchteten, die sie gewissermaßen mit kritisch zusammengekniffenen Augen ins Visier nahmen. Es liegt auf der Hand, dass sich daraus ein unguter Kreislauf aus negativen Erfahrungen entwickeln kann: Der Mann geht in Deckung – die Frau findet ihre negativen Erwartungen bestätigt und ist beim nächsten Mal noch vorsichtiger, was die Männer noch mehr in die Defensive treibt. Und so weiter und so fort. Darum: Die Aussage vieler Frauen, dass man sowieso niemanden kennenlernt, können wir nicht teilen. Wenn du mit offenem Herzen und frohen Mutes unterwegs bist, wirst du feststellen, dass die Männer sehr gerne auf dich zugehen. Pack alles, was du in Sachen Partnersuche schon gehört hast, alle negativen Emotionen in eine große Kiste, wirf sie weg und gehe unvoreingenommen auf dein neues Leben zu. Sicher sind Männer nicht einfach zu verstehen. Wir Frauen aber auch nicht. Bevor ich das Manuskript zu diesem Buch dem Verlag zuschickte, gab ich es einem sehr guten Freund zum Lesen. Er ist der Mann, der mir seit 20 Jahren in vielen emotionalen Belangen zur Seite steht. Als ich ihn fragte, wie er das Buch findet, bekam ich von ihm zur Antwort: »Ich habe mehrere Folgen von *Sex and the City* gesehen und dein Buch gelesen. Ich verstehe beides nicht.«

Seitdem sehe ich die Männer noch mal mit anderen Augen. Wir müssen ihnen klar und deutlich sagen, was wir wollen. Sonst verstehen sie uns wirklich nicht.

Also mach dich auf, meine Liebe.
Ich wünsche dir gutes Gelingen, glückliche Zufallsbegegnungen und die schönste Beziehung, die du je in deinem Leben hattest.
Das Abenteuer deines Lebens beginnt jetzt!